INTEGRATING DIFFERENTIATED INSTRUCTION & UNDERSTANDING BY DESIGN
CONNECTING CONTENT AND KIDS

맞춤형 수업과 이해중심 교육과정의 통합

Carol Ann Tomlinson • Jay McTighe 공저 | 김경자 • 온정덕 • 장수빈 공역

학지사

Integrating Differentiated Instruction & Understanding by Design:
Connecting Content and Kids
by Carol Ann Tomlinson and Jay McTighe

| 역자 서문 |

질 높은 교육과정과 수업은 교육의 근본이며, 사려 깊고 완전한 인간을 개발하는 통로가 된다. 학생의 성공적인 학습을 위해서는 질적으로 우수한 교육과정과 '모든' 학생의 성취를 지원하는 수업이 필요하다. 그리고 어느 하나라도 질적으로 우수하지 않다면 '모든' 학생의 성공적인 학습을 보장하기는 어렵다. 이 책에서는 질적으로 우수한 교육과정과 모든 학생의 성취를 지원하는 대표적인 수업의 두 요소인 '이해중심 교육과정(understanding by design)' 및 '맞춤형 수업(differentiated instruction)' 을 통합하는 원리와 교육 실천에 대하여 논의를 전개하고 있다. 또한 이를 위해 두 모형의 핵심적인 원리를 검증하고, 어떻게 한 모형의 논리가 또 다른 모형과 교차하면서 오늘날 학교에 오는 다양한 학생에게 풍부하고 지속적이며 의미 있는 교육과정을 제공하는 유연한 수업을 촉진할 수 있는지에 대하여 서술하고 있다. 두 모형은 학습과 관련한 최신의 지식으로부터 도출되었으며, 양립할 수 있을 뿐만 아니라 상호 보완적인 관계다.

맞춤형 수업과 이해중심 교육과정은 1990년대 말, 미국에서 교육의 수월성과 형평성을 위한 교육과정 및 수업 설계 모형으로 도입되어 지금까지 현장에서 활발히 적용되고 있다. 이해중심 교육과정은 교육과정 설계 모형으로서 기존의 설계 과정과 반대로 이루어진다고 하여 백워드 설계(backward design)라는 명칭으로 불리기도 한다. 이해중심 교육과정은 이해를 목표로 할 때 중요한 교육 내용으로 무엇을 가르쳐야 하는지, 어떠한 종류의 이해의 증거를 수집해야 하는지에 초점을 맞춘다. 또한 이해중심 교육과정은 어떻게 가르쳐야 하는지를 강조하는데, 특히 학생에게 이해를 가르치는 방식을 강조한다.

이해중심 교육과정이 교육과정 설계 모형이라면, 맞춤형 수업은 학생의 다양성을 다룰 수 있는 수업 설계 모형이다. 맞춤형 수업은 학생, 학습 환경 그리고 어떻게 가르치는가에 초점을 맞춘다. 맞춤형 수업에서는 모든 사람이 같은 면도 있지만 서로 다른 특성 역시 가지고 있다는 점을 인정하고 학생들의 다양성에 반응하고자 한다. 즉, 학습을 '학생 개개인이 의미를 구성해 나가는 과정' 이라고 볼 때, 개별 학생이 의미를 구성하거나 이해에 도달하는 속도 및 방식은 서로 다르며 차이가 있음을 인정하고 그 다양성을 존중하는 것이다. 교사는 모든 학생이 도달해야 할 이해를 확인한 다음, 단 하나의 방법으로 그 이해를 성취하게 강요하는 것이 아니라, 학생의 준비도, 흥미, 선호하는 학습 방식에 따라서 여러 기회와 경로를 제공하는 학생 맞춤형 수업을 설계해야 한다.

그러나 맞춤형 수업에서 간과하면 안 되는 것은 바로 교육과정의 질이다. 즉, 질 높은 우수한 교육과정을 제공해야 한다는 것이다. 중요한 핵심 내용과 목적이 부재한 상태에서 맞춤형 수업을 실행하면 '더 많이' 또는 '더 적게', '더 쉽게' 또는 '더 어렵게' 배우는 접근으로 귀결되기 쉽다. 맞춤형 수업의 핵심은 모든 학생 각자에게 적합한 방식으로 의미 있는 지식과 기능의 적용 기회를 제공하는 데 있다. 학생들이 공통의 이해에 도달하는 것을 목표로 하되, 다양한 학습 경로를 제공하는 데 그 초점을 둔다는 것이다.

따라서 역자들은 이해중심 교육과정과 맞춤형 수업의 통합이 필연이라고 주장하는 저자들의 의견에 동의한다. 효과적으로 맞춤형 수업과 이해중심 교육과정을 통합하는 교실에서는 거의 '모든' 학생이 '동일한' 이해 목표를 추구하기 때문이다. 즉, 그것이 바로 교육의 질적 수월성과 형평성을 보장하는 최선의 접근이라고 할 수 있다.

우리나라에서는 1997년에 고시된 7차 교육과정에서 학생의 학습 능력 수준에 대응하는 '수준별 교육과정'을 도입하였다. 그러나 이는 학생의 능력에 따라 교육 내용의 단계나 깊이를 여러 수준으로 차별화하는 것이었다. 그러므로 처음부터 국가 수준에서 학생의 차이에 대한 차별화를 하는 것이 가능한가라는 의문이 제기되었다. 실제로 그러한 의문은 2007 개정 교육과정에 와서 교실에서의 처치가 옳다는 판단에 따라 '수준별 수업'으로 용어를 변경하게 하였고, 그것을 실행하는 수준도 교실로 바뀌게 하였다. 그러나 구체적으로 교사가 무엇을 어떻게 하여야 하는지에 대한 논의는 부족한 형편이다. 따라서 이 책을 통해 교사들이 이해중심 교육과정 설계와 맞춤형 수업에 대해 이해할 수 있기를 기대한다. 실제로 교사는 자신이 가르쳐야 하는 교육과정이 중요한 지식, 기능, 이해를 담고 있는지를 평가할 수 있고, 이해를 목표로 그 증거를 수집하거나 이해를 위한 학습 활동을 포함한 교육과정 설계를 시도할 수 있다. 또 모든 학생이 그 다양성에도 불구하고 동일한 이해에 도달할 수 있는 맞춤형 수업을 설계할 수 있게 될 것이다. 이에 역자들은 이 책을 통해 우리나라 교육과정과 수업 모두가 개선되기를 기대한다.

우리나라에서는 'Differentiated Instruction'을 '차별화' 또는 '수준별' 수업이라는 명칭으로 사용하고 있다. 하지만 차별화/수준별 수업이라는 용어는 학생의 다양한 필요에 반응한다는 본래의 아이디어보다는 학생의 학업 능력에 따라 도달해야 할 목표의 수준을 다르게 한다거나 차별한다는 의미로 잘못 이해될 수 있다. 따라서 이 역서에서는 두 가지 핵심 용어 중 하나인 'Differentiated Instruction'을 '맞춤형 수업'으로 번역하였음을 밝혀 둔다.

마지막으로 이 역서를 출판하기 위해 애써 주신 학지사 관계자 여러분께 심심한 감사의 말씀을 드린다. 특히 편집 일정과 편집 과정을 꼼꼼히 챙겨 주신 이지예 선생님께 감사의 말씀을 전한다.

역자를 대표하여

김경자

| 저자 서문 |

이 책을 쓴 우리 두 사람은 이해중심 교육과정과 맞춤형 수업을 30년 이상 연구해 온 교육계 동료다. 우리는 성격과 경험, 재능과 성향이 달랐기 때문에 교수-학습의 다양한 측면을 상호 보완적으로 사고할 수 있었다. 그리고 둘 다 교실이 갖는 매력에 대한 생각을 공유하고 있다. 우리 둘 다 과거에 교사였고, 행정 경험이 있으며, 현재는 교수직을 수행하고 있다. 우리의 경력은 상보적이면서 겹치기 때문에 같은 방향을 바라볼 수 있었다. 하지만 이 책은 우리 둘만의 힘으로 완성된 것이 아니다. 우리의 멘토들은 우리의 통찰을 풍부하게 하였고, 동료 전문가들은 우리의 사고를 확장시켜 주었으며 우리와 생각이 다른 사람들은 우리가 알고 있는 것에 대해 도전 의식을 갖도록 해 주었다.

지난 9년간(의견을 주고받은 기간을 합쳐서) 우리는 각자 특별한 경험과 열정을 가지고 연구를 수행하였다. 연구의 구체적인 결과는 ASCD(Association for Responsive Teaching)에 의해 이해중심 교육과정(UbD, Understanding by Design)과 맞춤형 수업(DI, Differentiated Instruction)을 주제로 한 저서, 비디오테이프, 온라인 강좌, 웹사이트로 만들어져 발표되었다. 그리고 교사가 사용할 수 있는 다양한 도구로도 개발되었다.

우리는 서로를 잘 알았고, 서로에게 많은 것을 배웠다. 비록 바쁜 사람들이 흔히 하는 방식이었지만, 성공할 수 있도록 부지런히 작업을 수행하였다.

4년 전 쯤, ASCD의 Sally Chapman은 우리 두 사람과 함께 이해중심 교육과정(UbD)을 연구한 Jay McTighe와 Grant Wiggins를 저녁 식사에 초대하였다. 그 자리를 마련한 것은 백워드 설계와 맞춤형 수업 연구를 연결 짓는 저서나 프로젝트에 대한 아이디어를 찾기 위함이었다. 저녁 식사는 좋은 분위기 속에서 진행되었고, 우리는 그곳에서 두 가지 모형이 갖는 연계성의 논리를 찾았다. 그 후 우리는 일상으로 돌아가 바쁜 일정을 다시 소화하고 있었다.

1년 후, Sally의 간청으로 다시 저녁 식사 모임을 가졌다. 그녀는 다시, 만일 자신의 논리가 타당하고 우리가 두 모형의 분명한 연계를 보여 줄 수 있다면, 교육계는 분명히 그 혜택을 보게 될 것이라고 우리를 설득하였다. 우리는 결국 이해중심 교육과정과 맞춤형 수업은 교실의 두 부분인 교육과정과 수업의 요소를 대표한다는 결론에 이르게 되었다. 저녁 식사는 훌륭했고, 우리의 협력하고자 하는 의지 또한 진실한 것이었다.

Sally는 우리가 이 프로젝트를 쉽게 포기할 수 없도록 또 다른 일을 벌였다. 그녀는 ASCD의 연차 학술대회에서 Jay와 Grant 그리고 내가 이해중심 교육과정과 맞춤형 수업의 연결에 관해 발표하도록 결정하였다. 이와 같은 결정은 구체적이었고 피할 수 없는 요청이었다. 그것은 우리에게 행동을 요청하는 것이었다.

연차 학술대회에 참여한 사람들은 우리의 발표에 대해 긍정적인 반응을 나타냈다. "이것이 바로 우리가 찾고 있던 것입니다."라고 하면서 우리가 지금 준비한 것보다 앞으로 더 많은 것을 알기를 원한다고 하였다.

Sally는 재빠르게 다음 번 ASCD 학회에서 두 번째 공동 발표를 하도록 계획을 세웠다. 그리고 그의 ASCD 동료인 Leslie Kiernan, Ann Cunningham-

Morris와 함께 이해중심 교육과정/맞춤형 수업 협력 연구를 위한 장기 프로젝트를 기획하기 시작하였다. 이 프로젝트는 때때로 UBDI라는 이름으로 불렸다.

이해중심 교육과정과 맞춤형 수업을 연계하는 ASCD 하계 학술대회가 곧이어 열렸다. 두 가지 모형에 관해 배우기를 원하는 전국 · 전 세계의 교육자와 함께 일하고 있는 두 개의 ASCD 주요 전문성 개발 그룹이 ASCD에 모여서 두 모형에 관해 아이디어를 교환하였다. 그리고 다음 학술대회는 특별히 이 주제에 관한 것이 되도록 하였다. 또한 일회성 행사로 끝나는 학술대회가 아니라 지속성을 가지고 열리는 학술대회가 되도록 하였다. Cannily, Sally, Leslie는 이 책의 저자들이 방해받지 않고 교육과정과 맞춤형 수업의 연계성에 관한 저서를 출판하는 데 집중할 수 있도록 일정을 잡았다.

그다음 무슨 일이 일어났는지는 추측할 수 있을 것이다. 그럼에도 그 작업이 생각한 것처럼 쉽지는 않았다. 처음 우리가 식사를 하면서 이 일을 추진했을 때부터 이 책이 출판될 때까지, 이해중심 교육과정과 맞춤형 수업이라는 두 국면의 교육 실천을 통합하는 우리의 작업은 매우 큰 관심과 격려를 받았다. 실천가들은 두 모형의 연결 및 현재의 교육 상황에서 이해중심 교육과정과 맞춤형 수업이 할 수 있는 역할이 무엇인가에 대하여 질문을 하였다. 이들의 질문은 우리에게 중요한 정보가 되었다. 동료들은 계속해서 우리를 재촉하였고, 정련해 갈 수 있도록 용기를 주었다. 그리고 우리는 우리의 아이디어를 '중매결혼(arranged marriage)' 함으로써 큰 혜택을 누리게 되었다.

우리가 한 일은 우리가 가진 신념을 표출한 것이었다. 우리는 질 높은 교육과정과 수업이 언제나 그래 왔듯이 교육의 근본이며, 사려 깊고 완전한 인간을 개발하는 통로가 된다는 것을 믿는다. 또한 **숙련된**(skillful) 수업은 어린 학생을 대상으로 한 교육과정에 생명을 불어 넣기 위하여 필요하고, **유연한**(flexible) 수업은 다양한 학습 능력을 가진 학생 집단에게 교육과정이 작동할 수 있도록 하는 데 필요한 과업이 된다. 이해중심 교육과정과 맞춤형 수업은 숙련되고도 유연한 교육과정 및 수업에 대한 우리의 최선의 전문가적 이해를 반영한다. 질 높은 학습은 교사가 교실에서 한결같이 던지는 핵심 질문에 대한 답이 된다. "나는 어떻게 나의 학생들과 그들의 요구를 알 수 있을까?" "이 주제를 학습하는 학생들에게 정말로 중요하고 영속성 있는 것은 무엇일까?" "나는 어떻게 개별 학생 모두가 가장 효과적이고 효율적으로 학습하고 있다는 것을 확신할 수 있을까?" "나는 어떻게 내 학생들이 가장 중요한 것을 학습했다는 것을 알 수 있을까?" 어떤 전문가는 '교사가 점증하는 학생 인구의 다양성이라는 어려운 도전을 극복하기 위해서 교실 내의 모든 학생의 필요를 만족시킬 수 있는 현실적인 기회를 제공해야 한다면', 강력한 교육과정과 유연한 수업을 수용해야 한다고 하였다 (Kameenui, Carnine, Dixon, Simmons, & Coyne, 2002, p. 27).

이해중심 교육과정과 맞춤형 수업이 서로 연결된다는 것은 두말할 나위 없는 사실이다. 두 모형은 전술한 핵심질문에 답하는 데 필요한 기능을 지속적으로 개발하려는 의지를 가지고 실천하는 교사의 전문성을 신장하기 위해 결합한 것이다. 이 저서에서는 두 모형의 핵심적인 원리를 검증하고, 어떻게 한 모형의 논리가 또 다른 모형과 교차하면서 오늘날 학교 인구를 구성하고 있는 다양한 학습자에게 풍부하고 지속성이 있으며 의미 있는 교육과정을 제공하는 수업을 촉진할 수 있는지를 보여 주고자 한다.

우리는 우리와 함께 일하는 사람들, 우리의 작업에 관심을 가진 사람들, 우리의 아이디어가 꺼지지 않고 계속 타오르게 도와 준 모든 사람에게 감사한다. 우리와 함께 앞으로 이 책을 읽을 독자도 우리가 공유하는 지향점을 향하여 한 걸음 한 걸음 나아가는 단계를 경험하기를 기대한다.

저자를 대표하여
Carol Ann Tomlinson

| 감사의 말씀 |

우리는 함께 일한 다음 동료들에게 감사와 존경의 말씀을 전한다.

- ASCD 소속 맞춤형 수업 연구단: Karen Austin, Vera Blake, Kay Brimijoin, Deb Burns, Marcia Imbeau, Yvette Jackson, Sara Lampe, Carol O' Connor, Sandra Page, Judy Rex, Nanci Smith
- ASCD 소속 이해중심 교육과정(UbD) 연구단: John Brown, Marcella Emberger, Judith Hilton, Everett Kline, Ken O' Connor, Elizabeth Rossini-Rutherford, Elliott Seif, Janie Smith, Joyce Tatum, Grant Wiggins, Allison Zmuda

여러분이 보여 준 동료애, 질 향상에 대한 헌신 그리고 공동 작업을 함에 있어 통찰과 기쁨을 더해 준 여러분의 역량에 진심 어린 감사의 말씀을 전한다.

| 차 례 |

제 1 장

이해중심 교육과정과 맞춤형 수업 필연적 협력 관계

두 모형의 논리적 연결 지점은 어디인가?

두 모형의 핵심 아이디어는 무엇이며 어떻게 실천되는가?

최근 미국뿐만 아니라 전 세계적으로 다수의 교육 관련 담론에서 이해중심 교육과정과 맞춤형 수업이 화제가 되고 있다. 교육과정 및 수업(teaching)에 있어서 두 모형에 대해 높은 관심을 가지는 주요 이유 중의 하나는 두 모형의 논리적이면서도 실제적인 매력에 기인한다.

책무성을 묻는 고부담 성취도 평가와 과다한 내용 기준에 시달리는 다수의 교사는 이러한 방식으로 수업하고 학습하는 것이 교사와 학생을 잠재적으로 피폐하게 만든다고 생각한다. 교사에게는 어린 학생이 생각하는 힘을 기르고 지식을 쌓을 수 있도록 내용 기준의 중요성을 벗어나지 않으면서도, 의미와 이해가 어떻게 내용 기준으로부터 도출되고 또 역으로 구성되는지 보여 주는 교육과정 설계 모형이 필요하다. 그리고 많은 교사는 이해중심 교육과정 설계 모형을 통해 그 필요를 채우고 있다.

한편, 교사는 교실에서 직면하는 학생들의 다양성을 무시하기가 점점 더 어려워지고 있다. 문화, 인종, 언어, 경제적 지위, 성별, 경험, 성취 동기, 장애, 능력, 개인적 관심사, 선호하는 학습 형태, 성인 지원 체제의 유무 등으로 인해 학생의 유형은 더욱 다양해지고 있다. 학생들의 다양한 학습 요구에 상관없이 단순히 교육과정을—아주 잘 만들어진 교육과정이라고 하더라도—잘 전달하는 것으로 자신의 임무를 효과적이고 만족스럽게 달성했다고 생각하는 교사는 거의 없다. 맞춤형 수업은 많은 교사에게 수업 설계의 중요한 요인인 학생의 다양성을 다룰 수 있는 틀을 제공한다.

내용 기준을 중시하는 시대에 효과적인 교육과정을 개발해야 하고, 동시에 다양한 모든 학생이 학업에서의 성공을 이룰 수 있도록 해야 하는 것은 현대의 교사가 직면한 가장 큰 두 가지 도전이라고 할 수 있다. 그러나 이러한 도전은 두 모형을 통합함으로써 충분히 유용하게 해결할 수 있다. 하지만 이 책의 목적은 두 모형이 '직관적으로 잘 어울린다' 는 것을 넘어서 각 모형이 왜 오늘날의 교실에서 잠재적으로 유의미한지를 심층적으로 살펴보는 데 있다. 그리고 교사가 각 학생이 최대한의 역량을 개발할 수 있도록 도와주기 위해서는, 이 두 모형의 통합이 적절할 뿐만 아니라 반드시 필요하다는 것을 알아야 할 것이다.

그러한 목표를 염두에 두면서, 우리는 먼저 이 두 모형이 교실에서 왜 연결되어야 하는지를 직접적으로 설명하고자 한다. 그리고 이어서 두 모형의 중요한 관련성을 설명해 주는 몇 가지의 원리 및 필연적 결과를 설명할 것이다(이해중심 교육과정 개발과 맞춤형 수업의 주요 이론 및 관련 연구는 부록 참조).

이해중심 교육과정과 맞춤형 수업의 통합 논리

이해중심 교육과정과 맞춤형 수업은 상호 지원적인 관계이면서 동시에 필연적인 관계다. 그 이유는 자명하다.

효과적인 교실에서 교사는 적어도 네 가지 요인에 지속적으로 관여한다. 첫째는 가르치는 대상인 학생, 둘째는 가르치는 장소인 학습 환경, 셋째는 가르치는 내용, 마지막은 가르치는 방법인 수업(instruction)이다. 만일 교사가 그중 한 요인에라도 소홀하여 노력하지 않으면 그들의 전체적인 성과는 손상되고 학습의 질은 떨어질 것이다.

이해중심 교육과정은 무엇을 가르쳐야 하는지와 어떤 평가의 증거를 수합해야 하는지에 초점을 맞춘다. 이해중심 교육과정의 **최우선** 목표는 바람직한 교육과정 개발 원리를 자세히 기술하고 적용할 수 있도록 절차를 안내하는 것이다. 또한 이해중심 교육과정은 어떻게 가르쳐야 하는지를 강조하는데, 특히 학생에게 이해를 가르치는 방식을 강조한다. 이처럼 이해중심 교육과정이 학생이 성공할 수 있게 가르쳐야 할 필요성을 다루고는 있지만, 그것보다는 '무엇'과 '어떻게'에 대해서 주로 말하고 있다고 할 수 있다. 다시 말하면, 이해중심 교육과정은 대부분 (다 그렇다고는 할 수 없지만) 교육과정 설계 모형에 대한 것이라고 할 수 있다.

한편, 맞춤형 수업은 가르치는 대상, 가르치는 장소, 가르치는 방법에 더 초점을 맞춘다. 맞춤형 수업의 **최우선** 목표는 교사로 하여금 다양한 개인 학생의 효과적인 학습을 확증하는 방법과 절차에 초점을 맞추게 하는 데 있다. 물론, 맞춤형 수업을 논리적으로 옹호하는 수업 모형에서는 반드시 학생에게 맞춘 질 높은 교육과정을 제공해야 한다는 언급을 한다. 그렇기는 하지만 맞춤형 수업 모형은 대부분 (다 그렇다고는 할 수 없지만) 수업 설계 모형에 대한 것이라고 할 수 있다.

만약 우리가 세상에서 가장 훌륭한 교육과정을 손에 넣었다 하더라도 다양한 학생, 예를 들어 학습장애를 가졌거나 매우 뛰어나거나 제한된 한국어 실력을 가졌거나 경제적 지원 상황이 열악하거나 읽기장애를 가진 학생을 포용할 방법이 없다면, 그 교육과정의 효과는 제한적일 수밖에 없다.

반대로, 우리가 유연한 집단 편성, 흥미 중심의 수업, 반응적인 환경 조성 등 학생의 다양성에 반응하는 다양한 전략을 가장 뛰어나게 실행할 수 있다고 하더라도, 효과적인 교육과정이 없다면 학생들에게 이 세상에서 살아가는 데 필요한 지식과 기술을 전달할 수 없을 것이다.

간단하게 말해서, 우수한 학급이란 강력한 지식을 중심으로 생성되며 이러한 지식이 모든 개별 학생에게 작동하는 방식으로 나타난다. 즉, 우수한 학급에는 반드시 우수한 교육과정과 우수한 수업이 모두 필요하다는 것이다. 이해중심 교육과정과 맞춤형 수업은 교수-학습과 관련한 최신의 이해에 기초하여 교육과정 및 수업을 모두 개발하는 구조와 방법, 지침을 제공한다.

두 모형이 학습과 관련한 최신의 지식으로부터 도출되었다는 것, 둘이 양립 가능할 뿐만 아니라 상호 보완적이라는 사실은 앞으로 이 책의 내용을 통해서 더 자세히 살펴볼 것이다. 그러나 그에 앞서 두 모형이 작용하는 '원칙(axims)'과 '결과(corollaries)'를 살펴보는 것이 유용하다고 생각한다. 여기서 원칙이란 이해중심 교육과정의 기본 원리를 말하며, 결과란 맞춤형 수업이 각 학생의 학습에서의 성공을 담보하는 방식을 원칙과 함께 설명한 것이다. 이렇게 제시한 원칙과 결과를 통해서 우리는 이해중심 교육과정과 맞춤형 수업이 협력하여 공통의 목표를 달성하는 과정을 파악할 수 있다. 그리고 이해중심 교육과정과 맞춤형 수업의 통합된 논리를 더 분명하게 드러내기 위해서 각각의 원칙 및 결과마다 간략한 시나리오를 덧붙여 제시하였다.

원칙 1

질 높은 교육과정을 설계하는 **최우선** 목표는 학생의 이해를 발달시키고 심화하는 데 있다.

결과

- 모든 학생은 이해의 발달 및 심화에 기여하는 교육과정을 수혜할 자격이 있고, 그로부터 유익을 얻어야 한다.
- 학생의 능력, 경험, 기회, 언어, 흥미와 성인의 지원이 각기 다르므로, 개별 학생은 각기 다른 속도로 성장할 것이고 따라서 그들의 이해를 개발하고 심화시키기 위한 다양한 지원 체제를 제공해야 한다.

시나리오

악서트 교사는 자신이 일하는 교육청의 내용 기준을 참고하여 가르치고 있는 과목의 핵심지식, 이해 및 기능을 포함하는 교육과정을 설계하려고 한다. 현재 그의 미국 역사 수업을 듣는 학생들은 미국 헌법에 나타난 시민의 권리와 책임의 관계에 대해 배우고 있다. 그는 수업을 듣는 모든 학생이 직접 조사하여 '민주주의를 통해서 시민의 권리와 책임이 균형을 이룰 수 있다' 라는 영속적 이해에 도달하기를 바란다. 또한 그는 모든 학생이 다음의 핵심질문을 깊이 탐구하기를 기대한다. '내가 속한 집단의 구성원이 갖는 권리 및 책임과 비교했을 때, 미국 헌법에 나타난 권리 및 책임은 어떻게 다른가?'

32명의 학생이 있는 악서트 교사의 학급에는 읽기 및 쓰기에서 심각한 학습 장애를 가진 세 명의 학생이 있다. 또한 미국 역사에 아주 해박한 지식을 가진 네 명의 학생과 과제에 집중하는 데 어려움을 가진 몇 명의 학생(전문가의 진단을 받기도 하고 받지 않기도 한), 한국어에 서툰 학생도 두 명 있다. 어떤 학생은 항상 역사 과목을 좋아하지만, 또 다른 학생은 역사 과목을 지루하다고 느끼거나 자신의 삶과 분리해서 생각한다. 그뿐만 아니라 그의 학생들이 나타내는 흥미 및 선호하는 학습 유형은 천차만별이다.

악서트 교사는 두 개의 목표를 마음에 두고 미국 헌법에 대한 단원을 가르치기 시작했다. 첫째 목표는 학생이 미국 헌법의 핵심 원리를 이해하고 그 원리를 자신의 생활 및 경험과 연관 지을 수 있는 과제와 평가를 설계하는 것이다. 그리고 둘째 목표는 각 학생이 목표한 이해와 기능을 획득할 수 있도록 다양한 교재 · 시간 구성 · 조 편성 · 학생의 표현 양식을 고려하여 최상의 지원이 가능한 수업을 계획하는 것이다.

원칙 2

학생이 이해를 하였다는 증거는 지식을 실제 상황에 적용(전이)할 때 드러난다.

결과

- 그러한 실제적인 적용은 학생의 지식, 이해, 기능의 숙달도 및 지적 정교함(sophistication)의 정도를 드러내 준다.
- 가장 효과적인 교사는 학생 숙달도 차이에 대한 결과를 가지고 학생 각자가 현재의 숙달도, 흥미, 학습 유형 상태에서 지식, 이해, 기능을 지속적으로 발전 및 심화시킬 수 있는 기회를 제공하고 지원한다.

시나리오

악서트 교사의 학생들은 자신이 속한 집단(가족, 팀, 학급, 클럽 등) 구성원의 명시적이고 암묵적인 권리와 책임이 들어있는 집단 헌장을 작성한다. 학생은 자신이 가진 권리와 책임을 미국 헌법에 나와 있는 권리 및 책임과 직접적으로 비교 · 대조할 수 있는 방식으로 집단 헌장을 작성한다. 그리고 학생들은 자신이 작성한 헌장이 미국 헌법만큼 효과적으로 권리와 책임을 다룰 수 있다는 근거를 제시해야 한다.

수업에 참여하는 학생들의 다양성을 배려하는 조치의 하나로, 그들은 자신의 흥미에 따라서 헌장을 작성할 집단을 직접 선택할 수 있다. 또한 학생들의 다양한 읽기 능력의 수준을 고려해서 교내의 매체 전문가와 함께 자료집 및 웹 사이트와 같은 기타 자료를 여러 수준으로 광범위하게 제공할 수 있다. 학생은 혼자서 활동할 수도 있고, 헌장 작성에 대하여 비슷한 관심을 가졌거나 선호하는 협력 형태가 유사한 급우를 찾아서 함께 활동할 수도 있다. 악서트 교사는 추가적인 도움과 안내가 필요한 학생에게는 헌장 작성의 여러 측면과 검토하는 과정을 다루는 간단한 수업을 제공하고자 한다.

원칙 3

효과적인 교육과정 개발은 교과서 중심의 진도 빼기(coverage) 식 수업이나, 뚜렷한 우선순위 및 목적이 없이 이루어지는 활동 중심의 수업과 같은 문제를 예방할 수 있는 백워드 설계의 원리(3장에 설명되어 있고, 이후 장에서도 다루고 있음)를 따른다.

결과

- **모든** 학생은 목적과 내용의 우선순위가 명확하게 반영된 수업의 혜택을 받는다.
- 학습에 어려움을 겪는 학생은 자신의 노력의 초점을 단원의 핵심지식, 이해, 기능에 초점을 맞추어, 효율적이고 효과적으로 발전할 수 있게 한다.
- 우수한 학생은 해당 학문의 핵심에 도전할 필요가 있기 때문에 시간을 가치 있게 사용하고, 자신의 장점을 통해 지속적으로 학문의 전문성을 발달하게 한다.

시나리오

악서트 교사의 학급에서 이루어지는 활동, 토론, 평가는 모든 학생이 단원의 영속적인 지식, 이해, 기능에 집중하도록 하기 위해 설계되었다. 그는 또한 학습에 어려움을 겪는 학생 및 우수한 학생의 요구에 반응적인 수업을 설계하기 위하여 핵심지식, 이해, 기능을 중점으로 활용한다.

악서트 교사의 학급에서는 학습에 어려움을 호소하거나 이전 단계의 지식 및 기능이 부족한 학생도 다른 학생과 마찬가지로 단원의 영속적인 이해와 기능을 학습한다. 대신 악서트 교사는 그러한 학생과 부족한 부분을 다루는 기회를 따로 자주 갖고, 학습한 것을 그들의 평가 과제에 적용하도록 권고한다. 그중 몇몇의 학생에게는 현재 단원에서 '알면 좋지만 반드시 알아야만 하는 것은 아닌' 내용 대신, 지나간 내용 중에서 반드시 알고 넘어갔어야 하는 중요한 기능과 지식을 더 강조하기도 한다. 그러나 이 학생들을 위해서 어떤 접근법을 선택하든지 간에, 현재 단원에서 중요하게 다루어야 하는 영속적인 이해와 기능에 초점을 둔다는 점은 변함이 없다.

일부 학생이 이미 단원의 목표를 성취한 것을 확인하면, 악서트 교사는 숙제, 활동, 주요 평가 계획을 수정해서 이렇듯 뛰어난 학생들에게 적절한 도전의 기회를 제공하고 흥미를 잃지 않도록 배려한다. 이러한 수정을 할 때에도 단원의 영속적인 이해를 벗어나지 않으면서 대부분의 다른 학생에게 타당한 일반적인 수준보다 더 정교한 수준을 요구한다.

원칙 4

설계 기준에 기초하여 교육과정 및 평가 설계를 규칙적으로 평가함으로써 질을 관리하고, 필요한 수정을 한다. '결과물(results)' (예, 성취도 평가)에 대한 규칙적인 평가는 교육과정과 수업의 수정에 필요한 정보를 제공한다.

결과

- 평가 결과는 필연적으로 학생의 핵심지식, 이해, 기능의 차이를 드러낼 것이다.
- 결과에 기초한 교육과정과 수업의 수정은 개별 학생과 전체 학급을 모두 고려해서 이루어져야 한다.
- 결과에 기초한 교육과정과 수업의 수정은 지속적인 학생의 이해 발달 및 심화에 목적을 두고, 시간의 사용, 교사의 배려, 자료의 이용, 조 편성, 그 외의 다른 모든 학급의 요소를 유연하게 활용해야 한다.

시나리오

악서트 교사는 단원을 시작하는 학생들의 수준을 알기 위해서 진단 평가를 하였고, 단원에 대한 관심사를 파악하기 위해 설문조사를 실시하였다. 단원의 영속적인 이해와 관련하여 몇몇 학생은 이미 일정한 수준 이상의 이해를 하고 있다는 것을 확인한 악서트 교사는 평가 결과에 기초한 대안적인 학습을 계획하였다. 또한 진단 평가에서 사전 학습 내용의 부진이 발견된 학생도 있었는데, 그는 이 학생들의 개인적인 필요에 따라 소규모의 수업과 추가적인 과제를 별도로 준비하였다.

악서트 교사는 단원을 전개하는 중간에도 형성 평가와 수시 평가를 실시하여 학생의 발전을 확인하였다. 그리고 주어진 영역에서 추가적인 수업과 탐구가 필요한 학생과 이미 이해를 하고 있는 우수한 학생을 위해 지속적으로 소규모의 수업과 개별 수업 등을 계획하였다.

이번 주에 악서트 교사는 수업 시간을 세 부분으로 나누었다. 그중 첫 번째

1/3에 해당하는 시간은 모든 학생과 함께 1조항에 나타난 권리 및 책임과 관련하여 다양한 시민 집단의 입장을 비교하였다. 두 번째 1/3에 해당하는 시간은 2조항과 관련하여 시민 집단의 권리 및 책임이 균형을 이루는 방법에 대해 말과 글로 정리하였으며 마지막 1/3에 해당하는 시간은 진단 평가와 그 외의 사전 평가 결과에 따라 조사 및 쓰기 능력으로 구성된 소집단 활동을 실시하였다.

그가 직접 교수한 시간에는 학급 전체에 개념 및 사실을 소개하고, 핵심 기능을 사용하는 방법을 예시하였다. 또한 학생을 소규모 집단 혹은 전체 집단으로 배치해서 단원의 핵심질문을 함께 숙고할 수 있도록 하였다. 반면, 학생이 스스로 연습하고 익히는 시간에는 소집단으로 학생을 만나서 그들의 특수한 요구를 확인하고, 그들 사이를 옮겨 다니면서 활동을 관찰 · 기록 · 코치하였다.

원칙 5

교사는 학생이 탐구하고 해석하고 적용하며 관점을 바꿔보고 공감하고 스스로 평가할 수 있는 기회를 제공해야 한다. 이러한 이해의 여섯 가지 측면은 학생의 이해를 평가하는 개념적 렌즈를 제공한다.

결과

- 모든 학생은 복잡한 사고를 할 수 있도록 지도와 지원을 받아야 한다.
- 학습에 어려움을 겪는 학생의 경우, 사고 훈련을 받기 전에 반드시 기초적인 내용을 숙달해야 하는 것은 아니다. 오히려 대부분의 학생이 여러 아이디어와 의미 있게 상호 작용하면서 숙달 및 이해에 동시에 이른다.
- 그러나 학생들은 주어진 시간 동안 사고와 이해의 정교화 수준에서 차이를 보일 수 있다.

- 따라서 교사는 학생이 이해와 사고 능력을 지속적으로 개발할 수 있는 기회와 지원을 제공할 준비가 되어 있어야 한다.

시나리오

이번 수업 시간에 학생들은 2조항과 관련하여 현대 사회에서 나타나는 미국 시민의 권리와 책임에 대한 다양한 입장을 살펴보고 있다. 악서트 교사는 모든 학생에게 세 개의 핵심질문을 제시하고 주제와 관련해서 생각해 볼 수 있도록 하였다. 학생들은 자신이 흥미를 느끼는 '유권자 집단' (예를 들어, 법제처 사무관, 사냥꾼, 동네 방범대, 총기 제조업자)을 선택하여 해당 입장을 조사한다.

용어를 어렵게 느끼는 학생은 명확한 설명이 덧붙여진 주요 용어 목록을 받았으며 수집한 자료를 정리하는 데 어려움이 있는 학생은 그래픽 조직자(graphic organizer)를 사용해서 찾은 내용을 분류하도록 도움을 받았다. 또한 악서트 교사는 난이도에 따라 다양한 자료를 준비해서 학생들이 '평평한 길' '언덕길' '산길' 중 한 가지를 선택할 수 있도록 하였다. 이러한 선택에 익숙한 학생들은 (선택할 수 있는 대안이나 내용은 그때마다 다르지만) 대개의 경우 자신의 수준에 적합한 자료를 선택한다. 학생이 잘못된 선택을 하였을 때, 악서트 교사는 그들이 개별적으로 자신이 선택한 자료를 분석해 보도록 지도한다.

수업이 끝날 즈음, 학생들은 네 명씩으로 이루어진 조를 편성하는데, 각 조는 적어도 세 개의 다른 입장을 대표하는 학생들을 포함해야 한다. 각 조에는 소집단 토론을 이끌어 가는 질문지를 제공한다. 토론이 끝난 뒤에는 학생들이 개별적으로 학습 일지를 작성한다. 학습 일지를 작성하면서 그들은 총기 통제와 같은 사안에 관하여 사람들의 입장이 어떻게, 왜 달라지는지 탐구하는 기회를 갖는다. 학생들이 작성한 학습 일지는 곧 형성 평가로서, 교사가 앞으로 남은 단원의 수업을 계획하는 데 근거 자료로 활용한다.

원칙 6

교사, 학생 및 지역 교육청은 '좀 더 현명하게' 작업함으로써, 그리고 학습 내용을 협력적으로 설계, 공유, 평가하기 위해 기술 공학 및 다른 수단을 활용함으로써 혜택을 받는다.

결과

- 교사는 모든 개별 학생이 지식, 이해, 기능을 최대한 개발할 수 있도록 다양한 학생의 요구, 학급 일과(routine), 수업 접근에 대해서 이해를 공유하는 것이 유익하다.
- 다양한 학업 수준 차이를 보이는 학급에서 학생들이 서로 협력할 수 있는 일과를 계획할 때는 전문가와 협력하는 것이 좋다. 이 방면의 전문가는 학생의 요구에 대한 전문적인 지식과 다양한 요구에 적절하게 반응하는 다양한 수업 방법을 잘 알고 있으므로, 그들에게 도움을 받을 수 있다.
- 다양한 학생들의 요구에 부응하고 그들이 중요한 교육과정 목표를 달성할 때까지의 성장을 지속적으로 파악하기 위해서 기술을 활용해야 한다.

시나리오

악서트 교사와 그의 동료들은 함께 교육과정을 설계한 뒤에 주기적으로 그 효과를 평가하고, 향후 더 나은 방향으로 수정하기 위하여 자료를 공유하였다. 또한 그들은 반응적 학급을 운영하는 방법에 대해서도 논의하였다. 그들은 서로의 다양한 입장과 경험이 보완적이라는 것을 알게 되었고, 그것이 교육과정과 수업에 있어서도 유익하다는 것을 깨달았다. 이러한 교사 모임이 의미가 있었던 또 다른 이유는 다양한 학생의 요구에 맞게 교육과정을 다양화하자는 제안을 할 수 있는 전문가가 참석했다는 것이다. 교육과정을 학생들에게 맞추는 데 있어서 그 다양화 전문가는 움직이지 않고 한 자리에 앉아 있는 데 어려움이 있는 학생, 읽기장애가 있는 학생, 더 수준 높은 도전이 필요한 학생 등을 위한 단원을 계획하는 데 사용할 수 있는 아이디어를 제공하였다. 시간이 지나면서 교사는 소리 내어 생각하기, 짝지어 읽기, 학습 계약서 작성, 교육과정 압축[1], 전문가 집단, 아이디어를 탐구하고 발표하는 다양한 방식 등을 포함하는 여러 전략을 공동으로 개발하게 되었다.

원칙 7

이해중심 교육과정은 하나의 사고방식이지 프로그램이 아니다. 교사는 학생의 이해를 더 효과적으로 증진시키기 위한 도구 혹은 자료로서 이해중심 교육과정을 활용해야 한다.

결과

- 맞춤형 수업은 하나의 사고방식이지 공식이나 비법이 아니다. 교사는 모든 조건의 학생이 지식, 이해, 기능을 극대화할 수 있도록 맞춤형 수업으로부터 아이디어를 얻고 그것을 적용하며 수정해야 한다.
- 효과적인 맞춤형 수업 접근은 교사에게 가르치는 학생, 가르치는 장소, 가르치는 방법에 대해 효과적으로 생각할 수 있도록 안내하며 궁극적으로는 교사가 가르치는 것을 각 학생이 가장 잘 배울 수 있도록 한다.

1) 역자 주. 교육과정 압축(curriculum compacting)이란 교육과정에 제시된 사실들(facts)을 묶거나 겹치는 부분 혹은 학생이 이미 습득하고 있는 부분을 제외시켜 교육 내용을 축약하는 것을 의미한다.

시나리오

악서트 교사는 스스로 자신을 학생이라고 생각한다. 그는 교육과정 설계 원칙과 반응적인 수업 방법에 따라 자신의 전문성을 계발해 왔지만, 하나의 참고 자료일 뿐 그것을 맹신하지는 않는다. 그는 자신의 학생과 마찬가지로 그 원칙들에 대한 의도를 명확하게 이해할 수 있을 것이며, 단원을 가르치고 학생을 지도하는 과정을 통해서 지속적으로 그것을 더 깊이 이해하게 될 것이라는 것을 안다. 그는 계속 자기 자신에게 다음과 같이 자문하게 될 것이다. "학생이 주어진 주제를 적절하게 실제적이면서 학습력을 갖는 방식으로 이해한다는 것은 무엇을 의미하는가?" "나는 모든 개별 학생이 이 주제를 가장 빠르게 최대한으로 이해하도록 하기 위해서 무엇을 해야 하는가?"

어느 분야의 전문가든지 공통적으로 두 가지 특징을 갖는다. 첫 번째는 해당 분야의 가장 최신 지식에 밝다는 것이고 두 번째는 고객의 입장(client-centered)에서 생각하며 각자의 요구에 적절히 반응한다는 것이다. 앞으로 이 책을 진행하는 동안 이해중심 교육과정이 어떠한 방식으로 교과(discipline)를 구성하는 핵심지식, 기능, 영속적인 이해를 드러내고 가르치는 데 도움이 되는지 살펴볼 수 있을 것이다. 또한 맞춤형 수업이 각 학생에게 어떠한 방식으로 그러한 핵심 내용과 관련한 가장 수준 높은 경험을 제공하는지, 이해중심 교육과정과 맞춤형 수업이 어떻게 상호 보완적인 역할을 하게 되는지를 알아보게 될 것이다.

제 2 장

수업에서 중요하게 고려해야 할 것(학생)

학생의 삶은 교실에서 그들의 경험에 어떤 방식으로 영향을 미치는가?

왜 학생을 반응적으로 가르치는 것이 중요한가?

반응적인 수업은 어떻게 시작하는가?

수업은 다중의 요소와 다중의 매체를 동시에 다룬다는 점에서 일종의 기예(art)라고 할 수 있다. 수업의 핵심은 무엇을 가르쳐야 하는가에 있다. 다시 말해서, 학생이 무엇을 알고 이해하고 할 수 있게 되기를 원하는가가 수업의 핵심이라는 것이다. 전문성을 가진 교사가 되기 위해서는 교과의 핵심을 더 깊이 이해하도록, 궁극적으로는 교과에 대한 통찰을 얻을 수 있도록 지속적인 노력을 해야 한다. 그러한 이해야말로 교육과정 개발자로서의 교사가 가져야 할 역할의 핵심이기 때문이다. 따라서 위대한 교사가 되기 위해서는 수업이라는 기예를 구성하는 요소에 대하여 지속적인 관심을 가져야만 한다. 우리는 3장에서 훌륭한 수업을 실행할 때의 교육과정 설계의 중요성을 좀 더 자세히 살펴볼 것이다.

수업 기예에서 두 번째로 중요한 매개 또는 요소는 우리가 가르치는 대상, 즉 학생이다. 학생은 우리가 수행하는 직무의 중심이다. 우리는 질 높은 교육과정에 담긴 힘(power)과 통찰을 통해서 학생의 삶이 혁신적으로 발전하기를 기대한다. 덜 복잡하고 덜 인간적인 세상에서의 수업은 다음 세대에게 무엇이 중요한 것인지를 전달하는 단순한 일일 수 있다. 그런 상황에서 학생은 "알겠습니다.

감사합니다."라고 말할 것이고, 세상은 그냥 흘러갈 것이다.

그러나 인간은 다양하고 복잡하다. 교사는 수업을 하기 위해 교육과정의 내용을 연구하는 것과 마찬가지로 학생의 다양성과 복잡성에 대해서도 중요성을 인식하고 연구해야 한다. 그렇지 않다면 많은 (혹은 모든) 학생을 가르치는 데 실패하고 말 것이다. 뛰어난 교사는 교실에서 교육과정 설계를 시작하기 전이나 설계를 진행할 때 또는 교육과정을 실험하고 수정하는 순간에도 성공적인 학습이 일어났는가의 여부에 따라 자신의 수업이 평가된다는 것을 알고 있다. 또한, 학생은 어쩔 수 없이 그리고 적절하게 자신이 실행하는 기예의 효과성에 영향을 미친다는 것을 유념하고 있다. 이번 장의 목표는 학생의 다양성이 수업 활동에 미치는 영향을 간단히 살펴보는 데 있다. 우리는 전문성을 가지고 교육과정과 수업을 계획하고 실행하며 반성할 때 자신의 사고의 중심에 항상 학생이 있어야 한다는 믿음을 확증하는 방식으로, 학생에게 초점을 두고 이해중심 교육과정과 맞춤형 수업의 통합 논의를 시작하고자 한다.

몇 가지 적절한 사례

교사는 매년 교과, 내용 기준, 수업 자료에 관한 자신의 개인적인 지식에 근거하여 일종의 방향성을 가지고 교실에 들어간다. 교직 경험이 쌓여 갈수록, 교사는 앞으로의 여정이 어떻게 펼쳐질지 예측하는 감각을 가지게 된다. 즉, 시간이 어떻게 흘러갈지, 수업 진행에서 중요한 기점은 무엇인지, 세부적인 과정은 어떻게 진행해야 하는지 뿐만 아니라 학생의 흥미와 요구에 대해서도 충분히 인지하게 된다. 교사는 이 여정이 교사와 학생이 함께 노력해야 하는 것이고, 가장 훌륭한 교사의 최상의 계획은 언제고 수정할 수 있는 것이라는 사실을 학생을 통해 매년 재인식한다.

학습을 방해하는 학생의 개인적인 문제

알리즈는 요즘 예전과 달리 모든 시험에서 낙제를 할 뿐만 아니라 숙제도 해오지 않는다. 그녀는 학습에서 전혀 진전이 없으며, 담임교사도 이 사실을 알고 있다. 그래서 여러 차례 알리즈나 그녀의 어머니와 함께 상담도 해 봤지만 그녀는 조금도 나아지지 않았다. 알리즈의 어머니는 이런 상황에 놀라 집에서도 힘이 닿는 대로 돕겠다고 약속했고 실제로 그렇게 했다. 학년 말에 알리즈가 받은 성적은 D였는데, 자칫하면 F를 받을 뻔했다. 성적이 지속적으로 떨어진 이유는 몇 개월이 지나서야 알 수 있었다. 새 학년이 시작할 때 알리즈의 부모님이 이혼한 것이다. 비록 계획을 치밀하게 세운 것은 아니지만, 알리즈는 자신이 학교에서 공부를 열심히 하지 않고 낮은 성적을 받으면 이 문제를 해결하기 위해서 부모님이 다시 합칠 것이라고 막연하게 믿고 있었다. 적어도 자신이 잘 적응하지 못하는 동안에는 부모님이 계속 대화를 할 것이고 궁극에는 재결합을 할 것이라고 완고하게 믿고 있었다. 이처럼 학생의 개인적인 문제는 교사의 훌륭한 교수-학습 계획을 방해하기도 한다.

성취를 방해하는 정체성의 문제

제이슨은 집단 학습이나 학급 토론에서 매우 뛰어난 참여자지만 개별적인 과제 수행은 잘해야 평균 정도다. 그는 과제를 시작만 한 채 끝내지 못하는 경우가 많다. 숙제는 아예 제출하지 않거나 제 시간에 내지 않는다. 그는 가끔씩 교실에서 호전적인 행동을 보인다. 대부분의 경우, 교사에게는 매우 긍정적인 태도를 보이지만, 때로는 공격적인 행동을 하기도 한다.

제이슨은 학년이 끝나갈 무렵에 교장 선생님과 대화를 나누다가 격분했다. "버스에서조차 유일하게 숙제를 하는 사람이 저라면 제가 기분이 어떨지 아세요? 학교 끝나고 숙제를 안 한 대가로 농구 대신 공부를 해야 하는 기분을 아세요? 어떻게 살아야 하는지 제게 가르치시려거든 이것부터 알고 말씀하시죠!" 또래 친구들보다 사춘기가 일찍 찾아온 제이슨은 인종 문제와 학업 정체성 사이에서 갈등하고 있었다. 이 내적 갈등이 매우 커서 교육과정과 교사에 대해 스스로도 매우 복합적인 마음을 가지고 있었던 것이다.

학습을 방해하는 학습의 문제

야나는 쓰기 숙제를 싫어한다. 평소에는 유쾌하고 밝지만 쓰기 숙제를 제출해야 하는 날짜가 다가오면 울음을 참지 못한다. 처음에 교사가 야나를 도와주려고 했던 방법은 지정된 제출 날짜까지 작문을 마치지 못했을 때 시간을 좀 더 주는 것이었다. 그 결과 야나는 서론, 본론, 결론이 없거나 명확한 의도가 없어 보이는 긴 글을 써서 제출했다. 여러 차례 대화를 통해 다양한 방법으로 야나의 문제를 해결해 보려고 했지만 모두 실패로 돌아갔다.

그러던 어느 날, 교사는 야나가 글을 쓸 때보다 말로 할 때 훨씬 더 효과적으로 설명하며 자신의 아이디어를 자신 있게 전달한다는 것을 발견했다. 본능적으로 교사는 야나의 글을 '생각'의 단위(연결된 글이 아니라 단락의 수준)로 나누었다. 그리고 야나에게 '이제 이것을 나한테 말한다고 생각하고 다시 순서대로 배열해 보라'고 주문했다. 야나는 울면서 아이디어를 순서에 따라 재배열했다. 교사는 그 과정을 통해서 야나의 글쓰기 문제를 해결할 수 있는 가능성뿐만 아니라 야나의 문제가 무엇인지도 분명하게 알 수 있었다. 교사는 학생들의 성공적인 결과를 위해서 때로는 자신이 생각한 과제의 순서나 계획을 포기해야 할 때도 있다. 마치 야나의 글쓰기를 방해하는 문제를 해결하기 위해서 교사가 아이디어의 순서를 배열하는 과제를 여러 번 반복한 것처럼 말이다.

성취를 방해하는 학생의 특이한 요구

노아는 지난 몇 년 동안 '나쁜' 아이로 여겨졌지만, 실은 대체로 밝은 아이이다. 그는 수업 시간에 바른 자세로 앉아있는 것을 중요하게 생각하는 몇몇 선생님의 수업 시간에 가만히 앉아 있지 못했다. 선생님은 '적절하지 않은' 때에 돌아다니는 행동을 지적하면 할수록 그가 더 '많이' 돌아다닌다는 것을 알게 되었다.

올해 노아는 별다른 문제 행동을 보이지 않는다. 어떤 생각이나 토론에 진지하게 참여할 때 자리에서 일어나 책상 주위를 서성이긴 하지만 누구도 크게 신경 쓰지 않는다. 오히려 담임교사는 노아의 그런 행동을 통해서 수업 시간의 역동성을 가늠한다. 어느 날 노아는 과제를 하다가 특별히 누구를 지칭하지 않은 채 "내 생각에 나는 움직이면서 더 잘 배우는 것 같아. 이걸 알다니, 정말 멋진데!"라고 말했다. 사실 노아는 가만히 앉아있기를 종용하는 사회에서 두드러지게 활동적인 학생이라고 할 수 있다. 그는 정신적인 에너지를 신체적인 에너지로 표출하는 것이다. 그가 학습하는 특유의 방법을 인정할 때 그는 더 나은 학생이 될 수 있다.

이 학생들의 사례는 저자가 만들어 낸 것이 아니다. 이것은 실제 교실에 있는 실제 학생의 이야기다. 그들의 교사는 시간과 관심 및 정신적인 에너지를 쏟아부음으로써 각 학생의 가능성에 대한 믿음과 지식의 역할을 신뢰하였다. 그리고 교사는 그러한 믿음과 지식이 각 학생의 잠재성을 실현하는 것을 돕고 상호 보완적인 역할을 하는 방식으로 교육과정을 개발했다. 그러나 학생은 교실이라는 연극 무대에 선 배우로서, 교사와 교육과정 이상으로 수업의 모든 부분에 영향을 미친다. 즉, 각 학생의 독특한 삶은 학교에 대한 그들의 반응과 경험에 유의미한 방식으로 영향을 미치는 것이다. 따라서 학생이 연극 무대의 중앙으로 나가야 하는 상황이라면, 교사는 마땅히 '대본' 을 고쳐서 그에 맞게 수정해야 한다. 앞의 두 사례에서는 교사가 학생의 특별한 요구에 적절히 반응하는 방법을 찾았다. 그러나 다른 두 사례에서는 학년 말까지도 여전히 같은 상황이었다. 하지만 우리가 계속 노력하다 보면 어려움을 겪는 모든 학생이 성공하는 방법을 찾을 수 있을 것이며, 그러한 점에서 가르친다는 것은 긍정의 힘이라고 할 수 있다.

비슷하면서도 서로 매우 다른 학생들

알리즈, 야나, 제이슨, 노아는 다른 학생들과 비슷한 점이 많다. 이 학생들은 자기 자신을 찾기 위해 학교에 온다. 기하학을 숙달하거나 문단 쓰기를 연습하러 오는 것이 아니다. 다시 말해서, 모든 사람이 그러하듯이 이 학생들도 자신만의 의미, 역할, 가능성에 대해 이해하기 위해서 학교에 오는 것이다. 학교에 옴으로써 자신을 둘러싼 주변 세계를 이해하고 그 세계 속에서 자신의 역할을 이해하고자 하는 것이다.

교실에서 그러한 최종적인 목적을 향해 나아가는 과정 중에 학생이 가장 먼저 배우는 것이 자아 긍정, 소속감, 성취감, 자율성이다(Tomlinson, 2003). 그들은 자신을 수용하고 존중하며 안내할 뿐만 아니라 능력과 배려심이 있는 모범적인 모습을 보여 줄 수 있는 성인을 찾는다. 일차적으로는 훌륭한 교육과정이 학생의 자아 긍정, 소속감, 성취감 및 자율성의 필요를 충족시키는 데 가장 중요한 역할을 담당하겠지만, 학생의 기본적인 요구와 교육과정을 연결짓는 것은 교사의 몫이다. 비록 학생의 신체적 · 정신적 · 감정적 특징이 유치원생부터 고등학생에 이르기까지 매우 다양하지만, 학생이나 인간으로서 갖는 가장 기본적인 요구는 다르지 않다. 이 기본적인 요구는 어린 학생의 학교 및 교실에서의 삶에 지속적으로 영향을 미칠 것이다.

서로 간의 여러 유사점에도 불구하고 아동은 자기 자신을 찾고 의미를 추구하는 경험에서 큰 차이를 보인다. 사실 동일한 교육과정 및 동일한 학교 맥락 속에서도 자신을 이해하는 아동의 관점이 각자 달라지는 이유는 그들이 학교에 가져오는 그러한 다양성 때문이라고 할 수 있다.

개별 학생의 차이가 학교 생활에 미치는 영향에 대해서 생각해 보는 방법은 여러 가지가 있을 수 있다. 교사가 꽤 훌륭한 교육과정을 준비한다고 하더라도 일단 교실에 가면 다양한 학생들을 마주하게 될 것이다. 거기에는 능력이 뛰어난 학생과 좀처럼 학습을 따라갈 수 없는 장애를 가진 학생이 있을 수 있다. 가난한 학생과 부유한 학생도 있을 것이고, 확고한 꿈이 있는 학생과 꿈을 꾸는 것이 인생에 별 도움이 안 된다고 생각하는 학생도 있을 것이다. 또, 국어에 탁월한 능력이 있는 학생과 국어를 잘 못하는 학생도 있을 것이다. 듣는 것을 통해서 더 잘 배우는 학생과 직접 해 볼 때 더 잘 배우는 학생이 있을 것이며, 순종적인 학생과 모든 권위에 도전하는 학생, 쉽게 믿는 학생과 의심이 많은 학생도 있을 것이다. 그러한 차이가 교수-학습 과정에 별다른 영향을 미치지 않을 것이라고 생각하는 것은 환상이다. 〈표 2-1〉은 우리가 생각해 볼 수 있는 학생들의 다양성을 몇 가지 유형으로 분류하고, 그에 따른 특징과 학습에서의 함의점을 정리한 것이다.

우리 교사들은 흔히 교실 구조에 잘 맞는 특징을 가진 학생을 '성공하는' 학생으로, 반대로 그렇지 않은 학생을 '성공할 수 없는' 학생으로 꼬리표를 붙인다. 이것은 우리가 반성해야 할 부분이다. 사실, 환경이 학생을 제약하지 않고 교사가 각 학생에게 적합한 환경을 구성해 주기 위해 적극적으로 노력하는 학교가 있다면 훨씬 많은 학생이 성공하는 학생으로 분류될 것이다. 아무리 최상의 교육과정이라고 할지라도 학생에게 '받아들이든지 말든지'의 자세라면, 아주 소수의 학생을 제외한 대다수의 학생에게는 아무 소용없는 것이 되고 말 것이다.

〈표 2-1〉 학습에 영향을 미치는 학생의 차이 유형과 학습에의 함의점

학생 차이의 유형	차이 발생 원인	학습에의 함의점
생물학적 차이	성별 학습 신경회로 능력 장애 발달	- 모든 노력에는 능력의 차이가 존재한다. - 학생은 각기 다른 방식으로 학습한다. - 학생에게는 각기 다르게 설정된 학습 시간표가 있다. - 학습 관련 매개 변수는 정의내릴 수 있고, 적절한 맥락과 지원에 의해 처치할 수 있다.
특권(privilege)의 정도	경제적 지위 인종 문화 지원 체계 언어 경험	- 저소득층 출신 및 특권적 지위를 갖지 않는 인종 · 문화 · 언어 배경을 가진 학생은 학교에서 더 큰 어려움을 겪는다. - 성인의 지원 체계의 질이 학생의 학습에 영향을 미친다. - 학생의 경험의 폭과 깊이가 학습에 영향을 미친다.
학습에 대한 생각	성인 모델 신뢰 자아 개념 동기 성격 대인관계 능력	- 교육을 중요하게 생각하는 부모는 자녀의 학습에 긍정적인 영향을 미친다. - 신뢰, 긍정적인 자아 개념, 긍정적인 성격, 학습 동기는 학생의 학습에 긍정적인 영향을 미친다. - 긍정적인 대인관계 기술과 '정서 지능'은 학생의 학습에 긍정적인 영향을 미친다.
선호도	흥미 학습에의 선호 개인의 선호	- 학생의 흥미는 다양한 주제와 과목에 걸쳐서 다양하게 나타난다. - 학생이 선호하는 지식 습득 및 표현 양식은 다양하다. - 학생은 각기 다른 방식으로 교사와 관계를 맺는다.

반응적으로 가르치는 것이 중요한 이유

반응적 혹은 맞춤형 수업은 잘 조직되고 사려 깊은 교육과정의 필요조건이며, 교사가 학생들의 다양한 학습 필요에 맞춘다는 의미다. 이는 교사가 학생이 중요한 아이디어와 기능을 습득해 나가는 과정, 핵심 아이디어와 기능을 이해하였음을 드러내는 방식, 학습 환경을 조정(modification)하는 것을 의미한다. 그리고 그러한 모든 시도는 오직 각 학생의 성공을 최대화할 수 있도록 지원하려는 목적에서 이루어진다. 반응적 수업은 교사가 지속적으로 개별 학생과 긍정적인 관계를 확립하도록 요구할 뿐만 아니라 다양한 학생을 위해 어떤 학습 접근이 가장 효과적인지 이해하도록 요청한다. 다음은 왜 학생의 성공이 그들의 특수한 요구에 반응하는 교사에게 달려있는지에 대한 이유를 보여 준다.

- 교사-학생의 관계에 관심을 가지면 학생은 학습을 위한 에너지를 얻는다. 긍정적인 교사-학생의 관계는, 인간이 서로를 이해하고 존중하는 것을 배울 때 얻는 잠재적인 유익을 넘어서, 학생의 학습 동기로 이어진다. 학생은 교사가 자신을 중요하게 생각한다는 것을 확신하면 학습 과정에서 생길 수 있는 어려움에 기꺼이 도전하게 된다.
- 학습 환경에 관심을 가지면 학습 상황(learning context)이 만들어진다. 학생이 집단 안에서 자아 긍정, 소속감, 기여, 자율성의 증대, 성취감, 책임감의 공유를 느낀다면 학습의 '분위기'는 좋다고 할 수 있다. 그러한 분위기만으로 학습의 성공이 보장되지는 않지만, 일관된 협력 관계는 학생이 인간 성장의 일부인 성공과 실패를 항해하는 것을 도와주는 방법과 상황이 된다.
- 학생의 배경 및 필요에 관심을 가지면 학생과 중요한 내용을 연결할 수 있는 방법을 찾

을 수 있다. 그러한 연결이 중요한 이유는 학생에게 학습의 유용성을 깨닫게 하여 더 적극적으로 학습에 참여하도록 하기 때문이다.

- 학생의 준비도에 관심을 가지면 그들의 학업에서의 성장을 도울 수 있다. 우리는 적당히 어려운 문제가 제공되는 상황에서 그리고 그 어려움을 해결할 수 있는 적절한 지원 체제가 주어지는 상황에서 더 잘 학습한다. 어떤 지식과 기능을 배우는 특정 지점에서의 학생들의 준비도는 서로 다르기 때문에 교사는 개별 학생의 준비도에 따라 적절하게 대처함으로써 모든 학생의 지속적인 학업 성장을 도와야 한다.
- 학생의 흥미에 관심을 가지는 것은 그들의 동기 부여에 기여한다. 모든 학생은 나이에 관계없이 자신이 흥미 있는 것에 더 호기심을 갖고, 그것에 더 많은 시간과 노력을 투자하고 싶어한다. 즉, 흥미는 학습 동기를 불러일으킨다. 학생의 호기심을 불러일으키기 위해서 지속적으로 노력하는 교사는 학생들의 개별적인 혹은 공통의 흥미를 찾고, 핵심지식과 기능이 그들의 흥미와 어떻게 연결되는지를 보여 주고자 한다. 교사가 그러한 노력을 기울여서 가르치는 학생은 수업에서 다루는 지식과 기능이 자신의 흥미와 동떨어져 있다고 느끼는 학생보다 훨씬 더 적극적인 의지를 가지고 학습에 임한다.
- 학생의 학습 유형에 관심을 가지면 효율적인 학습이 가능해진다. 학생이 선호하는 학습 유형에 따라 학습하게 하는 것은 학습을 방해하는 요소를 최소화한다는 것을 의미한다. 학습하는 것이 이미 힘든 일임을 인정한다면, 학생이 자신에게 가장 잘 맞는 방법으로 배우도록 허용하는 것은 현명한 일이라고 할 수 있다.

어떤 교실에서든 교사에게 "학생의 신뢰와 동의, 성장, 동기 또는 학습의 효율성을 위해 희생할 수 있는가?"라고 묻는 것은 중요하다. 모든 교사의 목표는 모든 개별 학생이 높은 수준의 학습에 도달하는 것이다. 따라서 그러한 학생의 특성이 절대적인 것이라고 할 때, 위 질문에 대한 답은 당연히 '그렇다' 여야 한다. 교사가 그러한 특성에 관심을 덜 기울이는 만큼 학생의 학습에 결손이 일어난다.

기본적인 반응적 수업 접근법

맞춤형 수업은 '개별화 수업' 을 옹호하지 않는다. 모든 개별 학생의 요구를 완전하게 이해하는 것이 교사의 당연한 의무라고 생각하는 것은 부담스러운 일이다. 예컨대, 다양한 문화적 · 언어적 배경을 가진 학생을 포함하여 읽기 및 쓰기에서 어려움을 겪는 학생, 문제 행동을 보이는 학생, 뛰어난 성취를 보이는 학생, 억압적인 가정에서 자란 학생 등 다양한 개별 학생의 모든 필요를 교사가 다 이해해야 한다고 생각하는 것은 다소 지나치다. 하지만 보다 많은 학생에게 유익하도록 그들의 여러 필요에 부응하는 교수 방법(teaching pattern)을 적용하는 것은 실행 가능성이 있다. 물론 개별 학생에 대해서 더 많이 아는 것이 교수 방법을 개선하는 데 언제나 도움이 되는 것은 사실이다. 그러나 서로 비슷한 요구를 가진 학생을 묶어(이때 '낙인찍는 일[labeling]' 이 되지 않도록 해야 한다) 그들에게 도움이 되는 방법과 절차를 적용해 보는 것은 좋은 출발점이 될 수 있다. 다음의 열 가지 교육 방법을 살펴보면, 이 접근이 어떻게 학생의 다양한 '유형' 을 아우르는지, 또 어떻게 많은 학생이 학업에서 성공할 수 있도록 유도하는지를 알 수 있다.

• 학생을 더 잘 알 수 있는 의도적이고 주기적인 방법을 찾는다. 예를 들어, 교실 문

앞에 서서 학생이 교실을 드나들 때 그들의 이름을 한 명씩 부르는 방법이 있다. 또한 학생이 교사와 문자 언어로 소통할 수 있는 기회를 제공하는 대화 일지를 쓰게 하는 방법도 있다. 학생이 토론을 하거나 과제를 하고 있을 때 관찰 노트를 작성할 수도 있을 것이다. 이러한 방법을 비롯하여 다른 여러 가지 방법은 너무 많은 학생을 가르쳐야 할 때에도 그들을 효과적으로 알 수 있게 해 준다. 그리고 동시에 학생은 교사의 이러한 접근법을 보면서 교사가 자신에게 관심을 갖고 있다는 것을 확인한다.

- **매일 혹은 매주 수업 일정에 소집단 활동을 포함한다.** 교사가 소수의 학생을 지도하는 동안 다른 학생들은 독립적으로 (아니면 소집단으로) 활동하는 절차에 교사와 학생 모두 익숙해지면, 교사는 특별한 방법으로 가르칠 필요가 있는 학생을 위해 본 시 수업 내용에서 벗어나지 않으면서도 그들에게 맞는 수업을 할 수 있게 된다. 기초 기능을 학습하는 데 도움이 필요한 학생, 유능한 급우가 소리 내어 읽을 때 집중해서 듣는 것이 필요한 학생, 소리 내어 읽기가 필요한 학생, 해당 학년의 성취 수준을 이미 뛰어넘는 학생 등이 이러한 교수적 처치의 대상이 될 것이다. 이때 학생은 교사가 자신이 학업에서 성공할 수 있도록 돕고 있다는 것을 알게 될 것이다.
- **높은 수준의 목표를 달성할 수 있는 교수법을 배운다.** 높은 수준의 학생을 위한 심화 학습 전략을 학습하고 적용하는 것은 여러 방면에서 유익하다. 무엇보다 그동안 도전적인 학습 문제를 스스로 찾아서 학습할 것을 요구하며 방치하였던 학생에게 적절한 도전을 제공할 수 있다는 점이 가장 분명한 이점이 될 것이다. 그러나 그처럼 높은 수준의 학생뿐 아니라 대다수의 학생이 복잡한 사고와 창의적인 사고를 할 수 있도록 그리고 독립성, 자기 평가, 초인지, 유연한 속도 조절 등을 증진시키도록 설계된 학습 과제로부터 유익을 얻을 수 있다. 가장 좋은 맞춤형 수업은 많은 학생이 스스로 '지나치게 높

은 기대' 라고 여기는 것에 궁극적으로 도달할 수 있도록 더 많은 지원 체계를 지속적으로 마련하는 것이다.

- **학습을 탐구하고 표현하는 여러 가지 방법을 제공한다.** 많은 학생에게 분석적이고 창의적이며 실천적인 과정을 거쳐 개념을 이해하는 기회를 정기적으로 주는 것이 유익하다. 그들은 '필수적인 학습 결과에 충실히 초점을 두면서도 개인의 강점이나 흥미가 반영된 다양한 형태의 결과물 및 수행을 허용하는 과제와 평가' 로부터 유익을 얻는다. 예를 들면, 학생은 작문, 발표, 연기, 시각적인 재현(visually representing) 등의 방법을 선택할 수 있을 것이다.
- **학생의 이해를 모니터하기 위해 비형식적인 평가를 주기적으로 활용한다.** 예를 들어, 수업 시간에 학생들에게 핵심질문이 적힌 한두 장의 색인 카드를 주고 답을 하도록 한 뒤, 수업이 끝날 때 그것을 반납하도록 할 수 있다. 그러한 접근을 통해서 교사는 개별 학생이 어떤 개념과 기능을 익혔는지 알 수 있으며, 어떤 오개념이 숙달을 방해하는지, 어떤 학생이 추가적인 도움을 필요로 하는지 파악할 수 있다. 이때 앞서의 상황에서 사용한 '목표 달성 확인 카드(exit cards)' 에는 점수를 매기지 않는다. 그것은 그저 가까운 미래에 이루어질 수업 설계의 추가적인 정보로 활용한다.
- **다양한 방법을 활용하여 가르친다.** 때로는 부분에서 전체로 또는 전체에서 부분으로 설명하는 방법을 사용한다. 문자와 이미지를 모두 사용하고 아이디어를 보여 주거나 직접 본을 보여 주면서 개념을 설명한다. 학생의 경험으로부터 도출된 사례 이야기, 비유, 일화를 활용한다. 이렇게 다양한 양식을 주기적으로 활용할 수 있는 교사는 단일한 양식을 사용하는 교사에 비해 훨씬 더 많은 학생을 도울 수 있다.
- **교육과정 전반에서 기본 읽기 전략을 활용한다.** '소리 내어 읽기' '자세히 읽기(close reads)' '자신의 수준에 맞는 독해 일지 작성하기' 등의 전략을 주기

적으로 활용하는 교사는 다수의 학생을 보다 높은 수준의 목적과 이해에 이르도록 도울 수 있다.

- **혼자 혹은 친구와 함께 활동하는 것을 허용한다.** 혼자 활동하든지 친구와 함께 활동하든지 그날그날의 학습 목표를 달성하는 데는 대부분의 경우 별로 큰 차이가 없다. 그러나 학생에게 선택권을 (지켜야 하는 행동 규칙과 함께) 주는 것은 개인 활동이나 협동 활동을 선호하는 모든 학생의 학습을 향상시킬 수 있다.
- **질 높은 코칭을 위해서 명확한 채점 기준(rubric)을 활용한다.** 때때로 교실에서의 채점 기준은 '숫자 세기(bean counter)' 쯤으로 여겨진다. 예를 들어, 학생이 어떤 과제에서 4점을 받았다면, 3점을 받은 학생보다는 잘했다는 의미 정도로만 해석된다. 그러한 채점 기준은 질 높은 학생의 활동과 활동 습관에 대해 거의 아무런 구체적인 지침도 제공하지 못하고 초인지적 학습을 지원하기도 어렵다. 반면, '잘함' 의 특성이 무엇인지 그리고 '더 잘함' 이 무엇인지를 분명하게 제시하는 채점 기준은 학생을 평가하는 기능을 뛰어넘어 더 많은 학생이 잘함을 지나 탁월함의 수준에 이르도록 지도하는 것을 돕는다. 뿐만 아니라, 채점 기준은 학생에게는 개인적인 성취 목표를 추가할 수 있는 공간을 제공하고, 교사에게는 개별 학생 한 명, 한 명에 대한 구체적인 목표를 덧붙일 수 있는 공간을 제공한다.
- **다양성의 가치를 존중한다.** 많은 학교와 교실은 다양성을 억압하는 구조로 되어 있고 자유로운 사고와 그러한 사고를 할 수 있는 기회조차 허용하지 않는다. 그러므로 다양한 관점에서 대답할 수 있는 질문을 던지고 학생이 다양한 견해를 말해도 괜찮은 교실을 만들어야 한다. 그러기 위해서는 다양한 방법으로 수학 문제를 풀도록 하고, 서로 다른 독특한 재능을 가진 학생에게 다양한 방법으로 자신이 이해한 것을 표현하도록 한다. 또한 학생에게

교실 환경의 설계 방법을 제안할 수 있는 기회를 제공하고 그 방법을 적용한다. 학생의 문화를 이해하고 그들의 인종이 학습에 미치는 영향에도 주의를 기울인다. 지속적으로 다양한 문화와 관련된 예화, 일화, 자료를 활용한다. 학생에게 각 문화에서 널리 사용되는 관용구나 주요 사건을 기념하는 방법, 영웅 및 이야기를 비교하도록 한다. 한 동료가 나에게 상기시켜 주었듯이, 관습의 한 단편만 보고 그것이 전부라고 오해해서는 안 된다. 우리의 세계—그리고 우리 학생의 세계—는 많은 다른 관점을 통해 가능성을 봄으로써 보다 확장될 수 있다.

반응적인 교사가 되기 위해 앞서 언급한 모든 가능성을 처음부터 다 적용할 필요는 없다. 시작은 개별 학생의 요구에 더 민감해질 수 있는 방법을 찾는 것으로부터 출발할 수 있다. 그리고 교실을 모든 학생이 잠재적으로 가진 높은 가능성에 도달할 수 있도록 손 내미는 너그러운 장소로 만들고, 각기 다른 학생의 잠재성이 실현될 수 있도록 다양한 교수-학습 경로를 개발해야 한다.

첫 시작

잘 가르치는 것은 매우 중요하다. 또한 일관성 있고 의미가 풍부한 교육과정도 매우 중요하다. 그러나 교육은 결국 학습에 관한 것이다. 학습은 학생 안에서 일어나는 것이지 그들에게 어떤 것을 전달한다고 해서 일어나게 되는 것이 아니다. 학습이란 학생 개인이 특정 순간에 의미를 만들어 가는 과정이다. 우리가 비록 학생의 영속적인 이해와 효과적인 기능 개발을 최대한 지원하는 교육과정으로부터 출발한다고 하더라도, 다양한 시간표에 따라 다양한 학생의 요구에 부응하는 다양한 방법으로 교육과정을 실행해야 한다는 사실을 간과해서는 안 된다. 그렇지 않으면 우리가 의도한 학습의 결과를 얻지 못하게 된다.

따라서 교육과정을 설계하는 동안 다음의 질문을 염두에 두어야 할 것이다. '나는 누구를 가르치기 위해 준비를 하는가?' '나는 내 학생에 대한 지식을 교육과정 설계에 어떻게 적용할 것인가?' '나는 내 학생이 자신과 자신이 속한 세계를 내가 가르치려는 내용과 관련하여 어떻게 이해하도록 도울 것인가?' 그리고 교육과정을 설계하고 적용하면서도 지속적으로 다음과 같은 질문을 해야 한다. '잘 설계된 질 높은 교육과정이 각 학생에게 가장 효과적으로 나타나도록 하기 위해서 나는 어떻게 가르쳐야 하는가?' '학생이 학습 내용 및 내가 그것을 가르치기 위해 설정한 학습 방법과 상호작용하는 것을 관찰하면서 그들의 특성에 대하여 더 잘 배울 수 있는 방법은 무엇인가?' '모든 학생이 자신의 특수한 필요를 충족하면서도 동시에 질 높은 교육과정의 모든 혜택을 누리고 있다는 것을 확인할 수 있는 방법은 무엇인가?'

이 질문을 잊지 않고 계속 염두에 둔다면, 우리가 만든 교육과정은 우리가 가르치는 학생에 대한 이해에 힘입어 잘 작동하게 되고 인정도 받게 될 것이다. 교육과정 설계는 우리가 믿는 지식의 힘과 그 지식을 통해 능력을 갖춘 인물로 성장하는 개인의 잠재력에 대해서 실제 사람들과 의사소통하는 과정이다. 그래서 다음 장에서는 학생에게 자율성을 갖게 하는 방향으로 교육과정을 설계하는 방법을 살펴볼 것이다.

제 3 장

학습에서 중요하게 고려해야 할 것(학습 내용)

어떤 지식이 영속성을 갖는 핵심지식인가?

무엇이 이해할 가치가 있는 것인가? 모든 학생이 알아야만 하는 핵심적인 아이디어는 무엇인가?

맞춤형 수업과 내용 기준(standards)은 공존할 수 있는가? 개별 학생의 학습에 반응하면서 그와 동시에 가르쳐야 할 내용을 다루는 방법이 있는가?

일반적으로 유치원부터 대학원까지 모든 학교 급에서 교사는 제한된 시간 안에 너무 많은 내용을 다루어야 하는 문제를 안고 있다. 이 문제는 지식이 계속해서 팽창하고 있는 과학과 역사 같은 분야에서 더욱 심각해진다. 이러한 내용 '과다(overload)' 의 문제는 교사로 하여금 끊임없이 무슨 내용은 강조하고, 무슨 내용은 가르치지 않아도 될 것인가에 대한 선택을 하도록 요구한다.

최근 미국에서는 전국 규모의 교과 교육 협의체와 주 및 지역 교육청에서 유치원부터 고등학교 3학년까지를 위한 내용 기준을 개발하였다. 학생이 교과에서 무엇을 배워야 하고 무엇을 할 수 있어야 하는가를 내용 기준을 통해 구체화한 것이다. 이 기준의 목적은 교수-학습의 핵심을 제시하고, 교육과정 개발을 안내하며, 책무성의 근거를 제공하는 데 있다. 그러나 기준과 관련한 모든 훌륭한 의도와 긍정적 효과에도 불구하고 기준 운동이 내용 '과다' 의 문제를 해결하지는 못한 것으로 나타났다. 즉, 기준이 문제를 개선하는 대신에, 오히려 내용

과다의 문제를 악화시킨 것이다.

Robert Marzano와 John Kendall(1988)의 연구 결과가 이를 잘 말해 준다. 그들이 국가 및 주 수준의 내용 기준 160개를 분석한 결과, 학생은 다양한 교과에서 255개의 기준과 3,968개의 기준점(benchmark)을 알아야 하고 할 수 있어야 하는 것으로 나타났다. 연구자들은 만일 확인된 기준점을 학습하는 데 30분을 할당한다면(많은 기준점을 실제로 가르치고 배우는 데 이보다 더 많은 시간이 필요하지만), 학생이 그것을 모두 학습하는 데 15,465시간(학교를 9년 더 다녀야 다 배울 수 있는 시간)이 더 필요하다는 것을 확인하였다. 이렇듯 야심차게 준비된 내용 기준은 그것을 가르치고 평가해야 하는 교사를 압도하는 듯 보인다.

내용 기준은 그 양이 너무 많다는 점 외에도 이해하기 어려운 방식으로 진술되어 있다는 것이 문제로 지적된다. 어떤 내용 기준은 너무 포괄적으로 진술되어 있다. 예를 들면, '학생은 예술의 기능적 · 조직적 · 심미적 요소가 예술 작품이 의도하는 아이디어, 감정, 전반적인 감동(impact)에 기여하는 방식을 이해할 수 있다.' 이런 진술은 너무 방대해서 목표를 명료화하는 것은 물론 수업과 평가를 안내하는 데에도 도움이 되지 않는다. 또한, 예술을 가르치는 교사들이 옳다고 믿는 내용 기준을 실행한다면 각자 내용 기준의 전혀 다른 측면을 강조할 수 있다.

반대로 어떤 내용 기준은 너무 구체적으로 진술되어 있다. 예를 들면, 주(state) 수준의 7학년 역사 기준의 하나로, '학생은 파키스탄 인더스 강 유역의 초기 문명과 중국의 황하 문명을 비교한다'가 진술되어 있다. 이 기준은 전술한 기준의 예보다 더 분명한 목표를 제시하고 있지만, 초점이 너무 구체적이고 임의적이기까지 하다. 이 문제는 분절화된 기준과 기준점을 평가하기 위해 선택형 문항 중심의 고부담 평가를 할 때 더 악화된다. 내용 기준이 사실 나열식으로 구성되고 평가가 탈 맥락화된 문항 중심으로 제시되면, 교사는 가르쳐야 할 내용의 중요도 또는 내용의 우선성을 고려할 여유를 갖지 못하고 내용 기준에 나열된 목록을 진도에 따라 가르치게 된다. 따라서 더 일반화된 그리고 전이 가능성이 큰 개념과 과정은 개별 사실들의 바다에서 길을 잃고 사라지고 만다.

어떤 주와 지역 교육청에서는 기준의 의도를 설명하고 구체적인 학년별 기준점을 확인한 다음, 수행 지표를 구체화하기 위해 내용 기준에 대한 해설서를 출판한다. 그리고 거기에서 전술한 내용의 중요도 문제를 언급한다. 그러나 그럼에도 내용 과다의 문제는 여전히 남는 것으로 나타났다.

내용 기준만이 문제가 아니다. 교과서는 이 문제를 더 악화시킨다. 교과서 채택 위원회가 주 또는 교육청 기준을 맞추라는 요구를 하기 때문에, 미국과 캐나다의 상업 교과서 출판사는 가능한 한 많은 기준과 기준점을 교과서에 포함하려고 한다. 즉, 교과서 출판사는 가능한 한 많은 지식을 피상적으로(mile wide, inch deep) 담게 되고, 결과적으로 교과서는 정보의 과다라는 문제를 불러일으키는 한 요인이 된다.

그렇다면 우리는 어떻게 기준과 교과서로 인해 야기되는 내용 과다 문제를 해결할 수 있을까? Grant Wiggins와 Jay McTighe(2005)는 그들이 쓴 저서, 『이해중심 교육과정(*Understanding by design*)』에서 반드시 내용 기준에 담기는 '빅 아이디어(big ideas)' 와 핵심 절차(core process)의 차원에서 학습 결과를 결정해야 한다고 제안한다. 이 아이디어는 '핵심질문(essential questions)' 이라는 다소 도발적인 개념을 중심으로 교수-학습의 초점을 이룬다. 구체적인 사실, 개념, 기능(표준화 검사에서 전형적으로 평가하는 것)은 더 큰 아이디어와 과정을 탐구하고 적용하는 맥락 속에서 가르칠 수 있다. 이 접근은 교육과정과 평가 전문가인 Lynn Erickson(1998)이 제안한 '개념 중심 교육과정(concepts-based curriculum and instruction)' 과 Douglas Reeves(2002)가 주장한 전이 가능성이 높은 개념과 과정을 내용의 우선순위에 놓아야 한다는 것, 그리고 그 수단으로서 제안한 '강력한 성취 기준(power standards)' 과 일관된다.

그렇다면, 이 접근이 실제에서는 어떤 모습일까? 다시 전술한 두 예시로 돌아가 보자.

첫 번째 예술 기준('예술의 기능적 · 조직적 · 심미적 요소가 예술 작품이 의도하는 아이디어, 감정, 전반적인 감동[impact]에 기여하는 방식을 이해할 수 있다')은 너무 광범위하기 때문에 개념적인 초점이 필요하다. 다음에 제시되는 '빅 아이디어'와 핵심질문의 사례를 살펴보자.

- 예술가의 문화와 개인적 경험은 그들이 표현하고자 하는 아이디어와 감정에 영감을 불어넣는다.
  예술가는 어디에서 아이디어를 얻는가? 문화와 경험은 어떠한 방식으로 예술적 표현을 불러일으키는가?
- 예술가가 이용할 수 있는 도구나 공학 기술은 그의 아이디어를 표현하는 방식에 영향을 미친다.
  예술가가 사용하는 매체는 전달하고자 하는 메시지에 어떠한 방식으로 영향을 미치는가?
- 위대한 예술가는 자신이 보고 느낀 것을 표현하기 위해서 때로는 기존의 전통, 관습, 기술을 깨뜨리기도 한다.
  무엇이 예술을 '위대하게' 만드는가?

두 번째 역사 기준('파키스탄 인더스 강 유역의 초기 문명과 중국의 황하 문명을 비교한다')은 학생으로 하여금 더 큰 아이디어와 관련 핵심질문을 탐구하게 함으로써 더 유용한 기준이 될 수 있다.

- 한 지역의 지리, 기후, 자연 자원은 그 곳의 거주자가 어떻게 살아가는가에

영향을 미친다.

사람이 사는 곳은 어떻게 그 사람이 살아가는 방식에 영향을 미치는가?

- 문화는 공통의 특징을 공유하는 동시에 특이성을 갖는다.

  무엇이 문명을 만드는가? 현대 문명은 고대 문명에 비해서 더 '문명화(civilized)' 된 것인가?

- 과거는 역사적 규칙성, 보편적 주제, 되풀이되는 인간의 조건에 대한 통찰을 제공한다.

  우리는 다른 장소와 시간을 학습하는 것으로부터 무엇을 배울 수 있는가? 어떻게 과거가 오늘날의 우리에게 영향을 미치는가?

앞서 제시한 두 가지 사례에서 알 수 있듯이, 전이 가능성이 높은 '빅 아이디어' 와 핵심질문은 기준에 진술된 구체적인 내용을 다루는 개념적 렌즈를 제공한다. 그렇게 되면, 좀 더 구체적인 사실과 기능을 더 큰 아이디어와 질문의 맥락 속에서 가르칠 수 있다. 따라서 이 접근은 많은 양의 내용 지식을 처리하는 수단을 제공하는 동시에 의미 있는 학습을 지원할 수 있다. 이처럼 '빅 아이디어' 와 핵심질문에 초점을 두고 교육과정, 수업, 평가를 구성하면, 학생과 학부모는 학교에서 하는 모든 노력의 기저에 놓인 목표가 단순히 교과서 진도를 나가거나 시험 준비를 하는 데 있지 않고, 중요한 내용에 대한 학생의 학습을 향상시키는 데 있음을 알게 될 것이다.

백워드로 계획하기

만일 학생이 핵심질문을 탐구하고 내용 기준에 포함된 중요한 아이디어를 이해하고 싶어한다면, 우리는 그런 방식으로 계획을 해야 한다. 여기서는 교육과정 개발을 위하여 세 단계로 된 백워드 설계 과정을 제안한다.

기대하는 학습 결과로부터 백워드, 즉 역방향으로 교육과정을 개발한다는 개념은 새로운 것이 아니다. 이미 1949년에 Ralph Tyler가 수업에 초점을 둔 효과적인 교육과정 개발 과정을 제안한 바 있다. 더 최근에는 Stephen Covey(1989)가 자신의 베스트셀러 저서, 『성공한 사람들의 일곱 가지 습관』을 통하여 다양한 분야에서 성공한 사람은 목표 지향적이며, 그 목표를 마음에 두고 계획한다고 하였다. 비록 새로운 아이디어는 아니지만, 우리는 교과, 단원, 개별 차시를 개발할 때 백워드 설계를 의도적으로 사용하면 좀 더 명료하게 정의된 목표, 더 적절한 평가, 더 유목적적인 수업이 가능해진다는 것을 발견하였다.

백워드로 설계하기 위해서 교사는 다음 세 단계를 고려해야 한다.

1단계. 기대하는 학습 결과 확인하기. 학생은 무엇을 알고 이해하며 할 수 있어야만 하는가? 이해할 가치가 있는 내용은 무엇인가? 어떤 '영속성 있는(enduring)' 이해가 바람직한가? 어떤 핵심질문을 탐구해야 할 것인가? 1단계에서 우리는 우리의 목표를 고려해야 하고, 내용 기준(국가, 시, 도, 군)을 검토해야 하며, 교육과정에서 기대하는 학습 결과를 재검토해야 한다. 이때, 일반적으로 주어진 시간 내에 무리 없이 가르칠 수 있는 내용보다 훨씬 많은 것을 가르치도록 되어 있기 때문에, 교사는 선택을 해야만 한다. 그래서 설계 과정의 첫 단계에서는 무엇을 우선적으로 가르칠 것인가를 명확히 해야 한다.

2단계. 이해의 증거 결정하기. 우리는 학생이 기대하는 학습 결과에 도달했다는 것을 어떻게 알 수 있는가? 무엇을 학생의 이해와 숙달 정도의 증거로서 수용할 수 있는가? 백워드 설계에서는 교사와 교육과정 개발자가 구체적인 단원이나 차시를 설계하기 전에 '평가자처럼 사고하기' 를 제안한다. 우리가 필요로 하는 평가의 증거는 앞서 1단계에서 확인했던 기대하는 학습 결과를 반영한다. 그러한 방식으로 우리는 평가의 증거를 미리 고려할 수 있고, 목표 성취를 확인할 수 있다. 그리하여 그 과정을 통해서 우리는 수업의 초점을 더 분명하게 잡을 수 있다.

3단계. 학습 경험과 수업 계획하기. 학생이 효과적으로 수행하고, 기대할 수 있는 학습 결과를 성취하기 위해서 어떤 지식과 기능을 갖추어야 하는가? 목표를 달성하는 데 가장 효과적인 활동, 순서, 자원은 무엇인가? 명료하게 진술한 기대하는 학습 결과와 이해의 타당한 증거를 가지고, 우리는 이제 가장 효과적인 수업 활동을 생각해야 한다. 따라서 3단계의 목적은 기대하는 학습 결과와 일관되는 방식으로 수업을 재미있고 효과적으로 만드는 데 있다.

우리는 백워드 설계를 하면 교육과정을 개발하거나 수업을 할 때 흔히 저지르는 '두 가지 잘못' 을 피할 수 있다는 것을 알게 되었다. 첫 번째 '잘못' 은 초등학교와 중학교 수준에서 광범위하게 범하는 것인데, 흔히 '활동 중심의 수업' 이라는 이름하에 저질러진다. 이 경우, 교사는 수업을 활동 중심으로 계획한다. 이 활동은 공통적으로 참여를 유도하고, 손을 바쁘게 움직이게 하며, 아동 친화적인 특징을 갖는다. 만일 이러한 활동이 명료하고 중요한 목표에 초점이 맞추어져 있으며 학습의 타당한 증거로 귀결되면 질적으로 좋은 것이 된다. 그러나 너무 많은 사례에서 나타나듯이 대부분의 활동 중심 교육과정 개발과 수업은 솜사탕 같다고 할 수 있다. 즉, 그 순간에는 달콤하지만, 결과는 오래가지 않는다.

두 번째 '잘못' 은 고등학교와 대학 수준에서 '진도 빼기' 라는 이름으로 더 흔히 볼 수 있는 현상이다. 이 경우, 교육과정 개발은 교사용 지도서를 훑어보는 것을 의미하며, 수업은 교과서에 나온 내용의 순서에 따라 진행하는 것이 된다. 어떤 교사는 정말로 자신의 일이 교과서 내용을 가르치는 것 이상도 이하도 아니라고 믿는다. 그러나 우리는 이와 반대로, 교직이란 학생에게 중요한 내용을 학습하도록 가르치는 것이고, 모든 학생이 이해에 도달하였는지를 정기적으로 점검하는 것이며, 그 결과에 따라 필요한 처치를 제공하는 것이라고 생각한다. 교과서는 중요한 자원을 잘 제공할 수는 있겠지만 가르쳐야 할 모든 것을 제공하지는 않는다.

많은 교사가 백워드 설계 과정이 이치에 맞는다고는 생각하지만, 그 과정을 실행하기 위해서는 익숙한 설계 습관을 바꿔야 하기 때문에 불편하게 생각한다. 우리는 교사가 백워드로 설계할 때 활동 중심 수업과 교과서 진도 빼기 수업의 문제가 되는 부분을 좀처럼 버리지 못한다는 것을 발견하였다.

설계 템플릿

McTighe와 Wiggins(2004)는 교사가 백워드로 설계할 때 중요한 내용에 초점을 둘 수 있도록 돕기 위해서 템플릿을 개발하였다([그림 3.1]). [그림 3.2]는 단원, 교과목(course) 혹은 워크숍을 계획하기 위하여 템플릿을 사용할 때 고려해야 할 일련의 질문을 보여 준다.

1단계에서 설계자는 학습 목표(Box G), 내용 기준이 반영된 기대하는 이해(Box U), 그와 짝이 되는 핵심질문(Box Q)을 구체화해야 한다. 이 요소들은 내용의 중요도(우선성)를 확인시켜 주고, 빅 아이디어와 핵심질문이 중요하다는 것을 분명하게 보여 준다. 더 구체적인 지식과 기능 목표는 Box K와 Box S에 제시한다.

2단계에서는 두 가지 유형의 평가 범주를 수행 과제와 그 외 증거로 구분한다. 수행 과제(Box T)는 학생의 이해를 평가하는 도구로서, 학생이 학습한 것을 새

<table>
<tr><th colspan="2">1단계-기대하는 학습 결과 확인하기</th></tr>
<tr><td colspan="2">수립된 목표: G</td></tr>
<tr><td>이해: U
학생은 다음을 이해할 것이다:</td><td>핵심질문: Q</td></tr>
<tr><td>학생은 다음을 알게 될 것이다: K</td><td>학생은 다음을 할 수 있을 것이다: S</td></tr>
<tr><th colspan="2">2단계-다양한 이해의 증거 결정하기</th></tr>
<tr><td>수행 과제: T</td><td>그 외 증거: OE</td></tr>
<tr><th colspan="2">3단계-학습 활동 계획하기</th></tr>
<tr><td colspan="2">학습 활동: L</td></tr>
</table>

[그림 3.1] 설계 템플릿

출처: *Understanding by Design Professional Development Workbook* (p. 31), by J. McTighe and G. Wiggins, 2004, Alexandria, VA: Association for Supervision and Curriculum Development. Copyright 2004 by the Association for Supervision and Curriculum Development.

<table>
<tr><th colspan="2">1단계–기대하는 학습 결과 확인하기</th></tr>
<tr><td colspan="2">수립된 목표: G
• 어떤 목표(예, 내용 기준, 교과목이나 프로그램 목표, 학습 결과)를 성취하기 위해서 설계를 하는가?</td></tr>
<tr><td>이해: U
학생은 다음을 이해할 것이다:
• 어떤 빅 아이디어를 이해할 것인가?
• 빅 아이디어에 관한 어떤 구체적인 이해가 바람직한가?
• 학생은 어떤 오개념을 가지고 있는가?</td><td>핵심질문: Q
• 어떤 매력적인 질문이 학생의 탐구, 이해 그리고 학습의 전이를 촉진시킬 것인가?</td></tr>
<tr><td>학생은 다음을 알게 될 것이다: K
• 단원의 결과로서 어떤 중요한 지식과 기능을 습득하게 될 것인가?
• 학생은 그 지식과 기능을 가지고 무엇을 할 수 있어야 하는가?</td><td>학생은 다음을 할 수 있을 것이다: S</td></tr>
<tr><th colspan="2">2단계–다양한 이해의 증거 결정하기</th></tr>
<tr><td>수행 과제: T
• 학생은 어떤 참 수행 과제를 통해서 기대하는 이해를 드러낼 것인가?
• 어떤 준거에 의해서 '이해의 수행'을 평가할 것인가?</td><td>그 외 증거: OE
• 어떤 다른 증거(예, 퀴즈, 시험, 프롬프트, 관찰, 숙제, 글짓기 등)를 통해서 학생이 기대하는 이해를 성취했음을 알 것인가?
• 학생은 어떻게 자신의 학습을 반성하고 자기 평가를 하는가?</td></tr>
<tr><th colspan="2">3단계–학습 활동 계획하기</th></tr>
<tr><td colspan="2">학습 활동: L
• 어떠한 학습 경험과 수업이 학생이 기대하는 학습 결과를 성취할 수 있게 해 줄 것인가?
W: 학생에게 단원이 어디로 향해 가는지, 기대하는 것이 무엇인지 알게 해 주는가? 교사에게 학생의 출발점이 어디인지 알도록 돕는가?(선지식, 관심)
H: 모든 학생에게 흥미를 갖도록 하고, 그것이 지속되도록 돕는가?
E: 학생에게 필요한 지식을 학습하게 하고, 주요 아이디어를 경험하게 하며, 문제를 탐구할 기회를 제공하는가?
R: 학생에게 자신이 이해한 것과 자신이 산출한 결과물을 다시 생각하고 수정하고 보완할 기회를 제공하는가?
E: 학생이 자신이 수행한 과제와 결과물의 의미를 평가할 수 있는 기회를 제공하는가?
T: 학생의 다양한 필요, 관심, 능력에 맞추어 학습 활동을 다양화(개별화)하는가?
O: 학습 활동이 학습의 효과를 극대화하고 학생의 초기 흥미와 지속적인 참여를 유지하는 방식으로 조직되는가?</td></tr>
</table>

[그림 3.2] 설계 템플릿

출처: *Understanding by Design Professional Development Workbook* (p. 30), by J. McTighe and G. Wiggins, 2004, Alexandria, VA: Association for Supervision and Curriculum Development. Copyright 2004 by the Association for Supervision and Curriculum Development.

로운 실제 상황에 전이(적용)하도록 요구한다. 전통적인 퀴즈, 시험, 관찰, 작품 표본 등과 같은 그 외 증거(Box OE)는 학생이 무엇을 알고 있고 무엇을 할 수 있는가에 대한 그림을 완성시켜 준다.

템플릿을 하향식으로 만든 이유는 1단계와 2단계의 내적 일관성을 확인하기 쉽도록 하기 위해서다. 그러한 방식으로 만들면 사람들은 제안된 평가가 기대하는 학습 결과의 타당하고도 신뢰할 만한 증거인지 쉽게 알 수 있다.

그 다음에 우리는 학습 결과와 이해의 증거를 가지고, 모든 학생이 기대하는 학업 성취도에 도달할 수 있도록 하기 위해 학습 활동과 수업 계획(Box L)을 세운다. 이 3단계에서는 내용과 아동을 함께 고려하는, 반응적 교수(responsive teaching)를 위한 수업 계획을 세운다.

백워드 설계에 관해 자주 제기되는 질문

백워드 설계를 시작하면서 교사가 흔히 하는 질문은 다음 세 가지로 범주화된다.

학생이 이해하고 싶어하는 '빅 아이디어'를 어떻게 확인할 수 있을까? 어떻게 빅 아이디어와 동반하는 핵심질문을 만들 수 있을까?

우리는 국가 · 주 · 지역 수준의 내용 기준을 출발점으로 활용할 것을 제안한다. 대개 내용 기준은 그 자체에 또는 내용 기준을 부연 설명하는 해설서 안에 중요한 아이디어를 제시한다. 더 구체적인 전략으로는 내용 기준이 포함하고 있는 명사와 동사를 '푸는 것(unpacking)'이다. 명사는 '빅 아이디어'와 핵심질문을 가리키고 동사는 평가를 암시한다. 영속성 있는 아이디어나 핵심질문을 확인하기 위해서는 내용 지식의 기초가 확실해야 하기 때문에, 가능하면 동료와 함께 또는 팀으로 설계를 시작하는 것이 바람직하다. 두 사람 또는 세 사람이 머리를 맞대면, 혼자 생각하는 것보다 더 바람직한 결과를 얻을 수 있을 것이다.

또 다른 방법은 내용에 대하여 질문하는 방법이다. 예를 들면, 왜 우리가 반드시 이 내용을 가르쳐야 하는가? 우리는 학생이 무엇을 이해하기를 원하고, 지금으로부터 5년 후 무엇을 할 수 있기를 원하는가? 이 단원이 하나의 이야기라면 교훈은 무엇인가? 만일 이 내용을 이해하지 못한다면 사람들은 무엇을 할 수 없게 될까?

마지막으로, 우리는 좀 더 쉽게 백워드 설계에 접근하기 위해서 UbD Exchange 웹 사이트(http://ubdexchange.org)와 같은 자원을 참고하기를 추천한다. 이 웹 사이트는 UbD 형식으로 단원 설계를 한 수천 개의 예시를 담고 있고, '빅 아이디어', 핵심질문, 수행 평가 과제와 채점 기준을 찾을 수 있는 다양한 웹 링크를 제공한다. 누군가 만들어 놓은 자료가 있다면 자료를 처음부터 새로 만드는 것보다 잘 찾아서 활용하는 편이 좋을 것이다.

설계를 할 때 반드시 템플릿 순서(하향식)를 따라야만 하는가?

그건 아니다. 백워드 설계는 순서를 엄격하게 지킬 것을 요구하지 않는다. 물론 템플릿에는 분명한 논리가 존재하지만 설계는 일반적으로 반복적이고 앞뒤로 오가는 방식으로 전개된다. 그러므로 템플릿이 중요한 것은 미리 결정된 일련의 따라야 할 칸(Box)의 순서 때문이 아니라 그것이 학습을 위한 일관되고도 유목적적이며 효율적인 설계를 하는 도구이기 때문이다. 많은 교사가 템플릿을 활용해서 백워드 설계를 하다 보면, 사고하고 설계하는 방식에 대해서 '머릿속의 템플릿'을 갖게 된다고 한다. 즉, 템플릿은 교사에게 효과적인 그래픽 조직자나 흐름 지도 등과 같은, 교육과정 개발을 돕는 인지적 흔적(residue)을 남긴다.

단원뿐만 아니라 차시를 개발할 때도 세 단계의 백워드 설계를 적용할 수 있는가?

백워드 설계의 단위는 단원으로 잡는 것이 좋다. 왜냐하면 템플릿의 핵심 요소—빅 아이디어, 이해, 핵심질문, 수행 평가—는 복잡하고 한 차시보다 더 많은 시간을 필요로 하기 때문이다. 그러나 우리는 기대하는 학습 결과(1단계) 및 타당한 평가(2단계)와 일관되는 방식으로 차시(3단계)가 설계될 때, 유목적적인 수업과 개선된 학습이 가능하다는 것을 발견하였다.

내용 기준과 반응적 수업: 내용과 아동에 대한 계획

앞부분에서 우리는 단원과 교과목을 개발할 때 세 단계의 '백워드 설계' 과정을 적용할 것을 제안하였다. 지금부터는 맞춤형 수업에 초점을 맞춰 그 과정을 검토하고자 한다.

백워드 설계의 1단계에서 우리는 기대하는 학습 결과를 확인한다. 이때, 적절한 내용 기준을 포함하게 된다. 만일 기대하는 학습 결과가 타당하게 선택되면, 목표(템플릿의 Box G)로 선정되고, 그것은 모든 학생에게 가르쳐야 할 초점이 된다. 이때 학생이 이해해야 하는 '빅 아이디어' (Box U) 및 그와 짝을 이루는 핵심질문(Box Q)은 지적 풍요로움을 제공하고 학습의 전이를 촉진한다. 즉, 내용 기준과 마찬가지로, 기대하는 이해와 질문은 학생의 배경 지식, 관심, 선호하는 학습 양태의 차이에 상관없이 모두에게 불변의 목표가 된다. 따라서 다른 말로 하면, 빅 아이디어와 핵심질문은 다양한 학문을 연결하는 개념적 중심이 된다. 따라서 우리는 누구를 가르치는가에 따라서 빅 아이디어와 핵심질문을 마음대로 수정하지 않는다. 다만, 목표를 달성하기 위해서 가르치는 방법을 결정하는 경우라면 학생의 특성과 필요가 영향을 미칠 수 있다.

구체적인 지식과 기능 목표(Box K와 S)는 기대하는 내용 기준 및 이해와 연결된다. 그러나 이 부분에서는 약간의 다양화가 필요할 수도 있다. 일반적으로 학생들은 선행 지식과 기능 수준이 다양하기 때문에 반응적 교사는 학생들의 지식과 기능의 격차를 줄이는 데 노력을 집중한다. 따라서 교사는 선행 지식과 기능을 드러내 줄 수 있는 효과적인 진단 평가를 하고 그 결과에 따라 반응적 수업을 시작할 수 있다. 이와 같이 1단계에서도 내용 기준이나 교과의 본질을 건드리지 않고 학생의 필요에 반응할 수 있는 지점이 있다.

백워드 설계의 논리는 학습의 증거가 목표로부터 결정된다는 것이다. 이 논리에 따라 2단계에서 교사는 1단계에서 확인한 지식, 기능, 이해의 증거를 제시하는 평가를 제작하기 위해서 '평가자처럼 사고' 한다. 이때, 내용 기준과 기준점의 진술문에 나오는 동사를 검토해 보는 것이 유용하다. 이 동사는 필요한 증거의 성격에 대한 정보를 함축하고 있다. '안다(know)' '확인하다(identify)' 와 같은 동사는 객관식 검사가 적절한 평가 증거가 될 수 있음을 알려 준다. 예를 들어, 내용 기준이 '학생은 각 주(또는 지방)의 수도를 안다' 라고 되어 있다면, 줄긋기나 사지선다형 시험 형식을 통해서 평가할 수 있을 것이다.

그러나 학생이—자신이 가진 지식과 기능을 사려 깊게 사용하여— '적용하기' '분석하기' 또는 '설명하기' 를 할 수 있도록 기대한다면, 다른 평가 방법이 필요하게 된다. 예를 들어, 만일 내용 기준이 '학생은 수도의 입지 조건에 영향을 미치는 요인을 분석할 수 있다' 라고 되어 있다면, 학생들에게 다양한 지리적 · 경제적 · 정치적 요인의 영향을 설명하도록 요구하는 평가가 필요하게 된다.

같은 논리로, 학생이 이해해야 할 빅 아이디어를 고려한다면, 이와 일관되는 방식으로 학생이 빅 아이디어를 정말로 이해했는가를 보여 줄 수 있는 이해의 증거를 찾아야 한다. 이러한 점에서 Wiggins와 McTighe(1998)는 이해란 학생이 설명하고, 해석하고, 적용하며, 관점을 바꾸어 이해하고, 공감하고, 반성적으로 자기 평가를 하는 다양한 이해의 측면을 통해 가장 잘 드러난다고 하였다. 다시 말하면, 우리는 평가와 목표를 일치시킬 필요가 있다는 것이다.

일반적으로 필요한 증거는 기대하는 결과에 의해서 결정되지만, 평가의 세부적인 사항은 학생의 고유성(uniqueness)에 맞추는 방식으로 결정되어야 한다. '생애 주기'에 대한 기초적 이해를 요구하는 과학의 내용 기준을 생각해 보자. 이 기준에 대한 이해의 증거는 학생으로 하여금 개념을 설명하고 사례를 제시하도록 하는 방식으로 얻을 수 있다. 이때, 지필식 시험을 통해 증거를 수집할 수도 있지만 그러한 지필 평가는 한국어가 외국어인, 한국어 실력이 부족한 학생에게는 적절하지 않다. 즉, 단지 한국어 작문 능력이 부족하여 자신이 알고 있는 것을 표현하는 데 어려움을 겪는 것을 '생애 주기'라는 개념을 이해하지 못하는 것으로 오해할 수 있는 것이다. 그러나 만일 이 학생에게 자신이 알고 있는 것에 대해 응답하는 방법을 선택할 수 있게 한다면, 다시 말해, 구두로 또는 시각적으로 설명하게 한다면 우리는 이 학생의 이해에 대한 좀 더 타당한 평가 결과를 얻을 수 있을 것이다.

학생에게 자신이 알고 있고 할 수 있는 것을 드러낼 수 있도록 원하는 평가 방식을 선택하게 하더라도, 반응을 평가하는 평가 준거는 동일해야 한다. 앞서 제시한 생애 주기라는 예시를 설명하는 데 있어서, 학생의 응답이 구두로 하는 것인지 시각적인 것인지 아니면 쓰기인지에 상관없이 그의 설명은 정확하고 완전해야 하며 타당한 사례를 담고 있어야 한다. 다시 말하면, 준거는 응답 형태로부터가 아니라 내용 목표로부터 도출된다는 것이다. 따라서 각기 다른 학생에게 다른 준거를 사용한다면, 우리의 평가가 기준에 기반하고 준거 참조적이라는 것을 주장할 수 없게 된다.

물론 실행 가능성을 고려해야만 한다. 교사는 완전히 개별화된 평가와 '모든 학생이 같은 유형의 시험을 보는(one-size-fits-all)' 표준화된 평가 사이에서 실천 가능한 균형점을 찾을 필요가 있다. 어떤 식으로 하든지, 우리는 교실에서의 평가가 학생의 학습에 관한 신뢰할 만한 정보를 제공해야 하고, 동시에 학생의 차이를 반영해야 한다고 믿는다.

마지막으로 우리는 3단계에 도달한다. 우리는 이 단계에서 학생이 1단계에서의 기대하는 학습 결과를 성취하도록 돕고, 2단계에서 결정한 그들의 수행을 준비시키는 교수-학습을 계획한다. 이후 3단계에서 학생의 배경 지식, 관심, 선호하는 학습 유형의 다양성을 고려한다면, 반응적 수업은 잘 전개될 수 있다. 다양한 반응적 수업의 구체적인 접근과 기술은 후속 장에서 논의될 것이다.

우리는 지금까지 논의한 바를 시각적으로 요약함으로써 이 장을 마치고자 한다. [그림 3.3]은 백워드 설계와 맞춤형 수업의 관계를 보여 준다. 이 그림은 다음 세 가지를 전제로 한다. 첫째, 영속적 이해와 핵심지식 및 핵심 기능은 다양한 학생에게 동일한 핵심 내용이 된다는 것이다. 둘째, 학생의 진보를 드러내는 방식은 학생의 준비도, 관심 그리고 선호하는 학습 양식에 반응적이어야 한다는 것이다. 셋째, 학생이 핵심 내용을 이해하도록 하는 과정은 핵심 내용에 관한 그들 개개인의 학습을 최대화할 수 있는 방식으로 다양화해야 한다는 것이다.

강물이 흐르게 하기 위해서는 둑이 필요한 것처럼 백워드 설계는 학생의 개인성(individuality)과 내용의 진실성(integrity)을 동시에 존중하기 위하여 수업과 평가에서 유연성을 지원할 수 있는 구조를 제시한다. 즉, 이해중심 교육과정과 맞춤형 수업을 통합함으로써 핵심지식, 이해, 기능에 안정적으로 집중할 수 있게 하고, 기대하는 학습 결과로 학생을 안내함에 있어서 융통성을 부여할 수 있게 된다. 다음 장에서는 맞춤형 수업이 어디서부터 시작해야 하고 어디로 가야 하는지 그리고 어떻게 질 높은 교육과정에 의해서 영향을 받는지에 대하여 논의한다.

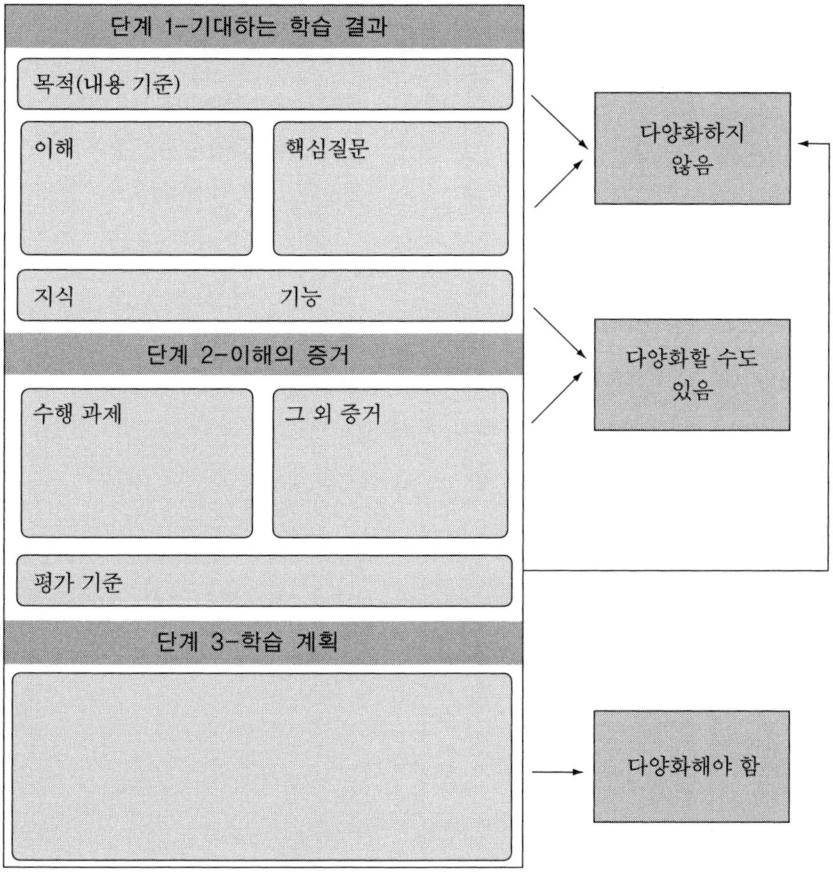

이 도식은 이해중심 교육과정의 어느 지점에서 맞춤형 수업을 적용할 것인가에 대한 사고를 돕기 위한 틀이다. 만일 학생의 요구가 극단적일 경우, 동일한 핵심지식과 이해 및 기능을 가르쳐야 하는 일반적 규칙은 예외가 될 수 있다. 예를 들면, 개별화 교육 프로그램(IEPs)을 받고 있는 학생 또는 한국어를 거의 모르는 학생은 이해중심 교육과정의 틀에서 구체화된 핵심지식과 이해 및 기능을 배우는 데 필요한 기능을 먼저 학습해야 할 필요가 있다. 이와 비슷하게, 이해중심 교육과정의 틀에서 구체화한 것을 이미 성취한 뛰어난 학생은 학습자로서의 발달을 위해 더 고차원의 지식과 기능을 학습하게 해야 한다. 평가 증거와 관련하여서는, 비록 평가해야 할 내용 목표는 대부분의 학생에게 동일한 것이라고 할지라도, 평가의 방법을 다양화하는 것이 많은 학생에게 유익하다.

[그림 3.3] 이해중심 교육과정의 틀에 맞춤형 수업을 적용하기

제 4 장

학생의 성공적인 학습을 계획하기 위해 중요하게 고려해야 할 것은 무엇인가

반응적인 교사는 어떠한 태도와 기술을 습득하고 있어야 하는가? 그것이 왜 중요한가?

맞춤형 수업을 성공적으로 계획하기 위해서 교사는 어떤 태도와 기능을 갖추어야 하는가?

교실에서의 효과적인 맞춤형 수업의 지표는 무엇인가?

강력한 교육과정-수업 등식의 나머지 절반

핵심이 되는 내용이 무엇인가를 명료화하는 일은 매우 중요하다. 그 명료성을 전문가가 학문의 핵심으로 파악한 것에 대한 이해를 반영한다. 또한, 학습이란 자료를 암기하는 것이 아니라 아이디어나 기능을 조직하고 활용하여 문제를 해결하는 능력이라는 우리의 자각과도 관련된다. 나아가 내용의 명료화는 인간은 세계를 이해하고자 하며 학문의 빅 아이디어는 그 삶의 빅 아이디어를 드러낸다는 우리의 인식을 반영한다. 따라서 어떤 교과의 핵심 개념과 원리를 이해하면, 우리 자신, 우리의 삶, 우리가 살고 있는 세계를 더 잘 이해하는 데 도움이 될 수밖에 없다.

학문 영역에서 정말 중요한 것이 무엇인지를 명료화할 수 있으면 이해를 위한 수업이 가능해진다. 이해를 위한 수업은 사려 깊고, 유능하며, 신념이 있는 학생과 시민을 기르기 위해 지적 식단(intellectual diet)을 제공하는 것과 같다. 다른 말로 하면, 교육과정이 강력하면 할수록 교실, 교사, 학생의 성공 가능성은 더 커진다.

그러나 질 높은 교육과정이 존재한다고 하더라도 교사의 직무를 완전하게 수행하기는 쉽지 않다. 우리가 자기 자신의 역할을 그저 교육과정을—훌륭한 교육과정이라고 하더라도—전달하는 것이라고 생각한다면, 그것은 교사로서의 전문성의 나머지 절반을 망각하는 것이다. 우리는 인간을 가르치는 교사다. 우리 직무의 핵심은 교육과정이 학생에게 강력한 학습의 촉매 역할을 할 수 있도록 그것을 개발하는 데 있다. 이때, 학생은 우리의 안내와 지원을 받으면서 학습의 과정에 익숙해지고 최선을 다해 학습하게 된다.

다른 말로 하면, 좋은 성과를 얻기 위해서 교사는 지속적으로 교육과정과 수업 두 가지 모두에 주목해야 한다. 교육과정의 질에 집중하고 수업에 덜 집중하면 교사는 큰 지적 자극을 받겠지만, 우리가 길러야 할 어린 학생들은 상대적으로 소외된다. 반대로 수업의 질에 더 관심을 기울이고 교육과정의 질에 그만큼의 관심을 기울이지 않는다면, 학생들이 수업에서 참신함과 즐거움은 누릴 수 있겠지만, 지속력 있고 의미 있는 학습 결과에 도달하기는 어렵다.

우리가 가르치는 학생들은 여러 가지 측면에서 매우 다르기 때문에, 잘 만들어진 교육과정을 그들에게 '작동' 하게 하는 수단 또한 매우 많고 다양할 것임에 틀림이 없다. 맞춤형 수업의 핵심 전제[1]는 특정한 분야의 전문가가 가치 있게 여기는 아이디어와 기능이 담긴 교육과정에 모든 학생이 동일하게 접근할 수 있어야 한다는 것이다. 이는 숭고하고도 꼭 필요한 이상(ideal)이다. 우리는 자기 자

1) 저자 주. 여기에서 전제한 것이 예외인 경우도 있다. 심각한 인지 지체가 있는 학생은 일반 교육과정으로부터 상당히 벗어난 개별화 교육 프로그램(IEPs)을 필요로 한다. 왜냐하면 그 학생은 교육 내용의 핵심 아이디어를 학습하기 어렵기 때문이다.

신에게 다음과 같이 말하면서 이러한 이상을 현실로 만든다. "학생의 학습을 도울 수 있는 방법에는 여러 가지가 있다. 내가 할 일은 가르치는 방법과 학습을 지원하는 방법을 충분히 많이 발견하는 것이다. 그래서 핵심 내용을 학습해야 할 모든 개별 학생이 내가 가르치는 것을 이해할 수 있도록 하는 것이다."

맞춤형 수업을 위해 교사가 갖추어야 할 핵심 태도와 기능

연구에 의하면, 대부분의 교사는 자신이 가르치는 학생의 차이(variance)에 관심을 가지는 것이 바람직하다고 믿는다. 그러한 결과는 가르치는 학년과 교과, 교사의 경력에 상관없이 나타난다. 그러나 그러한 믿음을 수업에서 실천하고 있는 교사는 거의 없다는 점 또한 연구 결과이기도 하다.

반응적 수업이 학생들의 학습 성공에 도움이 된다고 믿으면서 실제로 실행하지 못하는 이유는 교사가 반응적 수업의 전형적인 모습을 모르고, 또 반응적 수업이라는 개념에 대한 개인적 경험이 없기 때문이다. 그러한 결과는 우리가 지금 실천하고 있는 지점 A로부터 우리 모두가 실천하고 싶은 지점 B로 어떻게 가야 하는지를 실제로 모르고 있다는 것을 의미한다.

그러한 방향으로 나아가기 위해 거쳐야 하는 중요한 단계는 맞춤형 수업 또는 반응적 수업으로 가는 데 필요한 핵심 태도와 기능이 무엇인가를 살펴보는 것이다. 그러한 요소에 시선을 두면, 적어도 우리 자신의 수업에 대한 강점과 필요를 더 잘 평가할 수 있고, 학업 성취 수준이 다양한 학생들의 성공을 충분히 지원하는 수업을 향하여 지속적으로 나아갈 수 있는 길을 더 잘 준비할 수 있다.

모든 학생을 돕는 교사에게 전형적으로 나타나는 태도와 기능은 적어도 다음 아홉 가지로 정리할 수 있다.

- 교사는 교육과정의 핵심(essentials)을 명료화한다.
- 교사는 학생의 학업 성공에 대한 책임을 진다.
- 교사는 서로 존중하는 학습 공동체를 만든다.
- 교사는 모든 개개인의 학생에게 잘 작동하는 수업이 무엇인지를 안다.
- 교사는 학생의 학업 성공에 기여하는 방식으로 학급 경영 규칙을 개발한다.
- 교사는 학생의 학업 성공을 위해 효과적인 파트너가 되어서 돕는다.
- 교사는 융통성 있는 교실 수업 절차를 개발한다.
- 교사는 수업 전략의 레퍼토리를 넓혀 간다.
- 교사는 학생 개인의 진보를 교육과정의 목표와 개인적 성장에 비추어 평가한다.

우리가 이러한 각 영역에서 전문성을 더 많이 갖출수록, 우리 학생들이 학생으로서 성공할 가능성도 더 커진다. 이 중 어느 하나라도 심각하게 부족하다면, 우리에게 의존하는 학생 중에서 학습 결손을 경험하는 학생이 나타날 수 있다. 다음 절에서는 태도와 기능 각각의 의미를 간략히 검토하고, 왜 그러한 태도와 기능이 학생의 성공에 중요하게 작용하는지, 실천되었을 때 어떤 모습인지에 대하여 설명하고자 한다.

교육과정의 핵심을 명료화하기

이 책의 여러 곳에서 강조한 바와 같이, 교육과정은 학생이 주제나 교과에 대한 의미의 구조를 개발할 수 있도록 지식, 이해, 기능에 중점을 두어야 한다. 이 목표가 중요한 이유는 어떤 주제나 교과에서 정말 중요한 것이 무엇인지에 대한 이해를 지속적으로 정교화하면서 교직 전문성이 발달하기 때문이다. 그리고 우리가 모든 것을 가르칠 수 없기 때문에(더 적절하게 표현하면, 학생은 모든 것을 배울 수 없기 때문에) 가장 오래 지속될 수 있고 가장 유용한 것을 가르치는 것에 주의를 기울여야 한다. 왜냐하면 어떤 주제나 학문에서 진실로 핵심적인 것을 가르치는 것이 그 주제나 학문을 '개념화' 하는 데 도움이 되고, 교실 밖 상황의 보다 넓은 주제나 학문 영역에서 학생이 더 효과적으로 사고할 수 있도록 도와주기 때문이다. 다시 말하면, 영속성 있는 중요한 내용에 중점을 두는 교육과정은 그 자체로서 중요성을 갖는다. 하지만 그렇다 하더라도 교육과정의 핵심을 명료화하는 일 역시 맞춤형 수업 또는 반응적 수업을 하는 데 또 다른 이유로 매우 중요하다.

교육과정 목표는 맞춤형 수업이 시작하는 출발점이다. 만일 내가 교사로서 단원이나 차시의 학습 결과, 즉 학생이 무엇을 알아야 하고 이해해야 하며 할 수 있어야 하는가에 대하여 확실하지 않은 경우에도 나는 수업을 다양화할 수 있다. 그러나 이때 나는 막연하게 여러 가지 종류의 맞춤형 수업을 하게 될 것이다. 게다가 만일 내가 단원의 결과를 분명하게 알지 못한다면(그리고 마찬가지로 특정 차시나 결과물이 어떻게 단원의 결과가 되는지에 대하여 분명하게 알지 못한다면), 나는 학생이 학습 결과에 어느 정도 근접해 있는가에 대한 사전 평가를 할 수 없게 된다. 그리고 숙달도가 다양한 학생의 학습 여정을 어디서부터 시작하도록 계획할지를 명확히 알 수 없게 된다.

교사가 '맞춤형' 수업을 할 때, 많은 경우에 학습에 어려움을 겪는 학생에게는 다른 학생들보다 학습의 양을 더 줄이고, 더 뛰어난 학생에게는 다른 학생들보다 더 많은 양의 학습을 하게 한다. 어려움을 겪는 학생에게 자신이 이해하지 못하는 것을 더 적게 하라고 하는 것은 도움이 되지 않는다. 또한 더 뛰어난 학생에게 이미 과제를 시작하기 전에 다 이해한 것을 더 많이 하게 하는 것 역시 도움이 되지 않는다. 우리가 핵심 결과에 대한 명료성이 부족하고, 따라서 맞춤형 수업을 시작할 수 있는 의미 있는 근거가 부족하면, 맞춤형 수업은 '더 많이(more)' 또는 '더 적게(less)' 의 접근으로 귀결되기 쉽다.

효과적으로 맞춤형 수업을 하는 교실에서는 거의 '모든' 학생이 '동일한 이해중심의 목표' 를 추구한다. 교사는 이러한 목표에 대한 학생의 숙달도를 사전 평가하는 것으로부터 수업을 시작한다. 사전 평가 결과에 대한 정보를 갖게 되면, 교사는 어떤 학생에게는 지속적인 성장을 위해 필요한 사전 능력을 준비하도록 지원할 수 있고, 어떤 학생에게는 목표와 관련된 능력을 확장하도록 도울 수 있다. 더욱이 단원을 구성하면서 교사가 분명한 목표를 갖게 되면, 그것을 지속적인 평가 및 교수-학습 계획을 수정하는 데 지침이 되는 지도로 활용할 수 있다.

교사가 이해중심의 교수-학습 목표를 명료화하는 것에는 맞춤형 수업에 대한 또 다른 설득력 있는 함의가 존재한다.

- '학습 결과가 아주 중요한 것이고, 교실에 있는 모든 학생에게 동일하게 중요한 것' 이라면, 교사는 학생에게 이 의제의 중요성을 효과적으로 전달할 수 있어야 한다. 교사는 학습 목표의 명료화를 통해 모든 학생이 목표 성취의 혜택을 누려야 하고, 동시에 그들 스스로도 그것에 기여해야 한다는 것을 잘 전달할 수 있어야 한다. 이는 교실의 모든 학생을 지지하는 학습 환경을 만드는 데 아주 중요한 요소다.
- 교과의 중요한 개념과 원리에 기초한 교육과정은 학생 중심적이며, 학생의 구체적인 생활 경험 및 관심과 연결시킬 수 있는 가능성이 더 높다. 이는 다양한 학생에게 적합성을 부여한다는 점에서, 그리하여 학습 동기를 고조시킬 수 있다는 점에서 아주 중요하다.
- 영속성 있는 이해에 기초한 교육과정은 진도 빼기 식의 사실 중심으로 된

선형적 교육과정보다 학생을 위한 '출발점'을 더 유연하게 만들 수 있다. 다시 말하면, 교과의 빅 아이디어는 유치원생을 위한 버전이 있고, 대학생을 위한 버전이 있을 수 있다. 따라서 다양한 배경, 강점, 결손, 발달 단계를 가진 학생들은 핵심 아이디어를 각자 현재의 필요에 적합한 복잡성의 수준으로 학습할 기회를 가질 수 있다. 이 접근은, 학습에 어려움을 겪는 학생이 정보 수준의 지식을 학습할 때 연습에 의존해야 한다고 생각함으로써 기대를 낮추는 방식의 맞춤형 수업을 전제하는 위험을 피할 수 있게 한다. 또, 이 접근은 뛰어난 학생에게 그들이 가진 핵심 아이디어와 기능의 수준을 확장할 기회를 주지 않고, 그들에게 단순히 좀 더 '재미있는' 활동을 제공하는 방식의 맞춤형 수업을 하는 함정을 피할 수 있게 돕는다. 이와 같이 이해 중심 교육과정은 학생이 교과의 이해를 위한 영속성 있는 구조를 확실하게 구성하는 동안 지속적으로 자신의 준비도를 확인할 수 있도록 돕기 때문에 매우 중요하다.

- 교사가 차시나 단원의 영속성 있는 이해를 잘 알고 있다면, 좀 더 쉽게 학생들이 각자의 학습 유형에 맞는 양식으로 탐구하고 표현할 수 있도록 학습을 다양화할 수 있다. 교사는 학생이 개별적으로 또는 짝과 함께 활동할 수 있도록 허용하거나, 좀 더 확산적이거나 수렴적인 형식으로 아이디어를 표현할 수 있도록 함으로써 모든 학습의 가능성을 '살려낼 수 있다.' 이때 중요한 것은 학습의 결과이며, 그 결과에 도달하는 경로가 어떤 것이든지 간에 그것이 학생을 위한 것이라면 그들의 성공에 도움이 된다. 오늘날 교실에 나타나는 학습 유형 변수의 범위를 확인하는 것은 중요하다. 왜냐하면 이해 중심 교육과정이 학생이 무엇을 배워야 할 것인가를 설계하는 최선의 실천을 설명한다고 할지라도, 그들이 어떻게 학습해야 할 것인가를 설계하는 일 또한 아주 중요하기 때문이다.

시나리오

카네프스키 교사와 그녀의 3학년 학생들은 미국이 대서양 연안을 벗어나 빠르게 확장을 시작했을 당시 서부로 이주한 사람들에 대한 공부를 하고 있다. 두 개 단원의 영속적 이해는, '변화는 위험을 수반하며 긍정적인 측면과 부정적인 측면이 있다' 는 것을 포함한다.

단원에 대한 사전 평가를 하기 위해서, 카네프스키 교사는 학생들이 단원에서 학습하게 될 핵심지식(예를 들면, 어휘 등)과 핵심 기능(예를 들면, 지도 읽기 등)에 대한 정보를 수집하였다. 또, 그녀는 그들에게 (1) 자신이나 가족이 살아오면서 경험한 이주(move) 또는 위험을 무릅쓴 경우와 (2) 역사를 통해 볼 수 있었던 긍정적 변화와 부정적 변화에 대해 그 사례를 글로 쓰거나 그림으로 그려 보라고 하였다. 이러한 사전 평가를 통해 그녀는 개별 학생이 단원의 영속적인 이해와 관련하여 알고 있는 정도를 파악할 수 있었다. 이때, 교사는 사전 평가의 정보를 성적을 확인하는 데 사용한 것이 아니라, 어떤 학생이 핵심 기능과 지식을 학습하기 위해 특별한 도움이 필요한가를 확인하는 데 사용하였다. 또, 교사는 수업에서 하는 서부 이주에 대한 토론과 학생의 경험을 연결하기 위해 그들의 이야기를 활용하였다. 더욱이, 교사는 누가 학습하려고 하는 원리를 이전에 사회과에서 배운 것에 쉽게 적용할 수 있는지, 누가 그것을 적용하는 데 어려움을 겪는지를 파악할 수 있었다. 뿐만 아니라 단원을 시작하면서 사전 평가 자료를 사용하여 특정 과제를 설계하고 모둠 편성을 어떻게 할 것인가를 결정하였다.

단원의 한 국면에서 모든 학생은 모의 서부 여행에 참여하였다. 각 학생은 개별적으로 여행기를 기록하고 여행을 하면서 계속 직면하는 사건을 (교사의 안내와 함께) 반영하도록 하였다. 단원의 영속성 있는 이해를 좀 더 구체적인 방식으로 사고하는 학생에게는 '고향에 있는' 사람에게 편지를 지속적으로 쓰도록 하였다. 편지에는 그들이 경험한 위험과 변화의 긍정적인 측면 및 부정적인 측면을 중심으로 쓰도록 하였다. 단원의 영속성 있는 이해를 쉽게 추상화할 수 있는 학생은 직면하는 사건과 그 사건에 대한 자신의 생각을 단원에서 확인한 이해와 관련지어 검토하고, 그것을 중심으로 반성적 일기를 쓰도록 하였다. 이 학급에는 개별화 교육 프로그램(IEPs)에 속한 가벼운 지체를 가진 학생이 몇 명 있다. 교사는 이 학생들에게는 위험과 변화의 긍정적 · 부정적 측면을 시각적 이미지로 그린 것을 보고 여행 퀼트를 만들도록 하였다. 교사는 이 과제에 개별화 교육 프로그램의 어휘를 통합함으로써 이 학생들이 다른 학생들과 의미를 공유하는 상황을 만들고 그 상황 속에서 기능을 습득하도록 하였다. 이 학생들은 자신의 작품을 자주 다른 모둠과 전체 학급의 학생들과 나누었다. 또한 이 학생들은 학급의 다른 학생들의 활동을 이용하여 자신의 학습을 확장하였다.

학생의 성공에 대한 책임 수용하기

물론 우리는 교사의 역할이 학생의 성공에 가장 핵심이라는 것을 안다. 하지만 모든 학생의 성공에 대한 책임을 질 때 더 좋은 교사가 된다는 사실은 쉽게 회피하는 습관을 가지고 있다. 우리는 '좋은 차시안' 을 개발하고 그것을 학생들에게 '잘 전달하려고' 노력한다. 그리고 '나는 잘 가르쳤고, 그래서 학생들은 그것을 모두 알게 되었다' 라는 접근을 함으로써 편안하게 살기 시작한다. 반면, 만일 한 학생이라도 중요한 어떤 것을 학습하지 못했다면 아직 충분히 가르친 것이 아니라는 현실을 받아들이는 교사도 있다. 즉, 만일 한 학생이라도 성장하지 않는다면—그 학생이 A 학점만 받는다고 하더라도—그 교사는 학생을 가르치고 있다고 할 수 없다는 것이다.

맞춤형 수업을 효과적으로 실행하고 있는 교사가 가진 철학은, 보호자가 아동을 학교에 보낼 때는 교사가 아동의 가치를 잘 파악하고 아동이 교실로 들어오는 매 순간마다 그들의 잠재성에 대한 인식을 기반으로 잘 인도해 주리라고 믿는다는 것을 확신하는 것이다. 다른 말로 하면, 특정 아동의 학습을 충분히 배려하지 못하는 날은 그 학생에게는 잃어버린 날이 되고 만다는 것을 확신하는 것이다.

분명히 학생도 자신의 학습에 책임을 져야 한다. 사실, 교사의 직무는 성공적인 학습에 대한 책임을 지는 교실 윤리와 실천을 공유하는 학습 환경을 수립하는 데 있다. 학부모가 자녀의 학습에 적극적인 역할을 하게 될 때 학생은 확실히 더 우수한 수행을 보인다. 학생이 긍정적인 동기와 행동을 갖추고 학교에 오면 물론 더 좋다. 그러나 맞춤형 수업을 효과적으로 실행하고 있는 교사는 경제적 지위, 성별, 인종, 과거의 성취도, 학부모 참여와 또 다른 요인들 때문에 학생이 낮은 성취를 보였다거나 형편없는 수업이 되었다는 변명을 하지 않는다.

그러한 교실의 교사는 다음과 같이 해야 한다는 것을 믿는다.

- 교사는 각 학생을 효과적으로 가르치기 위해서 그들을 개별적으로 알고 있어야 한다.
- 교사는 학생의 진보를 중요한 학습 결과(outcome)에 비추어 지속적으로 파악해야 한다.
- 교사는 각 학생이 지속적으로 성장하는 것을 보장하기 위해서 대안적 교수법과 대안적 학습 경로를 발견해야 한다.
- 교사는 만일 오늘 어떤 것에 대한 학습이 일어나지 않으면, 교사와 학생 모두 성공적인 학습이 일어날 때까지 내일이나 모레라도 다시 돌아와서 학습해야 한다는 메시지를 학생들에게 일관되게 전달해야 한다.
- 교사는 학생에게 질 높은 학습은 어떤 것이고, 질 높은 결과를 얻기 위해서

필수 불가결한 것은 무엇인지를 지속적으로 설명하고, 질 높은 학습과 질 높은 결과의 본보기를 보여 주는 지원 체제를 제공해야 한다.

시나리오

파사렐라 교사의 교실에 재학 중인 네 명의 학생은 필요한 수학적 기능을 과거에 배웠지만 지금 배우는 연산을 능숙하게 하는 데는 부족한 것으로 나타났다. 한편, 또 다른 세 명의 학생은 단원 말미에 습득해야 할 것으로 구체화한 학습 결과를 이미 달성하고 있는 것으로 나타났다. 따라서 교사는 어려움을 겪는 학생이 필요한 사전 지식과 기능을 숙달할 수 있도록 해당 주에 여러 번 만나서 집중적으로 이 학생들을 도왔다. 또, 그들이 수학적 이해의 '결손을 메울 수 있는' 기회를 가질 수 있도록 집에서 하는 대안적 과제를 활용하였다. 동시에 그들이 학습 지체를 계속 경험하는 것을 막기 위해서 새로 도입된 개념, 이해, 기능에 대한 기본적 이해를 확실하게 개발할 수 있도록 함께 활동하였다. 교사는 또 뛰어난 학생들에게는 수학적 이해의 결합을 요구하거나 여러 단계의 복잡한 문제를 해결할 수 있는 새로운 아이디어를 '발명하는' 더 긴 과제를 완성하도록 하였다. 그리하여 이 학생들이 학습 결과에 도달하는 지점이 어디든지 간에 그들이 이미 알고 있는 것을 반복적으로 요구하는 과제는 장기적인 과제로 대체되었다. 즉, 이 과제는 학생을 마냥 기다리게 하거나 '제자리걸음을 하게 하는 것' 이 아니라 그들에게 수학적으로 더 확장된 학습 결과를 요청하는 것이었다.

서로 존중하는 학습 공동체 만들기

교실은 작은 우주다. 이 우주에서 우리는 다른 사람과의 차이를 수용하고 감사하는 것을 배운다. 그러나 우리는 그 차이를 증오하고 의심하는 것을 배우기도 한다. 우리는 서로의 승리를 축하하고 서로의 노력을 지지하는 것을 배운다. 그러나 우리는 시간과 공간을 함께 공유한 사람들을 귀하게 여기기보다 몰래 해치는 식의 경쟁을 배우기도 한다.

맞춤형 수업을 하는 교실에서 중요한 것은 학생들이 서로의 동질성과 차이를 수용하고 결국에는 그것을 이해하도록 하는 것이다. 교실은 모든 학생 개개인이 안전하다고 느끼는 곳(실패, 멍청이, 시험 점수, 왕따가 보이지 않는 곳)이며, 또한 도전이 있는 곳(학생들이 잠재력을 최대로 발휘할 수 있는 곳)이다. 학습 공동체에 속한 각각의 사람이 확실하게 존중받는 분위기는 그들 개개인의 가능성을 열어 주는 관문이 된다. 맞춤형 수업을 하는 교실에서 중요한 것은 모든 사람이 반드시 절친한 친구가 되라는 것이 아니라 서로를 존중하는 마음으로 대하라는 것이다.

그러한 교실에서 교사는 다음과 같이 해야 한다.

- 교사는 존중하는 마음과 긍정적 기대를 전달하는 방식으로 개별 학생을 돌보아야 한다.
- 교사는 각 개별 학생의 독특한 능력을 찾아내고 긍정해 주며 이끌어 주어야 한다.
- 교사는 교실에서의 쟁점, 의사 결정, 일하는 방식에 대하여 복수의 관점을 이끌어 내고 그것을 가치 있게 여겨야 한다.
- 교사는 정기적으로 모든 학생이 참여하고 있는지를 확인해야 하고 어떤 특정 학생이나 집단이 수업을 지배하지 않도록 혹은 참여에서 소외되지 않도록 해야 한다.
- 교사는 학생들이 상호작용할 수 있는 건설적인 방법을 찾고 그것을 지키도

록 도와야 한다.

- 교사는 과제를 설계할 때, 각 학생이 조별 활동을 하면서 의미 있는 기여를 하게 해야 한다.
- 교사는 다양한 언어, 문화, 관점이 조별로 하는 중요한 활동에 나타나도록 해야 한다.
- 교사는 학생들이 교실 공동체를 수립하기 위한 그들 자신의 기여가 훌륭한 것이었는지에 대하여 반성적으로 사고하도록 해야 한다.
- 교사는 학생들에게 교실에서 상호 존중을 촉진하는 방법에 대한 아이디어를 탐색하게 하고, 그들이 제안한 아이디어에 대한 의견을 제시해 주어야 한다.

시나리오

알바레즈 교사는 교직 수행에 도움이 되는 몇 가지 습관을 지니고 있다. 그는 학생들이 중요한 수업 발표를 할 때 학부모를 초대하고, 학부모가 참관하는 동안 학급에서 모든 학생이 배려를 받고 있음을 보여 주었다. 그는 모든 학생이 수업에 기여해야 한다는 자신의 기대를 전달하기 위해서 학생을 지명할 때마다 출석부에 표시하였다. 알바레즈 교사는 정기적으로 학생들이 현재 공부하고 있는 분야에 인종과 언어가 다른 집단이 기여한 내용을 포함한다. 그는 자주 관심과 장점이 서로 다른 학생들로 이질적인 조를 편성하고 각 학생의 능력이 나타날 수 있는 과제를 제시한다. 또한 학생의 문화를 지속적으로 연구함으로써 그들의 경험을 심층적으로 이해하도록 노력한다.

개별 학생에게 잘 작동하는 것을 이해하기

맞춤형 수업이 효과적으로 이루어지는 교실의 교사는 각 학생의 학습이 가장 잘 일어나도록 하는 것에 대한 정보를 찾고 수집한다. 교사는 그러한 정보를 통해서 특정 학생에게 더 효과적으로 작동하는 교수 방법에 대한 통찰을 얻을 수 있다고 믿는다.

그러한 교실에서 교사는 다음과 같이 해야 한다.

- 교사는 각 학생과 개별적으로 의사소통할 수 있는 기회를 만들어야 한다.
- 교사는 학생의 관심, 꿈, 열정에 관한 정보를 모아야 한다.
- 교사는 각 학생의 장점과 약점에 대한 개인별 학습 유형을 이해해야 한다.
- 교사는 필연적으로 존재하는 학습 유형의 다양성을 집단별로 그리고 각 학생별로 이해해야 한다.
- 교사는 학생이 개별적으로, 조별로, 학급 전체로 함께 활동하는 것을 관찰하고 개별적인 진보와 조별 진보를 촉진시키거나 방해하는 요소를 연구해야 한다.
- 교사는 학부모, 보호자, 지역사회 인사들로부터 학생에 관한 정보를 얻을 수 있는 기회를 가져야 한다.

시나리오

칼리슨 교사는 일 년 동안 지속적으로 학생들에 관해 기록한다. 교사는 학생들의 이름을 각 장에 한 명씩 기록한 노트를 가지고 있다. 그녀는 때때로 학생들이 개별적으로 또는 조별로 활동을 하고 있을 때 그들에게 다가가 무엇을 하고 있는지 관찰하고, 흥미로운 것을 관찰하면 메모지에 그것을 기록한다. 하루 일과가 끝나면 교사는 메모지에 기록한 것을 노트의 해당 학생 쪽에 날짜와 함께 옮겨 적는다. 교사는 학부모로부터 얻는 통찰을 해당 학생의 쪽에 기록하고, 학생이 교사에게 한 말 중 기억하면 유용한 말도 기록해 둔다. 한 학년도에 적어도 몇 번은 학생의 관심과 학습 유형에 관한 설문 조사를 하는데, 그 결과 또한 각 학생에게 배정된 쪽에 적어 둔다. 일분기가 끝나갈 즈음이 되면, 노트에 담긴 정보가 얼마나 많은지에 대해 교사는 깜짝 놀라곤 한다. 그녀는 만일 자신이 기록하지 않았더라면 얼마나 많은 정보를 놓쳤을 것인가를 생각하고 다시금 놀라곤 한다.

학생의 성공에 기여하는 학급 경영 절차 개발하기

학급 경영 절차의 모든 요소를 매일 진행하는 것은 어려운 일이다. 거의 동질 집단으로 구성된 학급이라 할지라도 그렇게 하는 것은 쉽지 않다. 교사는 교실에서 지시 사항을 게시판에 써 놓아야 하고, 자료를 확보하고 나누어 주며 되돌려 받아야 한다. 또, 학생의 활동을 기록해야 하고 파일로 정리해 두어야 한다. 어떤 학생은 특정 부분에서 계속 도움을 필요로 하기도 한다. 교사가 교실에서 수행하는 과제는 다양하며, 그 수 또한 많고 계속 돌아가기 때문에 교사는 쉽게 심신이 지친다.

모든 학생이 동일한 시간 내에 동일한 과제를 수행할 수 있다는 기대가 가능한 교실에서조차 교사가 필요한 모든 일을 하는 것은 어려운 일이다. 그리고 교사는 항상 학생이 바로 앉아 있는지, 듣고 있는지, 예의 바르게 행동하는지 등을 고려해야 한다. 초임 교사에게 성공이란 학습지를 돌려줄 때 학생이 시끄럽게 떠들거나 문제 행동을 일으키지 않는 것을 의미한다. 맞춤형 수업을 하는 교실에서는 모든 사람이 동일한 시간 내에 동일한 자료를 사용해서 동일한 과제를 완성하는 것을 기대하지 않는다. 사실 학급을 '전면적으로 통제하는 것'은 더 이상 가능한 학급 경영 방식이 아니다. 따라서 학생이 자기 자신과 자기 자신의 학습, 그리고 자기 자신의 학업에서의 성공을 잘 관리할 수 있는 방법을 학습할 수 있는 체제를 개발해야 한다.

실제로 교사가 교실에서 필요한 모든 일을 하는 것은 어떤 상황에서건 필요하지도 않고 현명한 일도 아니다. 학생 또한 학급 경영 절차의 많은 부분을 수행할 수 있고, 그렇게 함으로써 책임감을 배울 수 있다. 학생은 학급 경영에 대하여 더 많이 알게 되고, 더 자기주도적인 사고와 문제 해결을 할 수 있게 되고, 팀 활동에 더 많은 기여를 하게 되며, 학습 성과에 대한 주인 의식을 더 많이 갖게 된다. 학생이 이렇게 할 때, 교사는 자신의 전문성을 활용하여 그들에게 필요한 지원을 제공할 수 있는 자유 시간을 가질 수 있다. 맞춤형 수업을 하는 교실에서는 학급 경영이 잘 이루어질 수 있도록 모든 사람이 최선의 노력을 한다.

그러한 교실에서 교사는 다음과 같이 해야 한다.

- 교사는 수업이 원활하게 진행될 때의 교실 모습이 어떠한지를 분명하게 그려 볼 수 있어야 한다.
- 교사는 학급 경영 절차를 잘 운영해야 한다. 왜냐하면 학급 경영 절차는 학생 성장에 영향을 미치는 주요 변수이기 때문이다.
- 교사는 개별 학생과 전체 학급 그리고 교사 자신의 일과가 잘 작동하도록 도울 수 있는 학급 경영 절차를 연구해야 한다.
- 교사는 학생과 함께 효과적인 학급 경영을 위한 근거와 규칙을 개발해야 한다.
- 교사는 학생에게 다양한 역할과 과제에 대한 성공의 기준을 명료하게 제시해야 한다.

- 교사는 학생으로부터 개별적으로 그리고 모둠의 일원으로서 무엇이 성공적이었고, 무엇이 성공적이지 않았는지에 대한 정보를 수집해야 한다.
- 교사는 학생이 학급을 효과적으로 관리하는 방법을 제안할 수 있도록 해야 한다.
- 교사는 가급적이면 학생을 학급 경영의 기능을 수행하는 데 참여시켜야 한다.
- 교사는 학생이 효과적이고 효율적인 방식으로 그러한 기능을 수행하도록 도와야 한다.
- 교사는 학급 경영에 모든 학생이 참여할 수 있도록 해야 한다.

시나리오

코넬리 교사는 모든 학생이 성공적으로 학습하는 데 필요한 학급 규칙과 학급 경영 절차에 대하여 학생과 대화하는 시간을 가지는 것으로 새로운 학년을 시작한다. 학생의 성공에 대한 목표는 일 년 동안 학급 경영 절차를 결정하고 평가하는 기준점이 된다. 학생은 다양한 학급 경영 절차가 작동될 수 있는 방법에 대한 의견을 제시한다. 그러면 교사는 규칙을 공식화하고, 그것을 실행하기 전에 학생과 검토한다. 그리고 어떻게 이 규칙이 학생들의 학습을 효과적이고도 효율적인 방식으로 도왔는지에 대하여 그들과 함께 반성적 평가를 한다. 또, 그는 학생에게 자신의 견해를 이야기한다. 교사와 학생은 일 년 동안 지속적으로 학급 경영 규칙을 정련한다. 그리고 그는 자주 학생들과 동료 교사들에게 학생의 교실 리더십을 통해 자신이 얼마나 많은 것을 배우는가에 대하여 이야기한다.

학업 성공을 위해 교사의 효과적인 파트너가 되도록 돕기

맞춤형 수업을 하는 교실에서 학급 경영을 효과적으로 하기 위해서 학생은 교사의 파트너 역할을 훌륭히 수행해야 한다. 또한 학생은 자신의 학습 목표와 필요를 인식하는 능력을 키워야 하고, 그 필요를 더 분명하게 말할 수 있어야 한다. 그리고 그 필요를 해결하는 데 있어서 교사의 파트너 역할을 잘 수행하는 것이 매우 중요하다. 다시 말하면, 교사가 학생에게 그들의 성공을 효과적으로 기록하게 하는 데에는 일반적인 이유뿐 아니라, 맞춤형 수업과 관련된 구체적인 이유가 있다.

학생이 자신의 강점과 약점에 관하여 점차 더 잘 알게 하고, 자신의 학습을 촉진하는 것과 방해하는 것은 무엇인지를 이해하게 하며, 개인적인 학습 목표를 결정하고 그것을 모니터하게 하는 것 등은 교육의 일부임에 틀림이 없다. 학생을 이와 같이 독립적으로 기르지 못하면 그 학생은 점차 더 복잡해지는 세계에서 성공하기 위해 필요한 평생 학생이 될 수 없다. 다시 말해서, 더 완전한 인간으로 성장하는 데 실패한다는 것이다.

맞춤형 수업을 하는 교실에서 학생을 돕는다는 것은 점차 자기 주도적인 학습자가 되도록 돕는다는 것을 의미한다. 그리고 학생의 성장을 최대화하기 위해서 각기 다른 학생에게 각기 다르게 접근함으로써 그것을 성취할 수 있다. 그러나 이때 모든 학생이 항상 똑같은 책을 읽어야 하고 똑같은 질문에 답해야 하며 똑같은 도움을 받아야 한다는 전제는 성립하지 않는다. 다수의 개인으로 구성된 교실에서 각 개인이 스스로의 성공을 만들어 가는 데 참여하는 것이 그 어느 때보다 중요해지고 있다. 개인은 특정 활동이 자신에게 너무 어렵거나 쉽다고 말할 수 있어야 하고, 더 생산적인 활동 순서와 덜 생산적인 활동 순서를 구별할 수 있어야 한다. 그들은 또한 언제 목표를 향해 나아가야 하고 언제 중단해야 할 것인지를 결정할 수 있어야 한다. 그리고 전체 학급의 목표를 넘어서는 개인적 목표를 수립할 수 있어야 한다. 학생이 그러한 종류의 능력을 개발하게 되면 교사와 학생의 성공 잠재력은 동시에 확대된다.

그러한 교실에서 교사는 다음과 같이 해야 한다.

- 교사는 학생이 서로의 차이를 이해하고 수용하며 궁극적으로는 그 차이가 서로에게 유익이 된다는 것을 이해하도록 도와야 한다.
- 교사는 학생 자신이 가진 특유의 강점을 더 잘 인식하도록 도와야 한다.
- 교사는 학생에게 그들이 가진 강점을 확장해야 한다는 것을 설명해 주어야 한다.
- 교사는 학생이 자신의 약점을 인식할 수 있도록 도와야 한다.
- 교사는 학생이 자신의 약점을 보완하고 보강할 수 있도록 도와야 한다.
- 교사는 학생이 선호하는 학습 유형과 관련된 어휘를 개발하고, 학생의 성장을 촉진하기 위해 그들이 선호하는 학습 유형을 활용하도록 안내해야 한다.
- 교사는 학생이 그들의 성장과 성장을 촉진하는 요인 그리고 지속적인 성장을 담보할 수 있는 다음 단계에 대하여 반성적으로 사고하게 해야 한다.
- 교사는 학생이 개인적인 학습 목표를 수립하고 모니터하도록 지원해야 한다.
- 교사는 학생이 부모나 보호자와 함께 자신의 성장과 목표에 대하여 이야기를 나눌 기회를 제공해야 한다.

시나리오

제이콥 교사는 학급 전체를 위한 학습 목표를 수립하였다. 이 목표는 주와 지역 교육청에서 제시하는 학년 수준에서 그리고 교과에서 요구하는 것에 기초하여 설정된 것이다. 새 학년이 시작하면, 그녀는 학생에게 개인적 목표를 설정해야 하는 필요성을 말해 준다. 때때로 이 목표는 학생이 자신의 재능과 관심을 펼치도록 돕기도 하고 때로는 학생이 어려운 영역을 공부하게 하는 동기가 된다. 학년 초에 그녀는 목표 설정을 위해서 학생이 사용할 수 있는 용어의 예를 제시한다. 시간이 지나면서 학생은 교사나 다른 학생의 목표 모형을 참조하지 않고도 자연스럽게 개인적 목표를 설정할 수 있게 된다. 교사는 시간이 날 때마다 학생과 개인 면담의 기회를 갖는데, 이때 교사는 학생과 일부 학습 과제물을 함께 분석한 다음, 면담 결과에 기초하여 학생으로 하여금 개인적 목표를 설정하도록 한다. 이 교사는 학생으로 하여금 자신이 개발한 요소와 지표를 담은 채점 기준 및 그들이 개발한 요소와 지표를 포함하는 채점 기준을 정기적으로 활용하게 한다.

유연한 교실 수업 절차 개발하기

맞춤형 수업을 하는 교실을 규정할 수 있는 질문은 아마도 "내가 이것에 관하여 생각할 수 있는 또 다른 방법은 무엇이 있을까?" 가 될 것이다. 맞춤형 수업의 기본 전제는 개인은 각기 다르며, 각기 다르게 학습한다는 것이기 때문에 반응적 수업 철학을 실천하는 교사는 시간, 교재, 과제, 조 편성, 교사 주도 수업, 공간, 채점 등에 관하여 지속적으로 다양한 방법을 탐색한다. 간단히 말하면, 개별 학생에게 잘 작동하는 방식으로 수업을 이끌어가야 한다는 것이다.

그러한 교실에서 교사는 다음과 같이 해야 한다.

- 교사는 학생의 각기 다른 학습 속도를 인정해야 한다.
- 교사는 다양한 문화를 반영하고, 다양한 관심을 연결 짓고, 다양한 표현 양식(예, 청각적, 시각적)으로 표현된, 가독성 수준이 다양한 기본 교재와 부 교재를 수집해야 한다.

- 교사는 전체 학습, 조별 학습, 개인별 학습을 고려하여 교실 내의 가구를 다양하게 배치하는 실험을 해야 한다.
- 교사는 모둠 편성을 다양하게 해야 한다. 교사는 학생의 학습 준비도에 따라 모둠 편성을 하는 방법 이외에 학생의 관심과 선호하는 학습 유형이 동일한 모둠, 이질적으로 구성된 모둠, 임의로 편성된 모둠에서 활동하게 하거나 또는 학생이 스스로 선택한 모둠에서 활동할 수 있게 해야 한다.
- 교사는 정기적으로 전체 수업, 사정된 요구에 따른 소집단 수업 그리고 개별화 수업을 적절히 활용해야 한다.
- 교사는 성적을 통해 학생의 상대적 위치를 그들의 개인적 성장과 구체적인 학습 결과에 비추어 전달해야 한다.

시나리오

르메이 교사는 수년 동안 고등학생을 가르치면서 교직은 편한 직업이라고 생각하였다. 그의 강의는 논리적으로 정보를 제시하는 방식이었다. 그는 학생이 교사의 사고 흐름을 따라야 하고, 교사가 제시하는 주제나 쟁점의 중요성에 관한 결론을 도출해야 한다는 가정을 하고 그들을 가르쳤다. 오랫동안 그는 강의와 실례 제시, 스토리텔링, 시각적 이미지를 결합할 때 더 많은 학생이 수업에 몰입한다는 것을 발견하였다. 그는 이제 핵심 아이디어와 그것을 지지하는 예시를 표로 만들어 보는 것이 도움이 되는 학생에게는 그래픽 조직자를 제공한다. 또, 비판적 이해에 관한 논의를 할 때는 학생들이 몰입할 수 있도록 더 자주 잠깐씩 일시 중지 전략을 사용한다. 특히 수업 초반에 설명하고자 하는 핵심 아이디어를 제시하는 것은 많은 학생에게 도움이 된다. 또한 세부 내용을 보기 전에 큰 그림을 보게 하는 것 역시 학생들의 이해에 큰 도움이 된다.

수업 전략 레퍼토리 확장하기

한두 가지 수업 전략만 사용하는 교실은 한두 가지 음식만 먹을 수 있는 식당과 같다. 정말 맛있게 조리된 음식이라고 할지라도, 그것을 매일 먹어야 하는 사람에게는 지겨울 수밖에 없다.

교사가 일련의 수업 전략을 적절하게 그리고 쉽게 사용할 때, 학생은 교사가 제시하는 과제에 더 잘 몰입하게 된다. 수업에는 다양성, 새로움 그리고 놀라움의 요소가 주입되어야 한다. 더욱이 어떤 수업 전략은 다른 목표에 비해 특정한 목표를 성취하는 데 더 효과적이며, 많은 수업 전략을 가진 교사는 목표에 적합한 전략을 더 잘 찾아서 가르칠 수 있다.

수업 전략은 맞춤형 수업에서 보다 더 중요해진다. 다양한 교수-학습 접근을 한다는 것은 교사가 학생에게 자유롭게 다가갈 수 있다는 것을 의미한다. 어떤 학생은 다른 어떤 전략보다 더 선호하는 전략이 있을 수 있다. 다양한 수업 전략을 사용하는 교사는 학습해야 할 것과 그것을 학습해야 하는 모든 범주의 학생을 보다 쉽게 연결할 수 있다. 또, 다양한 수업 전략을 사용하는 상황에서 학생의 학습을 주의 깊게 관찰함으로써, 교사는 특정 학생에게 특별히 효과가 나타나는 수업 전략 및 전체 수업을 할 때 효과가 있는 수업 전략에 대한 통찰을 계속 발전시킬 수 있다.

그러한 교실에서 교사는 다음과 같이 해야 한다.

- 교사는 강의를 할 때 그리고 학생을 능동적으로 학습에 참여하게 할 때 다양한 수업 전략을 사용해야 한다.
- 교사는 학생의 준비도, 관심, 학습 유형을 반영하는 수업 전략을 사용해야 한다.

- 교사는 학생이 수업 전략에 따른 효과적인 학습 방법을 이해하도록 지도해야 한다.
- 교사는 학생이 자신에게 어떤 수업 전략이 왜 적절하다고 생각하는지 그리고 그 수업 전략이 학생으로서의 자신에 관해서 무엇을 알게 하는지를 반성적으로 생각할 수 있도록 도와야 한다.

시나리오

카스텔라노 교사는 중학교 과학 교사다. 그는 학생이 읽기와 쓰기 능력을 개발하는 것을 돕기 위해서 정기적으로 몇 가지 수업 전략을 사용하는데, 새로운 장을 도입할 때는 해당 장의 '랜드마크(landmark)'를 개관하도록 지도한다. 여기에서 '랜드마크'란 해당 장의 조직, 굵은 글씨로 된 부분, 중요한 표, 재미있는 사진 등을 의미한다. 그는 학생에게 특정 목표를 마음에 두고 읽어 보라고 하기도 하고, 때로는 해당 장에 대한 개관을 읽어가면서 목표를 설정하라고 하기도 한다. 후속되는 토론에서 학생은 해당 장의 중요한 아이디어가 무엇인가 그리고 이해에 도달하기 위해서 그 장의 내용을 어떻게 활용하였는가를 중점적으로 논의하게 된다. 교사는 복잡한 문단을 사려 깊게 읽는 방법을 보여 주기 위해서 소리 내어 생각하기(think aloud) 전략을 보여 준다. 그는 정기적으로 학생에게 그래픽 조직자를 제공하고, 그가 강의를 할 때 그리고 학생이 텍스트와 보충자료 및 인터넷 자료를 읽을 때 그 전략을 사용할 수 있도록 한다. 더욱이, 그는 학생에게 강의를 할 때 적어도 두세 가지 제시 방식을 사용한다. 예를 들면, 모델링, 강의, 아이디어를 그래픽으로 표상하기, 인쇄물 제시가 그것이다. 그는 또한 학생에게 주제에 관한 구체적인 사실을 제시하고 학습하게 할 때, '큰 그림(big picture)' 을 환기시키는 것을 잊지 않는다. 그 외에도 그는 정기적으로 소집단을 편성하여, 집단별로 나타나는 학생의 독특한 필요와 변화하는 필요를 확인한다.

학생이 과제를 수행할 때 교사는 가끔씩 그들에게 혼자 활동할 것인지, 협력해서 활동할 것인지를 선택하도록 한다. 시간이 지나면서 교사는 해당 연령 집단과 교과에 적합하면서도 다양한 학습의 필요가 혼재하는 경우에 잘 작동하는 학생 중심 수업 전략 네 가지를 도입한다. 우선, 그는 학생들이 각자 자신의 준비도 수준에 따라 학습할 수 있도록 학습 계약과 차등적(tiered) 과제[2]를 활용한다. 또한 그들이 교과의 중요한 쟁점을 탐구하는 것을 돕기 위해서 준비도가 다른 조와 함께 협력하는, 경쟁 집단 전략을 활용한다. 마지막으로 학생이 학습하고 있는 것을 재미있고 효과적인 방식으로 표현하는 것을 격려하기 위해서 다중지능 접근을 사용한다.

교육과정의 목표와 개인적 성장의 관점에서 개인의 진보 나타내기

교실은 정적이라기보다는 역동적이다. 어제의 실패가 오늘의 성공이 될 수도 있다. 학생의 관심과 학습에 대한 접근조차도 시간과 맥락에 따라 변화한다.

효과적으로 맞춤형 수업을 하고 있는 교실에서, 교육과정의 핵심 내용은 끊임없는 변화의 파도 속에서 고정 닻의 역할을 한다. 교사는 모든 학생이 동일한 기능, 성향 또는 필요를 가지고 교실에 올 것이라는 기대를 하지 않는다. 실제로 교사는 학습 지체와 속진의 필요 모두를 처치할 수 있도록 준비되어야 한다.

그럼에도 각 단원의 핵심 내용으로 선정된 특정 지식, 이해, 기능은 학생 진보의 기준점이 된다. 교사는 공통의 핵심 내용에 비추어 개인의 위치를 지속적으

2) 역자 주. 차등적 과제는 모든 학생이 동일한 학습 목표를 향해 가지만, 그들의 수준에 따라 난이도가 다른 과제를 제시하는 것을 의미한다.

로 기록해야 한다. 동시에 교사는 학생의 특정 유형에 비추어 개인의 성장을 추적해야 한다. 예를 들면, 학년 수준의 기능을 완전히 습득하는 데 어려움이 있는 학생도 자신의 출발점에 비추어 보면 현저히 성장한 것일 수 있다. 또한 핵심 기능을 이미 숙달한 상태에서 학습을 시작한 학생은 공통적으로 요구되는 기준을 훨씬 뛰어넘는 성장을 나타낼 수 있다.

취학 시점부터 교과 학습의 궤적(trajectory)이 나타나기 시작하고, 고등학교를 졸업하는 시간까지 학습의 궤적은 지속적으로 기록된다. 맞춤형 수업을 하는 교실에서 교사는 특정 학년에서 학습해야 하는 것과 교실에서 생활하면서 학생이 드러내는 개인의 한계를 동시에 이해하고 다룰 수 있어야 한다.

이러한 교실에서 교사는 다음을 해야 한다.

- 교사는 공통의 학습 목표와 개인적인 학습의 필요를 계획하기 위해 사전 평가 자료를 사용해야 한다.
- 교사는 수업과 학생의 필요를 가능한 한 맞출 수 있도록 지속적으로 형성평가를 사용해야 한다.
- 교사는 공통의 학습 목표에 비추어 학생의 성장을 지속적으로 관찰해야 한다.
- 교사는 학생의 특정 유형에 비추어 그의 성장을 관찰해야 한다.
- 교사는 학생으로 하여금 개인적인 목표를 수립하게 하고, 그것에 비추어 그들의 진보를 평가해야 한다.
- 교사는 개인과 학급 전체에 최대한 이득이 되도록 수업을 개선하기 위해서 시종일관 개인과 집단의 성장을 되돌아보아야 한다.
- 교사는 부모가 학생의 개인적 성장과 공통의 목표에 대하여 그들의 상대적 위치를 이해하도록 도와야 한다.

시나리오

램파스 교사는 사전 평가와 지속적인 관찰을 통해 학생의 쓰기 능력의 범위를 안다. 어떤 학생은 학년 수준을 훨씬 뛰어넘는 수준의 쓰기를 쉽게 한다. 또 다른 학생은 종이에 단순한 아이디어를 기록하는 것조차 힘들어한다. 모든 학생은 쓰기에서 주제를 개발해야 한다. 학생은 자신이 관심 있는 문제를 선택할 수 있어야 하고, 그 문제와 관련된 중요한 것을 쓰는 계획을 세워야 하고, 그 문제에 관한 자신의 관점을 정당화해야 하며, 지지하는 이유와 그 이유에 대한 세부적인 사항을 제시해야 한다. 그리고 학급의 학생이 모두 함께 해당 쓰기의 목적과 지침을 탐색해야 한다.

쓰기에 어려움이 많은 학생을 지원하기 위해서 교사는 그들을 소집단으로 만나서 문제를 찾을 수 있도록 브레인스토밍을 하게 하고, 문제와 관련하여 중요한 것이 무엇인지 꼼꼼히 찾아내게 하며, 문제에 대한 입장을 정당화하고 지지하기 위해 제시한 각자의 논리에 대하여 그 이유와 구체적인 세부 내용을 제시하게 한다. 교사가 소집단으로 만난 그 학생들은 집단 활동을 통해 만든 계획을 사용하여 쓰기를 하거나, 그것을 이용하여 다시 자신의 문제, 계획, 논리, 세부 내용을 개발하게 된다.

교사는 또 뛰어난 학생을 소집단으로 만난다. 그는 그때 학생들에게 그들이 선택한 문제에 대하여 여러 개의 관점을 개발하게 하고, 그들의 입장에서 가능한 가장 설득력 있는 논리를 찾게 하며, 아이디어를 가장 잘 나타낼 수 있는 구체적인 사실이나 어휘를 사용하도록 한다.

모든 학생은 쓰고 교정하는 과정에서 급우들과 자신의 아이디어를 검증하는 기회를 갖는다. 또한 교사는 학습이 진행되는 동안 피드백을 제공하고 학생을 개별적으로 코치한다. 그리고 핵심 쓰기 능력을 넓은 범위로 세분화하여 서술한 체크리스트에 학생의 능력을 표시한다. 이 접근은 교사에게 특정 학생의 필요를 발견할 수 있게 하고, 학년 기준에 비추어 각 학생의 진보 정도를 평가할 수 있게 하며, 학생의 출발점에 비추어 그들의 개인적 성장을 확인할 수 있게 한다.

보편적 상식

완벽한 차시안, 완벽한 하루 일과 그리고 완전한 교사란 학교에 존재하지 않는다. 우리의 목표는 교사와 학생이 모두 중요한 것을 완벽히 이해할 수 있도록 하는 데 있지 않고 인내하면서 그것을 이해하려고 노력하게 하는 데 있다.

맞춤형 수업 또는 반응적 수업은 다음 세 가지 질문에 대한 확실한 답을 하는 것으로부터 시작한다. 다시 말해서, 교실에서 우리가 어제보다 오늘 조금 더 나은 답을 하고 그것을 살려낼 수 있다는 마음이 있다면 맞춤형 수업 또는 반응적 수업을 잘 할 수 있다는 것이다.

1. 우리는 자신이 가르치는 다양한 학생의 학습에 대한 책임을 수용할 의지와 기능을 갖추고 있는가?
   - 학생의 성장을 격려하기 위해 그들과 긴밀하게 협력하기
   - 학생의 꿈과 그 꿈의 불확실성을 알아보기
   - 학생의 문화를 연구하고 반응하기
   - 학생과 함께 긍정적인 학습 환경 만들기
2. 우리는 학생이 일생을 살아가는 데 도움이 될 수 있는 수준 높은 학습력을 길러 줄 수 있다는 비전을 가지고 있는가?
   - 교과에서 정말 중요한 것을 파악하기

- 가장 중요한 것에 대한 학생의 이해를 확증하기
- 개별 학생에게 적절하고 주의를 끌 수 있는 것을 발견하기
- 학생을 학습에 참여시키기

3. 우리는 자신이 가르쳐야 하는 것과 자신이 가르치는 다양한 학생들 사이에 가능성의 다리를 놓는 일을 기꺼이 하려고 하는가?
   - 학생의 장점과 결손을 찾아내기
   - 유연한 수업 절차를 개발하기
   - 다양한 필요에 반응하는 학습 대안을 창안하기
   - 성공을 위한 코칭하기
   - 목표에 비추어 개인의 성장을 모니터하기

이는 교직 전문성의 본질이다. 이는 우리의 일과 직업이 얼마나 귀중한 것인가를 나타내며 학생이 얼마나 귀중한 존재인가를 드러낸다.

연구할 수 있는 더 많은 자원

다양한 학생들을 지원할 수 있는 수업 전략에 대한 훌륭한 자원은 많이 있다. 여기에서는 그 중에 몇 가지를 소개하고자 한다.

Instructional Strategies Online (Saskatoon Public School Division)
http://olc.spsd.sk.ca/DE/PD/instrsk.html

개념 지도, 그래픽 조직자, 직소, 학습 계약, 문학 서클, RAFT 과제[3], 대본 구성(Readers' Theater)[4], 생각 일지(response journals)[5], 구조화된 논쟁(structured controversy), 스토리 맵핑(story mapping), 시넥틱스(synectics)[6], 생각하고-짝과 이야기하고-공유하기(Think-Pair-Share)[7], 웹 퀘스트(Web Quests)[8], 벽에 단어 붙여 놓기(word walls) 및 여러 다른 전략을 포함하고 있다.

University of Virginia, Curry School of Education Reading Quest

http://curry.edschool.virginia.edu/go/readquest/strat/

돌아가면서 브레인스토밍하기(carousel brainstorming), 시간 친구(clock buddies)[9], 표에 내용 정리하기(column note), 그래픽 조직자, 역사적 사건 정리하기(history frame), 탐구 차트(inquiry chart)[10], KWL, 의견과 그에 대한 증거

3) 역자 주. 교사는 학생에게 글쓰기를 할 때 작가의 역할(Role), 청중(Audience), 형태(Format), 소재(Topic)와 같은 요소를 생각하게 한다.

4) 역자 주. 학생이 어떠한 상황에 대해서 가상 시나리오를 연극 대본처럼 작성하는 것으로, 그 대본을 가지고 실제로 시연을 하거나 역할놀이를 하기도 한다.

5) 역자 주. 글을 읽고 나서 그 내용에 대한 자신의 생각을 정리하거나 수업 시간이 끝난 후에 학습한 내용에 대해서 반성(reflection)한 내용을 꾸준히 적어 나가는 것을 말한다.

6) 역자 주. 창의적 문제 해결에 사용되는 방법으로, 브레인스토밍과 같이 여러 아이디어를 창출하게 하되, 은유를 사용하여 익숙한 것을 생소하게 혹은 친숙하지 않은 것이나 거리감 있어 보이는 것을 서로 결부시켜서 생각해 보게 한다.

7) 역자 주. 모든 학생으로 하여금 어떤 주제에 대해서 생각해 보도록 한 다음, 짝과 생각을 공유하게 하고, 마지막으로 짝과 합의한 것이나 공유한 것에 대한 생각을 반 전체 학생과 공유하게 한다.

8) 역자 주. 학생이 온라인상에서 혹은 컴퓨터를 이용하여 파워포인트를 클릭하면, 특정 활동을 하고 난 다음에 다른 활동으로 넘어갈 수 있도록 혹은 선택적으로 할 수 있도록 프로그램화된 도구를 말한다.

9) 역자 주. 협동학습의 한 방법으로, 먼저 학생끼리 만날 시간을 여러 개 임의로 정해 놓게 한 다음, 교사가 집단 활동을 할 때에 그 약속 시간 친구끼리 만나게 하여 집단을 구성한다.

10) 역자 주. 탐구 질문을 만들고 그에 따라서 혹은 탐구의 과정에 따라서 조사하고 알게 된 내용을 정리하는 도구를 말한다.

(opinion-proof), 작가에게 질문하기, RAFT 과제, 선택적으로 강조하기(selective highlighting), 생각하고-짝과 이야기하고-공유하기(Think-Pair-Share), 3-2-1 요약(summaries), 단어 지도(word maps) 및 여러 다른 전략을 포함하고 있다.

English Companion Web Site (Jim Burke)
http://www.englishcompanion.com

학생의 사고와 이해를 지원하는 다양한 종류의 그래픽 조직자, 학생들의 사고를 이미지로 끌어내기, 모델링, 구조화된 협력(structured collaboration), 손을 움직이는 학습(learning with your hands), 상호적 교수(reciprocal teaching), 다양한 수업 전달 수단(multiple means to deliver instruction), 학생 사례 활용하기, 평가에 학생 포함하기, 수업 개선을 위해 시각 자료 활용하기, 시각적으로 사고하기(visual thinking) 및 여러 다른 전략을 포함하고 있다.

Fulfilling the Promise of the Differentiated Classroom: Strategies and Tools for Responsive Teaching **by Carol Ann Tomlinson (ASCD, 2003)**

다양한 학생을 중요한 아이디어와 영속성 있는 이해에 참여시키는 데 활용할 수 있는 여러 수업 전략을 포함하고 있다. 학습 유형 조사(survey), 흥미도 조사, 기능 체크리스트, 채점 기준, 학생의 계획 지침, 단계별 체크리스트, 개념을 중심으로 꾸며진 교실 벽(concept wall), 개념 지도, 동료 평가 지침, 학습 메뉴, 평가 체크리스트, Think-Tac-Toe[11], RAFT 과제, 차등화(tiering), 복잡한 교수(Complex

---

11) 역자 주. 빙고판처럼 9개의 칸을 만들고 학생들이 그 안의 활동들을 선택할 수 있도록 하는 것으로, 교사는 각 칸에 학생의 학습 유형이나 흥미도 등을 고려하여 활동을 배치하고, 학생들은 가로, 세로 혹은

Instruction)[12], 생각 잇기(Think Dots) 및 여러 다른 전략을 포함하고 있다.

Time for Literacy Centers: How to Organize and Differentiate Instruction by Gretchen Owocki (Heinemann, 2005)

What are the Other Kids Doing While You Teach Small Groups? by Donna Marriott (Creative Teaching Press, 1997)

Winning Strategies for Classroom Management by Carol Cummings (ASCD, 2000)

대각선으로 선택한다.

12) 역자 주. 협동학습의 한 방법이지만, 학생들이 해결해야 할 과제는 다양한 인지적 능력의 활용을 요구하는 복잡한 것이다. 교사는 학생들이 과제를 수행하는 데에 여러 지능과 학습 수준이 활용되도록 하여 다양한 특성을 지닌 학생들이 협력하여 문제를 해결할 수 있게 한다.

제 5 장

학생의 특성이 다양한 교실에서의 평가

무엇을 학습의 증거로 볼 것인가? 무엇을 이해의 증거로 볼 것인가?

타당성과 신뢰도를 손상시키지 않으면서 평가를 다양화할 수 있는 방법은 무엇인가?

내용 기준을 지키면서도 획일적이지 않을 수 있는 방법은 무엇인가?

평가가 측정을 넘어서 학습을 유도할 수 있는 방법은 무엇인가?

교수-학습을 중요하게 생각하는 사람이라면 누구나 자동적으로 평가에 관심을 갖는다. 평가는 다음에 제시된 중요한 질문에 대한 답을 하는 데 필요한 증거를 제공한다. '학생이 그것을 배웠는가?' '학생이 어느 수준까지 이해했는가?' '여러 학생의 다양한 필요에 맞추어 나의 수업을 효과적으로 조정하는 방법은 무엇인가?' 백워드 설계의 논리는 '평가자처럼 생각하기'를 강조하여 두 번째 단계(적합한 증거 고려하기)를 세 번째 단계(교수-학습 활동 계획하기)의 앞에 놓는다. 평가의 증거를 먼저 고려하는 것은 의도한 학습 결과가 달성되었는지 확인하는 데 반드시 필요할 뿐만 아니라, 목표에 더욱 집중하여 수업을 할 수 있게 한다. 또한, 학생들이 의도한 목표를 달성했다는 증거의 요소를 명확히 하면 교사는 학생의 준비도, 흥미, 학습 선호에 따라 수업을 수정할 수 있는 일관성 있는 틀을 가질 수 있다.

효과적인 평가의 원리

교실 평가는 세 가지의 핵심 원리에 따라 이해되고 개발되어야 한다. 이제 우리는 학업 능력에 큰 차이가 있는 학급에서 이 세 가지 원리에 대한 개념적 기초와 실제적인 적용을 살펴볼 것이다. 각각의 원리는 우리가 최상으로 실행할 때 학생들의 다양성에 주의를 기울여야 하는 정도와 근거를 알려 준다.

평가 원리 1: 사진 앨범과 스냅 사진을 비교하라

평가란 그것을 통해서 얻은 정보에 기초하여 학생이 무엇을 알고 있고, 무엇을 이해하고 있으며, 무엇을 할 수 있는가를 추론하는 과정이다. 비록 교사들이 때때로 막연하게 평가는 타당하고 신뢰할 수 있어야 한다고 말하지만, 사실 평가의 결과를 통해 타당하고 신뢰할 수 있는 추론을 하기 위해서는 좀 더 정확한 개념화가 필요하다. 어떤 형태의 평가라도 어쩔 수 없는 측정의 오차가 있기 때문에, 여러 평가 자료를 활용할 때에 우리의 추론은 보다 정확해진다. 다시 말해서, 신뢰할 수 있는 평가를 하기 위해서는 다양한 증거 자료가 필요하다는 것이다.

이 원리를 사진에 비유하여 생각해 보자. 사진 앨범은 일반적으로 오랜 기간 다양한 상황에서 찍은 많은 사진을 포함한다. 따라서 한 장의 스냅 사진을 보는 것과 비교했을 때, 앨범 한 권을 전체로 보는 것이 훨씬 더 정확하고 실제에 가까운 인물 묘사를 할 수 있다. 교실에서의 평가도 마찬가지다. 단원을 마치는 시점에 한 번 시험을 보는 것보다 다양한 증거를 수집하는 것이 학생의 학습을 더 완전하게 이해할 수 있게 한다.

측정 전문가(psychometricians)는 그러한 기본적인 평가의 원리를 이해한다. 예를 들어, 표준화 검사를 출판하는 CTB/McCraw-Hill의 부대표인 Michael Kean(1994)은 다음과 같이 말한 적이 있다. "어느 한 번의 시험도 완벽하게 모든 것을 말해 줄 수 없다는 점에서 여러 번의 측정은 필수입니다. 따라서 아무리 훌륭한 시험이라고 하더라도 그것이 의사 결정의 유일한 기준이 되어서는 안 됩니다."

불행히도 현재 북미에서 정치적인 의도에 의해 시작된 책무성 평가는 '빠르지만 불공정한(quick and dirty)' 표준화 시험(사진 앨범이라기보다 한 장의 스냅 사진과 같은)에 기초하여 학생, 학교, 지역 교육청을 판단한다. 표준화 검사 자체에 본질적인 결함이 있다는 뜻은 아니다. 표준화 검사는 손쉽게 평가할 수 있는 내용 목표와 관련해서 학생의 성취 수준에 대해 유용하고 비교 가능한 자료를 제공한다. 그러나 단 하나의 시험 결과만 가지고 부담이 큰 의사 결정을 내리면 문제가 발생할 수 있다는 것이다. 한 번의 시험으로 결과를 내는 책무성 평가를 널리 시행하면서 빚어진 결과는 다음 글에 잘 명시되어 있다.

- 시험 점수를 높여야 한다는 압박감은 교육과정을 시험에 나오는 내용으로 한정시키고, 의미 있는 학습 대신에 시험 준비만을 강조하게 만든다.
- 규모가 크면서도 저비용으로 쉽게 측정하기 어려운 중요한 교육 목표(예를 들어, 구두로 하는 의사소통, 의사 결정, 연구, 예술 표현)를 평가하지 않는다면, 수업에서 그것을 더는 가르치지 않게 된다.
- 대부분의 규모가 큰 '획일화된' 표준화 시험의 특징은 우리가 알고 있는 사실(즉, 모든 학생이 다 동시에 같은 방식으로 배우지 않는다는 것)을 놓치게 한다.
- 지배적인 평가의 형태(선다형 시험)는 기억과 인식을 잘 하는 학생에게 유리

하다. 읽기 능력을 가장 중요시하는 중압감이 높은 시험은 표준어를 사용하지 않는 부모를 가진 학생이나 장애를 가진 학생의 학업 성취 능력을 제대로 평가하지 못한다.

한 번 보는 시험 결과에 지나치게 의존해서 학생을 평가하고 중요한 의사 결정을 내리는 것은 측정 심리학의 측면에서 볼 때 적절하지 않을 뿐만 아니라 최근에 발생한 평가 추문을 통해 볼 수 있듯이 정치적으로도 위험하다(Hendrie, 2002; White, 1999). 그러나 우리의 초점은 책무성 평가가 갖는 약점을 비판하는 데 있다기보다는 우리가 영향을 미칠 수 있는 평가의 측면에 있다. 즉, 교실, 학교, 교육청에서 우리가 실제적으로 사용할 수 있는 평가의 측면에 초점을 두고 논의하고자 하는 것이다.

교실 맥락에서는 '사진 앨범과 같은 평가'가 가장 유용하고 자연스럽다. 즉, 학습의 증거는 교실에서 이루어지는 다양한 평가를 통해 얻을 수 있다(McTighe & Wiggins, 2004).

- 선택형(예, 선다형, 진위형)의 퀴즈와 시험
- 지문에 대하여 글로 또는 구두로 답하기(단답형)
- 다양한 형태의 수행 평가 과제
  - 서술 형태의 결과물(예, 에세이, 실험 보고서)
  - 시각적 결과물(예, 파워포인트 발표 자료, 벽화)
  - 발표(예, 구두 보고, 외국어 대화)
  - 실습(예, 체육 시간의 기능 수행)
- 장기적인 '실제적(authentic)' 프로젝트(예, 졸업 전시회)
- 포트폴리오(오랫동안 체계적으로 수집한 학생의 결과물 모음집)

- 반성적 일기 및 학습 일지
- 비형식적이고 지속적인 학생에 대한 관찰(예, 교사의 관찰 노트, 교사의 상세 질문(probing questions), 퇴실 카드(exit cards)[1], 빨리 쓰기(Quick-Writes))
- 관찰 지표 및 준거 목록을 활용한 형식적인 학생 관찰
- 학생의 자기 평가
- 동료 평가 및 동료 반응 집단(peer response groups)

학급에서 평가를 계획할 때는 [그림 5.1]의 '사진 앨범' 도식을 고려하는 것이 도움이 된다. 이 도식은 연산 문제 해결 능력과 관련해서 중요한 내용 기준을 달성했는지를 다양한 증거를 활용하여 여러 번에 걸쳐 평가하는 것을 보여 준다. 가르치는 모든 것에 대하여 복수의 평가를 하라는 것은 아니지만, 적어도 '필수적이고 영속적인(enduring)' 목표를 제대로 평가하기 위해서는 하나 이상의 평가를 할 필요가 있다. 이 예시안에서 말하고자 하는 것은 핵심적인 평가를 위해서는 하나 이상의 대안적 평가 양식을 제공하라는 것이다. 즉, 한 단원의 수업이 진행되는 동안 다양한 평가 양식을 사용하라는 의미다. 학습 능력이 차이가 나는 학급에서 각기 다른 학생들이 자신의 지식과 이해 및 기능을 최대한 잘 표현할 수 있도록 평가 양식을 다양화해야 한다는 것이다.

이 도식은 교사가 수업을 혼자서 계획할 때에도 유용하게 사용할 수 있지만, 교사 팀이 수업을 함께 계획할 때 특히 그 가치가 드러난다. 3장에 제시된 것처럼 백워드 설계의 논리는 학습의 증거(2단계)가 반드시 의도한 목표(1단계)로부터 도출되어야 한다고 명시하고 있으며, 이와 같은 논리는 동학년 및 교과협의

1) 역자 주. 학생들이 수업을 끝내고 교실을 나갈 때에 인덱스 카드와 같은 쪽지에 수업 중에 무엇을 학습했는지, 여전히 풀리지 않는 궁금증이 있는지 등 교사가 제시하는 질문에 대해서 간략하게 적고 제출하는 방법을 말한다.

회 단위로 협력해서 작업하는 교사들에게도 똑같이 적용된다. 기준 중심 교육에서는 반드시 평가를 실시해야 한다. 목표뿐만 아니라 목표 달성을 확증해 줄 필요한 평가 증거에 동의하지 않는다면, 우리는 기준 중심으로 가르친다고 할 수 없다. 동료 교사와 함께 작업하면서 학생이 의도한 목표를 달성한다면 어떤

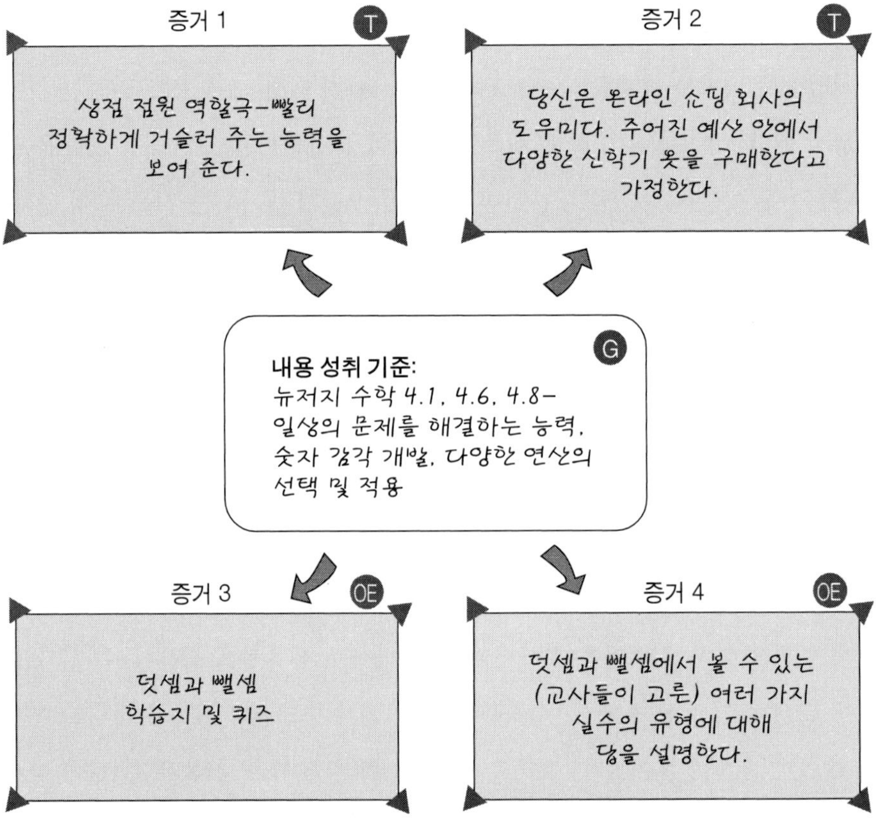

[그림 5.1] 사진 앨범식 평가

자료: *Understanding by Design Professional Development Workbook* (p.146), by J. McTighe and G. Wiggins, 2004, Alexandria, VA: Association for Supervision and Curriculum Development. Copyright 2004 by the Association for Supervision and Curriculum and Development. Adapted with permission.

모습일지에 대해 합의해야만 교사는 더욱 일관성 있는 교육과정, 더 신뢰할 수 있는 평가, 학급 · 학교 간 일관성 있는 성적 처리와 통지표 작성이 가능함을 인식할 수 있다.

평가를 다양하게 실시하는 것은 측정의 측면에서만 중요한 것이 아니라 다양한 학생에게 민감하게 반응한다는 측면에서도 중요하다. 학생이 학습한 것을 표현하는 방법에서 각자 다른 선호를 보이기 때문에, 여러 개의 다양한 평가 유형을 제공하는 것은 자신의 강점을 활용할 수 있는 기회를 증대시키는 것이 되고, 종국에는 성공할 수 있는 기회를 늘리는 것이 된다. 마치 재판 과정에서처럼, 우리도 학생이 학습하였음을 선고하기 위해서는 '다수의 증거'가 필요한 것이다. 결론적으로, 우리가 각 학생에게 배운 내용의 증거를 그들에게 적합한 방식으로 물을 때 학생 성취에 대한 우리의 판단의 정확도와 신뢰도는 높아질 수 있다.

평가 원리 2: 목표와 측정 방법을 일치시켜라

학습 결과로부터 유용한 추론을 이끌어 내기 위해서는 주어진 목표에 적합한 측정 방법으로 평가해야 한다. 그래서 2단계에서 평가 증거에 대해서 생각할 때 1단계에서 이루어진 의도한 목표에 대한 진지한 고민이 반드시 필요하다. 우리는 교육 목표를 세 유형으로 구분하는 것이 유용하다고 여긴다. 바로 (1) 명제적 지식-학생이 알고 이해해야 하는 것, (2) 절차적 지식-학생이 할 수 있어야 하는 것, (3) 기질(dispositions)-학생이 보여야 하는 바람직한 태도와 습관이다 (Marzano, 1992). 이러한 유형이 우리에게 어떻게 가르치고 평가해야 하는지에 대해 직접적으로 함의하는 것이 있다. 예를 들어, 학생이 구구단이나 화학 기호(명제적 지식)를 아는지 확인하고 싶다면, 선다형, 연결형, ○×, 빈칸 채우기와 같은 객관적인 시험 형태를 활용하는 것이 적합한 증거를 효율적으로 얻을 수 있는 방법일 것이다. 반면, 그리기, 글쓰기, 운전 등과 같은 기능의 숙달 및 과정(절차적 지식)을 확인하고 싶다면, 몇몇 유형의 수행 평가가 필요하다. '예술을 존중하기' 라든지 '인내심' 과 같이 기질과 관련된 목표는 관찰, 예시, 포트폴리오, 자기 평가를 통해 시간을 들여 평가해야 한다. 어찌되었든 '인내심' 이라는 해당 목표를 퀴즈를 통해 측정하는 것은 적합하지 않다.

맞춤형 수업을 실시하는 학급에서 앞서의 세 가지 유형의 지식과 관련지어 학생의 숙달도를 살펴보는 것은 특별한 의미를 가진다. 이는 추가적인 도움을 필요로 하는 일부 학생 때문이다. 예를 들면, 어떤 학생은 단원의 절차적 지식(기능)과 관련해서는 도움이 필요하지만 명제적 지식 및 이해와 관련해서는 그렇지 않을 수 있을 것이며, 동시에 그 반대의 경우인 학생도 있을 수 있다. 만약 교사가 평가 자료를 수업 계획의 근거로 활용하고자 한다면, 그것은 단원의 핵심지식, 이해, 기능과 관련한 학생의 강점과 약점에 대한 정보를 알려 줄 수 있어야 할 것이다. 이러한 학생 개인에 대한 자세한 자료를 사용하지 않는다면, 우리는 획일적인 방법—일부 학생에게는 불가능한 것을 요구하는 것이고, 일부 학생에게는 이미 아는 것을 물어보는 것일 뿐인 방법—으로 가르칠 것을 자기 자신에게 허용하는 것이 된다(Taba & Elkins, 1966). 뿐만 아니라, 학생의 기질과 사고 및 활동 습관에 관한 자료는 특정 학생이 특정 시간에 왜 성공하는지(혹은 그렇지 못한지)에 대한 중요한 통찰을 제공해 줄 수 있다. 나아가 학생의 기질에 대한 자료는 맞춤형 수업을 하는 학급에서 그들의 진보를 보고할 때 특히 더 중요하다. 이와 관련해서는 8장에서 더 논의할 것이다.

목표의 다양함은 우리가 사진 앨범식 평가에 다양한 평가 사진을 포함해야 한다는 것을 의미한다. 따라서 우리의 목표에 적합한 측정을 하기 위해서는 다양한 평가 유형을 선택해야 한다. 복수의 증거를 수집하는 것과 목표와 측정 방법을 일치시키는 것이 중요함에도, 교사들은 종종 성적을 낼 때 쉽게 채점할 수 있는 평가 방법을 선택한다. 어떤 종류의 평가는 시간과 노력이 너무 많이 들어가고, 또한 학생, 학부모, 행정가에게 해당 평가에 따른 성적 처리의 정당성을 입증하는 것이 매우 힘들다는 것을 알기 때문에 교사가 그러한 태도를 보이는 것을 이해하기는 어렵지 않다. 그러나 우리가 강력하게 주장하는 것은 외부적인 요소가 아닌, 우리가 세운 목표가 평가 계획에 그대로 연결되어야 한다는 점이다. 학교 및 교육청의 수장이 나서서 책임 있는 평가 작업이 현실화될 수 있는 구조(예, 학생의 결과물을 팀으로 채점할 수 있는 시간과 학생의 성적표를 완성하는 데 필요한 현실성 있는 일정표)를 만들어야 한다.

이해를 평가하기

우리는 3장에서 학생이 이해해야 하는 '빅 아이디어' 를 분명하게 제시하는 것의 가치에 대해서 논의했다. 이제부터 우리는 세 가지 질문을 통해서 '이해' 라는 특별한 목표를 더욱 자세히 살펴볼 것이다. 안다는 것과 이해한다는 것의 차이는 무엇인가? 학생이 우리가 제시한 빅 아이디어를 정말로 이해했는지 어떻게 알 수 있는가? 내용 기준을 포기하지 않으면서도 그들에게 자신이 이해한 것을 여러 방법으로 표현하게 할 수 있는 방법은 무엇인가?

앎은 둘 중 하나다. 즉, 우리는 무엇인가를 알거나 알지 못한다. 사실 및 기본 개념과 같은 명제적 지식은 이 유형에 속해서, 대개 이러한 사실적 지식의 평가는 객관적인 시험이나 퀴즈를 통해 '맞는' 답을 고르게 하면 된다. 이해는 그보다는 정도(degree)의 문제라고 할 수 있다. 예를 들어, 우리는 누군가에 대해 말할 때 깊은 통찰을 가진 사람, 확실하게 아는 사람, 개념을 불완전하게 또는 어수룩하게 이해하고 있는 사람, 오해하는 사람으로 묘사한다. 그래서 우리가 "그녀는 어느 정도로 이해하고 있는가?"라고 물으면, 그 대답은 흑백보다는 회색 음영의 연속선상에서 이루어진다. 이 점은 우리가 어떻게 평가하고 결과를 설명해야 하는지에 대해 시사하는 바가 있다.

이해를 평가한다는 것이 도전적인 이유는 우리가 사용하는 이해라는 말이 여러 가지 함축적 의미를 갖고 있기 때문이다. 다음은 이해의 서로 다른 네 가지 용법에 대한 예를 제시한 것이다.

- 그들은 스페인어를 매우 잘 이해하고 있다.
- 그녀는 내가 어떻게 살아왔는지를 이해한다.
- 그는 역사적 사실은 알지만 오늘날 그것이 갖는 의미는 이해하지 못한다.
- 이제 보니 내가 지금껏 큰 그림을 보지 못했다는 것을 이해하겠다.

첫 번째 예시에서 언어를 이해한다는 것은 활용할 수 있다는 것, 즉 듣기, 말하기, 읽기, 쓰기를 활용하여 효과적으로 의사소통을 할 수 있다는 것을 의미한다. 두 번째 예시에서는 다른 사람의 입장에서 느낄 수 있는 공감의 의미가 핵심이며 세 번째 예시에서는 전이의 의미로 사용한 것으로서, 이는 배운 내용을 새로운 상황에 적용하는 능력을 말한다. 마지막 예시는 메타인지적인 것으로서, 개인이 자신의 생각이나 학습 과정에 대해서 반성할 수 있는 능력을 의미한다.

이해라는 용어가 다양하게 사용될 수 있다는 사실 때문에, 일부 연구자나 교사는 목표를 설정할 때 이해라는 말을 사용하는 것을 비판하기도 했다. 그들은 이해라는 말이 명확한 목표 설정이나 구체적인 평가를 실시하기에는 지나치게 모호하다고 주장해 왔다.

이와 대조적으로 Wiggins와 McTighe(1998, 2005)는 이해의 이러한 다양한 함축적 의미가 측정의 목적으로 활용될 수 있다고 본다. 그들의 의도는 〈표 5-1〉

〈표 5-1〉 이해의 여섯 가지 측면

우리가 정말 이해했다면,

- 설명할 수 있다(can **explain**): 일반화 과정이나 원리를 사용하여 현상, 사실, 자료의 통찰력 있는 관계를 설명하거나 정의하는 것, 적절한 예나 일화를 찾는 것
- 해석할 수 있다(can **interpret**): 의미 있는 이야기를 하거나 적절한 해석을 하는 것, 주제에 대해 역사적이거나 개인적인 관점을 형성하는 것, 대상을 이해하기 위해 개인적인 이미지, 모델, 분석, 일화 등을 사용하는 것
- 적용할 수 있다(can **apply**): 자신이 알고 있는 것을 복잡한 실세계 맥락에서 효과적으로 사용하거나 적용하여 알고 있는 것을 '할 수' 있다는 것을 보이는 것
- 관점을 가진다(have **perspective**): 비판적인 관점을 갖고 보거나 듣는 것, 큰 그림을 보는 것
- 공감한다(display **empathy**): 다른 사람이 이상하게 느끼거나 이질적으로 혹은 적절하지 않다고 느끼는 것에서 가치를 발견하는 것, 이전의 경험에 기초하여 민감하게 반응하는 것
- 자기 지식을 갖는다(have **self-knowledge**): 초인지적인 지각을 보이는 것, 개인의 이해를 형성하거나 촉진하기 위해 자신만의 방식, 편견, 계획, 사고의 습관을 사용하는 것, 학습 경험에 대한 반성을 통해 자신이 아직 이해하지 못한 부분을 자각하는 것

에 정리된 것처럼 이해가 여섯 가지 측면으로 드러난다는 것이다.

이해의 여섯 가지 측면은 사람들이 어떻게 이해에 이르는지에 대한 이론을 설명하는 것이 아니다. 그것은 인지 심리학자가 설명할 부분이다. 대신, 이 여섯 가지 측면은 이해가 어떻게 드러나는지에 대한 척도의 역할을 한다. 그래서 이 측면은 학생의 이해 수준을 결정하기 위해서 어떤 평가를 필요로 하는지에 대한 기준을 제공해 준다.

비록 완전한 이해를 파악하기 위해서는 가능한 여섯 가지 척도가 모두 필요하겠지만, 학생이 정말 이해했는지 판단하기 위해서는 기본적으로 설명하기와 적용하기 두 가지가 필요하다. 우리가 설명하기에 대해서 이야기할 때, 그것은 단순한 회상 이상을 의미한다. 박사 과정 학생은 자기 연구에 대한 이해와 의미를

보여 주기 위해 심사위원 앞에서 반드시 논문 심사를 통과해야 한다. 이와 동일한 취지에서, 물론 덜 형식적인 방법으로, 우리는 학생에게 "너의 말로 설명해 보라." 고 발문할 수 있다. 학생은 자신의 답에 근거를 제시하고, 주장을 뒷받침하며, 답을 정당화하고, 자신의 결과물을 보여 주어야 한다.

이때 주의할 점은, 설명이 반드시 언어적일 필요는 없다는 것이다(문자 언어 및 구어). 개념 지도, 위계도(sequence chains)[2], 순서도, 시각적 비유 등의 시각적인 설명은 상당히 효과적일 수 있으며, 특히 언어적 표현을 어려워하는 반면 시각적 성향은 강한 학생에게 자신이 학습한 내용을 표현하게 할 수 있는 좋은 기회가 될 수 있다.

우리가 적용하기라고 할 때는 기계적인 반응이나 암기한 공식을 생각 없이 대입하는 것을 의미하지 않는다. 오히려 우리는 학생에게 자신이 아는 것을 새로운 상황에서 활용하는 전이를 요청할 수 있다. 우리는 교사에게 평가를 위해 현실적이고 실제적인 맥락을 구성할 것을 추천한다. 학생이 자신의 학습을 사려 깊고 유연하게 적용할 수 있다면 진정한 이해가 드러날 것이다. 이 비유에 대해서 한번 생각해 보자. 팀으로 하는 스포츠에서 코치는 평상시에 기본적인 기능의 훈련과 정교화를 위하여 훈련을 강조한다. 그러나 그러한 단순 훈련은 언제나 실전 경기라는 목표에 초점이 맞춰져 있다. 우리는 교실에서 탈 맥락적인 연습 문제를 너무 지나치고 빈번하게 강조하면서 실제적으로 '실전 경기' 를 뛸 기회는 거의 주지 않는다. 〈표 5-2〉는 비실제적인 과제와 실제적인 과제를 차별화하여 제시하고 있다.

물론 연습 문제 풀기와 실제에 적용하기 모두 현장과 교실에서 필요하다. 학

2) 역자 주. 그래픽 조직자의 한 형태로, 학습 내용 간의 연결성이나 위계를 플로 차트(flow chart)와 같은 그림으로 나타내는 방법을 말한다.

〈표 5-2〉 비실제적인 과제 대 실제적인 과제

비실제적인 과제	실제적인 과제
빈칸 채우기	1차 자료를 활용하여 연구 수행하기
주어진 선택지에서 선택하기	논쟁적인 주제에 대해 토론하기
단원 정리 시에 회상 질문에 답하기	과학적 탐구 수행하기
인위적인 문제 풀기	'실생활' 속의 문제 해결하기
탈 맥락적인 기능 연습	문학을 해석하기
문장을 도표로 나타내기	특정 독자를 대상으로 하는 의도적인 글쓰기

생은 기초적인 내용을 숙달할 필요가 있으며, 기능을 연습하는 것은 그러한 숙달을 돕는다. 그러나 학생은 또한 자신의 지식과 기능을 활용하는 기회를 필요로 한다. 다시 말해서 그 과목을 실제로 '행하는(do) 것' 이 필요하다.

학생이 지식과 기능을 새로운 상황에서 적절히 적용할 수 있을 때 그리고 어떻게, 왜 그러한지를 효과적으로 설명할 수 있을 때 우리는 학생이 이해했다고 '확증' 할 수 있다.

적용하기와 설명하기를 포함하는 중학교 영양 관련 단원의 두 가지 평가 과제 예시를 보자.

- 우리 반이 영양에 대해서 학습하고 있었기 때문에, 우리 학교 2학년 교사들이 자신들의 학급에 바람직한 식생활에 대해 가르치는 것을 도와달라고 요청했다. 건강한 생활을 위해 필요한 좋은 영양소의 중요성을 2학년에게 가르치기 위해서 그림으로 구성한 안내 책자를 만들어 보라. 음식 사진이나 그림을 활용하여 균형 잡힌 식단과 그렇지 못한 식단의 차이를 보이고 부족한 영양 섭취 때문에 발생할 수 있는 문제를 적어도 두 가지 이상 보여 보라. 그 안내 책자는 정확한 정보를 담고 있어야 하고, 2학년 학생이 읽고 이

해할 수 있을 만큼 쉽게 만들어져야 한다.

- 우리가 영양에 대해서 학습하고 있기 때문에 야외 교육 센터 담당자가 우리에게 올해 말에 있을 3일간의 캠프를 위한 영양적으로 균형 잡힌 메뉴의 작성을 요청했다. 미국 농무부의 음식 피라미드와 음식에 표기된 영양 기준표의 정보를 기준으로 활용해서 세 끼 식사와 세 번의 간식(아침, 점심, 캠프 파이어)을 포함한 3일 동안의 식단을 작성하라. 목표는 다음과 같다. 건강하면서도 맛있는 메뉴를 선택해야 하고, 추가적으로 구성한 메뉴가 미국 농무부의 영양 권고 사항을 어떻게 충족하는지를 설명하는 편지를 써서 담당자에게 보내야 한다. 여기에는 지방, 단백질, 탄수화물 등의 비율과 비타민, 무기질 함량 그리고 열량에 대한 차트가 포함되어야 한다. 마지막으로 학생이 즐겁게 식사를 할 수 있도록 맛있는 메뉴를 개발하기 위해 어떤 노력을 했는지 설명해야 한다.

두 사례 모두에서 학생은 설명을 해야 할 뿐 아니라 자신이 가진 영양에 대한 지식을 적용해야 한다. 즉, 자신이 아는 것을 유연하게 활용하여 명시된 대상을 위해 목표를 달성해야 한다. 두 과제 모두 학생의 반응이 개별적으로 달라질 수 있으면서도 명시된 기준을 충족시킬 수 있다는 점에서 개방형 과제다. 이것이 바로 획일화하지 않으면서도 기준을 달성할 수 있는 방법이다. 이러한 평가는 영양에 관한 사실을 묻는 객관적 시험과는 질적으로 다른, 의미 있는 학습의 증거를 제공한다(우리의 사진 앨범 평가에 이런 시험도 포함시킬 수 있다). 맞춤형 수업이 확실히 이루어지는 교실에서 학생이 자신의 이해를 증명해야 한다는 것에는 이견이 없지만 각자가 최상으로 표현할 수 있도록 다양한 방법을 허용해야 한다. 나아가 이러한 평가는 복잡하고 고도의 기능 조작을 요구하는 도전적 과제가 필요한 학생뿐만 아니라, 기본적이며 기초적이고 친숙한 기능을 적용할 필요가 있는 학생에게도 적합하다. 즉, 학생이 보여 주어야 하는 필수적인 빅 아이디어는 달라지지 않지만, 평가 과제의 '난이도'는 다양한 학생의 수준에 따라 다양하게 적용될 수 있는 것이다.

GRASPS 틀

우리는 교사가 더 실제적인 '이해의 수행 과제'를 개발하기 위해서 각 단어의 머리글자를 딴 GRASPS 틀을 사용하기를 권한다. 이것은 (1) 실제 세계의 목표(goal), (2) 학생을 위한 의미 있는 역할(role), (3) 실제적인(혹은, 상황적인) 실제 세계의 대상(audiences), (4) 실제 세계에서의 적용을 가능하게 하는 맥락이 있는 상황(situation), (5) 학생에 의해 결정된 결과물(product)과 수행, (6) 합의에 의해 결정된 성공의 수행 기준(준거)이다. 앞의 두 예시에서 이와 같은 요소를 확인할 수 있다.

우리가 가르치거나 평가하는 모든 것을 GRASPS의 틀로 개발해야 한다는 뜻은 아니다. 하지만 학생이 이해하기를 바라는 중요한 개념 및 과정은 실제적인 과제를 사용하는 것이 더 효과적이라고 믿는다. 그러한 요소를 갖춘 수행 과제는 학생에게 의미 있는 것인 동시에 가르칠 가치가 있는 수행 목표고, 진정한 이해를 평가하기 위해 필요한 증거다.

나아가 학교에서 실시하는 GRASPS의 특성을 반영한 평가를 통해서 모든 학생이 중요한 내용 목표에 대한 자신의 숙달도를 표현할 수 있는 기회를 정기적으로 가지는 것이 중요하다. 학생의 과제와 학업적 성공을 위한 교사의 비계화(scaffolding)의 특성/조건 등이 학생에 따라 달라지는 것은 당연하다. 그러나 의미 있는 평가를 통해서 학습을 표현하는 기회는 다르게 주면 안 된다. 여기에서

의미 있는 평가란 학생의 선택을 허용하되 핵심적인 내용 목표에 초점을 맞추고 있고, 그것에 대한 실질적인 평가 기준을 포함하고 있는 것이다. 예를 들면, 매우 뛰어난 학생의 경우, 상대적으로 덜 친숙하고 덜 구조화된 맥락에서 전문적 지식을 갖고 있는 해당 분야의 사람을 대상으로 자신의 이해를 적용해 볼 수 있을 것이다. 학습에 어려움을 겪는 학생은 보다 더 친숙하고 더 구조화된 맥락에서 동료나 어린 학생을 대상으로 자신이 이해한 것을 적용해 보일 수 있을 것이다. 하지만 두 사례의 학생 모두 핵심 원리에 대한 진정한 이해를 실세계의 상황에서 시연해야 한다는 점은 동일하다.

평가 원리 3: 형식은 기능을 따른다

우리가 교실 평가를 설계하고 활용하는 방법은 다음의 네 가지 질문에 의해 직접적으로 영향을 받는다. 우리는 무엇을 평가하는가? 우리는 왜 평가하는가? 결과는 누구를 위한 것인가? 결과는 어떻게 활용할 수 있는가? 우리는 앞에서 무엇을 평가하는지와 어떻게 평가하는지의 관계에 대해 논의했다. 이제 우리의 관심을 목적으로 돌려 보자.

학급에서의 평가는 여러 가지 다른 목적을 수행하지만 그 중 하나는 총괄적인 것이다. 총괄 평가는 대개 이제까지 무엇을 배웠는가를 요약해야 할 때 사용된다. 이런 총괄 평가는 태생적으로 사정(evaluative)의 성격이 강한 것으로서, 평과 결과는 주로 점수나 등급으로 요약 및 압축되어 통지된다. 총괄 평가의 친숙한 예로는 시험, 수행 평가, 성취도 평가, 학기말/연말 프로젝트, 작업 포트폴리오 등이 있다. 평가의 결과가 '양적이고' 통지표나 학생기록부에 기록된다는 점 때문에 이러한 사정의 의미를 갖는 평가에 대해서 학생과 학부모는 높은 관심을 갖는다.

사정 이외에도 평가의 목적에는 두 가지가 더 있다. 교수-학습에서 진단 평가와 형성 평가는 매우 중요하다. 진단 평가(혹은 사전 평가)는 대개 수업 전에 학생의 사전 지식과 기능 수준을 확인하고 오개념, 흥미, 선호하는 학습 유형을 찾아내기 위해 실시되며 교사의 수업 계획 및 맞춤형 수업에 필요한 정보를 제공해 준다. 진단 평가의 예로는 기능 수준 확인, 지식에 대한 설문 조사, 성적에 포함되지 않는 사전 시험(pre-test), 흥미도 및 학습 선호 유형 확인, 오개념 확인 등이 있다.

수업과 동시에 이루어지는 형성 평가는 지속적인 평가로서, 학생의 성취도 향상을 위한 교수-학습 계획에 필요한 추가적인 정보를 제공해 준다. 형성 평가는 형식적이거나 비형식적인 형태로 실시될 수 있는데 그 예로는 점수를 매기지 않는 퀴즈, 구두로 질문하기, 관찰, 초고(draft) 확인하기, 소리 내어 생각하기, 학생 스스로 개념 지도 작성하기, 총 연습(dress rehearsals), 동료 반응 집단, 포트폴리오 검사 등이 있다.

비록 많은 경우에 교사는 총괄/사정 평가에만 주목하지만, 진단 평가와 형성 평가야말로 '수업이 계속 진행되는 동안' 꼭 필요한 정보를 제공해 줌으로써 다양한 학생의 특성과 필요에 제대로 반응하는 수업이 되도록 도와주는 역할을 한다. 학생이 잘 배웠는지 확인하는 일을 수업이 끝날 때까지 미뤄 두는 것은 너무 늦다. 대부분의 성공적인 문집부, 오케스트라부, 연극부, 운동부 등의 스포츠 및 방과 후 활동 코치가 최대의 수행을 끌어내기 위한 수단으로서 지속적인 평가와 수정이 중요하다는 것을 인지하고 있는 것처럼, 뛰어난 교사도 그러한 점을 잘 알고 있다. 최근 연구 결과에 따르면, 우수한 교사의 자질을 가진 사람은 주기적으로 진단 평가와 형성 평가의 결과를 학습에 대한 피드백으로 활용하고 있었다(Black & William, 1998). 맞춤형 수업을 하는 교실에서는 특수한 학생의 요구에 반응하기 위해서 교사가 지속적으로 수집한 평가 결과를 검토하여 각 학생을 위한 수업을 계획해야 한다. 저명한 교사인 Hilda Taba는 다음과 같이 말한다.

> "진단은 당연히 완벽할 수 없다. 각 학생과 접촉하는 순간마다 교사는 미처 알지 못했던 것을 발견하며, 이는 현명한 수업 계획에 반드시 필요한 정보의 역할을 한다." (Taba & Elkins, 1966, p. 24)

다양한 학생으로 구성된 학급에서 학습을 촉진하기 위한 반응적 평가

우리는 학생의 차이를 존중하고 학습을 촉진하는 교실의 평가 사례 네 가지를 제시하면서 이번 절을 마무리하고자 한다.

가르치기 전에 평가하기

교육에서 진단 평가는 마치 바람직한 의학적 식이요법을 처방하기 전에 신체검사를 하는 것처럼 중요하다. 어떤 단원이든 처음에는 학생이 마치 단원의 많은 기능을 교사가 '소개하기도' 전에 이미 익힌 것처럼 보이기도 하고, 그들이 단원 일부 혹은 전체 내용에 대하여 상대적으로 정교한 영속적 이해를 갖고 있다고 느껴지기도 한다. 동시에, 어떤 학생은 단원 내용을 숙달하는 데 선행적으로 필요한 기능이 부족하거나 단원의 영속적 이해를 공부하는 데 기초가 되는 배경 지식 혹은 경험이 결핍되어 있기도 하다. 개별 학생의 성공을 지원하려는 의도를 가진 교사라면 단원을 시작할 시점에 학생의 출발점에 대한 정보를 가지고 있어야 한다. '암흑 속에서 가르치는 것은 바람직하지 않은 실천이다.' (Taba & Elkins, 1966)

사전 평가는 단원의 핵심지식, 이해와 기능에 초점을 맞춰야 한다. 또한 사전 평가는 수업에 참여하는 학생의 중요한 강점과 약점에 대한 지식을 제공해야 한다. 나아가, 사전 평가의 결과는 성적에 반영되지 않아야 한다. 오히려 사전 평가는 교사에게 단원에서 학습할 핵심 내용 목표와 관련한 학생의 준비도에 대해 일반적인 의미를 제공해야 한다. 한 해 동안 중요한 시기에 이루어지는 사전 평가를 통해서 교사는 학생의 흥미와 선호하는 학습 방법에 대한 통찰을 얻을 수 있다. 다양한 형태의 사전 평가를 실시할 수 있는데, 3-2-1 카드[3], Frayer 도식[4], 퀴즈, 일지, 체크리스트, 개념 지도 등을 포함할 수 있다.

다양한 학생의 학습과 관련된 요구를 파악한 교사는 수업 집단을 구성하고 적절한 학생 과제를 만들고 적합한 학습 자료를 배치하는 등의 일부터 시작할 수 있다. 그 다음에는 단원의 수업을 전개하는 동안 지속적인 형성 평가를 하여 학생의 요구에 따라 수정하고 그들의 성장을 최대화하는 방식으로 반응한다.

적절한 선택권을 부여하기

평가에 반응하는 것은 수업에 반응하는 것만큼 중요하다. 학생이 선호하는 정보를 수용하고 처리하는 방법이 다양한 것처럼, 자신이 학습한 내용을 어떻게 최상으로 펼쳐 보일지에 대한 선호도 또한 다양하다. 어떤 학생은 '행하는' 것이 필요한 반면, 어떤 학생은 말로 설명하는 것을 선호한다. 어떤 학생은 시각적

3) 역자 주. 학생들에게 가르친 내용에 대해서 '배운 것은 세 개, 감명적인 것은 두 개, 여전히 궁금한 것은 한 개 적으시오' 라는 식으로 교사가 필요에 따라 한 개에서 세 개의 내용을 적어 보라고 한다.

4) 역자 주. 학생에게 학습한 것을 2×2 표나 그림으로 도식화해 보게 하는 방식을 말한다.

인 발표에서 탁월함을 보이고 어떤 학생은 작문 실력이 뛰어나다. 학습에 대한 효과적인 추론을 하기 위해서 교사는 학생의 강점이 가장 잘 드러날 수 있는 방법으로 표현할 수 있게 해야 한다. 완전히 표준화되고 획일화된 학급 평가의 접근 방법은 효율적일 수는 있지만 '공평'하지는 않다. 교사가 선택한 유일한 평가 유형이 어떤 학생에게는 더 유리하고 어떤 학생에게는 더 불리할 수 있기 때문이다.

평가는 학생에게 그들의 지식, 기능, 이해를 입증하기 위한 적절한 대안을 제공함으로써 반응적인 평가가 된다. 다시 말해서 선택권을 허용하는 것이다. 그러나 이때 목표에 기초한 증거를 수집하려는 의도를 결코 잊어서는 안 된다. 의도된 결과와 요구되는 증거 간의 분명한 관계가 명시되지 않는다면, 교사는 서로 다른 사과, 오렌지, 포도를 어떻게 평가할 것인가와 같은 문제에 부딪힐 수 있다.

틱탁토(tic-tac-toe)(삼목두기 게임) 형식은 학생에게 궁극적인 목표에 집중하면서 결과물 및 수행에 대한 선택권을 가질 수 있는 구조를 제시한다. 〈표 5-3〉은 교사가 학생에게 제시할, 그들의 내용 이해를 드러낼 수 있는 다양한 분야의 결과물 및 수행의 대안을 구조화한 것이다.

틱탁토 형식은 학생에게 선택권을 줄 뿐만 아니라 교사에게도 대안을 구조

〈표 5-3〉 결과물 및 수행 틱탁토(예시 1)

문어적(Written)	시각적(Visual)	구어적(Oral)
연구 보고서	포스터	수업 프레젠테이션
신문 기사	그래픽 조직자	구두 발표
안내 책자	파워포인트	라디오 인터뷰

화할 수 있게 한다. 이처럼 선택권이 주어지는 대안은 융통성이 있다. 예를 들면, 우리가 학생에게 쓰기를 시키려고 할 때 첫째 행에서 하나를 선택하게 한 뒤에 두 번째 및 세 번째 행에 있는 여러 결과물/수행 선택지에서 한 가지를 더 고르게 할 수 있다. 보다 정확하고 완성된 설명을 원한다면, 우리는 학생들에게 더 많은 대안 선택의 자유를 줄 수 있다. 〈표 5-4〉는 자유를 더 많이 준 틱탁토 표다. '자유 선택' 이라고 된 칸은 학생에게 자신의 강점이 잘 드러나는 대안적인 증거의 원천을 선택할 수 있도록 해 준다. 주요 프로젝트를 위해서는 학생에게 각 행에서 하나씩 선택해서 모두 세 개의 과제를 완성하라고 할 수도 있을 것이다.

얼마나 개방적인 과제를 제공하든지 간에 그리고 얼마나 다양한 결과물/수행의 대안을 제공하든지 간에, 우리는 채점을 위한 공통의 기준을 반드시 명시해야 한다. 이러한 권고는 역설적으로 들릴지도 모른다. 즉, 학생이 서로 다른 결과물을 제시할 수 있는데, 어떻게 같은 평가 기준을 사용할 수 있는가? 대답은 이해중심 교육과정의 백워드 설계에서 찾을 수 있다. 일반적인 평가 증거는 1단계에서 결정된 의도한 학습 결과에 따라서 2단계에서 결정되지만 앞에서도 논의했듯이, 평가 과제의 상세한 부분은 학생에게 선택권을 주는 방식으로 구조화될 수 있다. 예를 들면, 영양 단원에서 우리는 학생이 균형 잡힌 식단에 대한 이

〈표 5-4〉 결과물 및 수행 틱탁토(예시 2)

문어적(Written)	시각적(Visual)	구어적(Oral)
자유 선택	포스터	연설
설득하는 논술(essay)	자유 선택	토론
논설	캠페인 포스터	자유 선택

해를 보여 주길 기대하였다. 그러한 이해는 학생이 개념을 설명하거나 예시를 보여 주는 방법으로 평가할 수 있으며, 그 과정에서 학생은 문어적 · 구어적 · 시각적 증거를 선택할 수 있다. 그러나 선택하는 반응의 형태와 관계없이 모든 학생은 단원 내용으로부터 도출된 다음과 같은 핵심 기준을 포함하는 채점 기준에 따라서 평가받을 것이다. 여기에서 핵심 기준은 '균형 잡힌 식단'에 대한 명확하면서도 정확하고 또 완전한 설명과 그 개념을 잘 드러내는 적절한 예시 자료다. 다시 말해서, 평가 기준은 일차적으로 내용 목표로부터 도출되는 것이지 반응 형태와 관련이 있는 것이 아니다.

이제 여기에 특수한 요구가 있는 학생을 위한 개별 기준을 추가할 수 있다. 예를 들면, 어떤 교사가 대부분의 학생에게는 연구 활동을 위해서 2차 자료를 제공하면서, 아주 뛰어난 소수의 4학년 학생에게는 1차 자료를 활용해서 조사를 진행하라고 주문했다고 하자(이 예시에 나타난 단원의 내용 목표는 1차 자료를 사용하는 것을 포함하지 않았다). 이와 유사하게, 교사는 결과물의 분야에 따라 특정 요구 사항을 추가할 수 있다. 예를 들어, 한 학생이 균형 잡힌 식단을 표현하기 위해서 포스터를 준비했다면 우리는 추가적으로 깔끔함, 구성, 색깔의 효과적인 사용 등을 평가할 수 있을 것이다. 발표를 한 학생의 경우에는 발음, 전달 속도, 관객과의 눈 맞춤 등을 볼 수 있을 것이다. 그러나 그러한 결과물 및 수행의 평가 기준은 내용 목표와 관련된 핵심적인 평가 기준과 비교했을 때 2차적인 것에 불과하다(당연히, 말하기 수업에서는 효과적인 말하기가 가장 중요하기 때문에 마지막 사례의 평가 기준이 1차적인 것이 될 것이다).

물론, 우리는 학생이 어떤 형태를 선택하든지 수준 높은 결과물을 제출하기를 바란다. 그러나 그것보다 더 중요한 것은 내용 목표에 따른 평가 기준을 마련하는 것이다. 우리의 핵심적인 평가 기준이 학생의 결과물에 따라서 달라진다면 평가의 타당도와 신뢰도는 더 이상 유효하지 않을 것이다. [그림 5.2]는 그러한

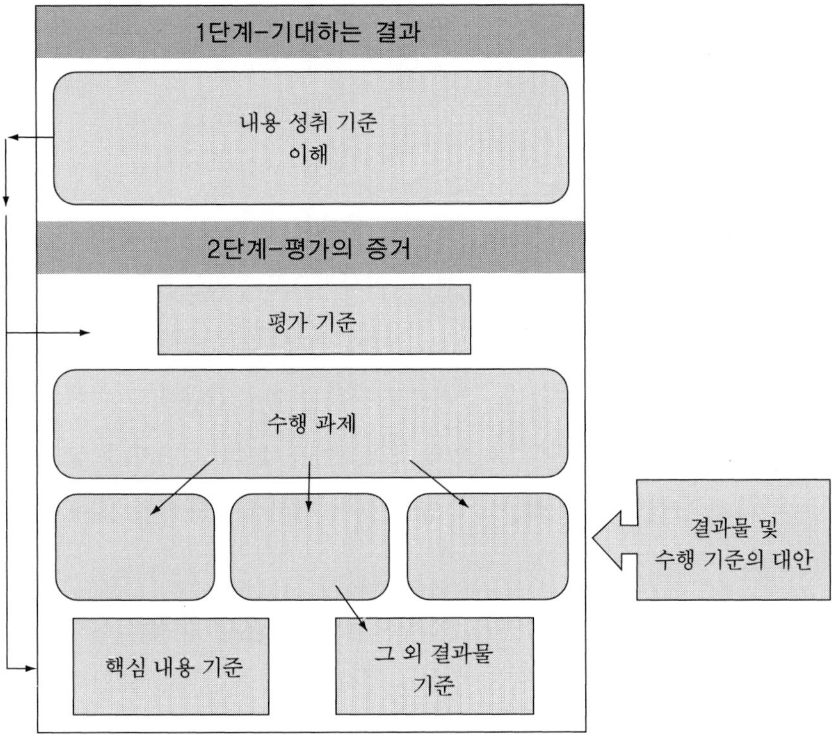

[그림 5.2] 평가 기준 및 학생 맞춤형 평가(Differentiated Assessment)

점을 시각적으로 표현한 것이다.

세 가지 주의 사항을 언급하면서 이 부분의 논의를 마치고자 한다. 첫째, 우리가 항상 기억할 것은 우리의 목표가 내용 목표에 따른 적절한 증거를 수집하는 것이지, 결코 '멋진' 결과물 선택 메뉴를 제공하는 것이 아니라는 점이다. 만약에 내용 기준이 글쓰기 및 말하기의 숙달과 관련된 것이라면, 이 두 양식 외의 선택지를 제공하는 것은 장애가 있어 말하기나 글쓰기를 아예 할 수 없는 경우를 제외하고는 바람직하지 않다.

두 번째, 우리가 제공하는 대안은 시간과 노력을 들일만한 가치가 있는 것이어야 한다. 선다형 시험으로 충분히 평가할 수 있음에도 학생에게 정교한 3차원 모형을 만들도록 하거나 애니메이션이 있는 파워포인트 쇼를 주문하는 것은 비효율적이고 적절하지 않은 평가다. 즉, 교사에게 친숙한 언어로 표현하자면, '짤 만한 가치가 있는 것을 주스로 만들어야 한다.'

세 번째, 실행 가능성을 고려해야 한다. 이상적으로 우리는 모든 주요 과제와 수행 평가를 개별화하고 싶을 것이다. 그러나 현실적으로 우리는 그만큼의 시간과 노력을 들이기가 쉽지 않다. 그러므로 교사는 언제 결과물 및 수행의 대안을 제공하는 것이 바람직한지(그리고 몇 개의 대안을 제공할 것인지)를 잘 판단해야 한다. 다시 말해 유일한 대안과 수많은 대안 사이에서 균형을 찾는 것이 필요하다.

이러한 평가를 수행하는 것은 우리에게 도전임에 틀림이 없다. 그럼에도 우리는 학생에게 평가의 대안을 제공하기 위해서 이러한 도전이 충분히 감수할 가치가 있다고 믿는다. 좋은 과제로 구성된 적절한 대안을 선택할 권한을 제공받은 학생은 과제를 완수하기 위해 최선의 노력을 할 가능성이 높다.

빨리, 자주 피드백을 제공하기

전설적인 축구 감독인 빈스 롬바디는 '피드백은 챔피언의 아침밥이다' 라고 하였다. 모든 형태의 학습에는, 교실이든 운동장이든 간에 피드백이 필요하다. 안타깝게도 학습을 향상시키는 질 높은 피드백 체계는 학교에서, 적어도 교실에서는 찾아보기 힘들다. 평가 전문가인 Grant Wiggins의 다음 관찰을 살펴보자 (1998).

내가 지난 10년 동안 관찰한 모든 형태의 학교를 요약해 보면(공립과 사립, 초등학교와 중등학교 및 대학교, 주에서 실시하는 시험을 보는 학교와 보지 않는 학교), 대부분의 교사가 피드백에 대해 칭찬을 많이 하고 지적과 조언을 조금만 하는 것이라고 믿고 있었다. 교실에서 가장 많이 관찰되는, 소위 피드백이라고 하는 것은 "잘 했어!" 또는 이에 상응하는 언급이라고 할 수 있다.

물론 학생을 칭찬하는 것은 그들을 기분 좋게 해주고 응원해 준다는 점에서 중요하다. 하지만 이는 수행의 발전을 가져오지는 못한다. 칭찬은 게임을 지속하게 할 수는 있다. 그러나 진짜 피드백은 더 나은 수행을 할 수 있도록 돕는다. 피드백은 무엇을 했는지, 또 무엇을 하지 않았는지에 대해서 말해 주며, 스스로 수정할 수 있게 해 준다. 분명한 피드백이 더 많이 주어질수록 수행하는 사람의 자율성이 더 많이 증가하며, 이의 반대도 성립한다(p.46).

효과적인 피드백 체계는 네 가지 특성을 갖는다. 피드백은 (1) 시의적절해야 하고, (2) 구체적이어야 하고, (3) 피드백을 받는 사람이 이해할 수 있어야 하며, (4) 수정할 수 있는 것이어야 한다. 표준화 검사의 결과를 알기 위해서 3주(혹은 3개월)나 기다리는 것은 학습에 도움이 되지 않는다. 학생이 발전하기 위해서는 자신의 강점과 약점을 알아야 한다. 피드백을 기다리는 시간이 길어질수록 피드백의 효과성과 유용성은 줄어든다.

미술, 음악, 연극, 웅변, 직업, 기술 교육, 가정, 체육 등의 '수행 중심' 의 교과목에서 최선의 피드백이 관찰되는 것은 놀라운 일이 아니다. 또한 우리는 운동부나 밴드부, 학보부, 토론부 등의 특별 활동에서 피드백이 효과적으로 활용된다는 것도 알고 있다. 롬바디의 말처럼 역시 '코칭' 의 핵심은 지속적인 평가와 피드백임에 틀림없다.

피드백의 구체성은 어디를 수정해야 할 것인가에 대한 초점을 잡는 데 핵심이 된다. 너무 많은 교사가 학점과 점수를 '피드백' 이라고 생각하지만, 정작 그것은 시험을 구체화하지 못한다. 학생의 결과물에 문자(B-) 혹은 수치(82%)로 써 주는 것은 '잘 하게 될 것이다' 혹은 '더 열심히 해라' 와 같은 조언을 하는 것보다 나을 것이 없다. 비록 좋은 학점이나 긍정적인 말이 기분을 좋게 해 줄 수는 있지만, 학습의 발전을 돕지는 않는다. 구체적인 피드백은 그와는 다르다. 예를 들면, "너의 조사 보고서는 구성이 좋고 구체적인 정보를 많이 포함하고 있다. 다양한 자료를 활용해서 문서로 적절하게 조직했다. 하지만 너의 보고서에는 명확한 결론이 빠져 있고 네가 제기한 연구 문제에 대해서 적절하게 대답하고 있지 않다." 와 같은 것이다. 이런 피드백을 받으면 보고서를 작성한 학생은 구체적으로 자신의 보고서의 어디가 잘 되었고 어느 부분을 수정해야 하는지 알 수 있다.

피드백은 학생에게 직접 하는 것이기 때문에 그들이 피드백의 내용을 이해할 수 있어야 한다. 채점 기준은 자주 피드백의 도구로 인식되며 그러한 기능을 수행할 수 있다. 그러나 때로는 채점 기준에서 사용된 언어가 학생에게 어려울 수 있다. 교사가 '세련된 추론' 이나 '정교한 분석' 이라고 할 때 이들은 무엇을 의미하는 것인가? 만약 우리가 피드백을 통해 학생에게 정보를 제공하고 발전을 이끌어내고 싶다면, 피드백은 명확하고 학생이 이해할 수 있는 것이어야 한다. 그렇게 할 수 있는 하나의 접근은 '학생의 언어' 로 된 채점 기준을 만드는 것이다. 예를 들어, '추론 과정을 문서화한다' 대신에 '네 생각을 한 단계, 한 단계씩 보여 주어 다른 사람이 네가 어떻게 생각했는지 볼 수 있게 하라' 라고 할 수 있을 것이다.

피드백을 이해하기 쉽게 하기 위한 두 번째 접근은 모델이나 예시를 사용하는 것이다. 경험이 풍부한 교사는 "잘 구성되었다." 라는 말을 들으면 명확한 그림이 떠오르지만, 학생이 그와 같은 그림을 떠올리기는 어렵다. 학생이 우리의 피드백을 잘 이해할 수 있도록 몇 개의 잘 구성된 예시를 보여 주고, 또 잘못 구성되었거나 이해하기 어렵게 조직된 예시를 동시에 보여 주어 비교할 수 있도록 해 주는 것이 좋다. 만약 학생이 우리의 피드백에 따라 무엇인가를 하길 바란다면, 당연히 피드백을 이해해야만 한다. 모델을 사용하는 것은 구체적인 예시를 사용해서 '보이지 않는 것을 보이게' 하는 것이다. 또한 개별 학생이나 소집단으로 먼저 공부한 다른 학생의 예시를 참고하게 할 수도 있을 것이다. 먼저 공부한 학생의 자료는 우수한 것도 있을 것이고 그렇지 않은 것도 있을 수 있다. 하지만 그렇게 함으로써, 학생은 '자신도 했을 법한' 것을 눈으로 확인할 수 있게 되며, 동시에 다음 단계의 우수한 예시 작품과 같은 뛰어난 결과물을 목표로 삼아 노력하게 된다.

피드백 체계를 평가하기 위해 간단한 질문을 할 수도 있다. 피드백을 받은 후에 학생이 자신이 어떤 점을 잘 했고 다음번에 어떤 점을 향상시켜야겠다고 구체적으로 말할 수 있는가? 만약 그렇지 않다면, 피드백은 여전히 구체적이지 못하며 학생이 이해하기 어려운 것이다.

마지막으로, 학생은 피드백에 따라 추가 활동을 할 수 있는 기회를 가져야 한다. 정교화하고 수정하고 연습하며 재도전할 기회가 주어져야 한다. 작가는 처음부터 완벽한 원고를 쓰지 않는다. 글쓰기의 작업은 몇 번에 걸친 초안 작성 및 수정 과정을 반복하고 피드백 과정(자기 평가, 동료의 검토, 교사의 조언 등)을 거쳐 탁월함에 이르는 것이다. 심층적인 이해와 유연한 수행을 목표로 하는 교과 수업에서도 동일한 과정이 그대로 적용된다. 따라서 교사는 수업을 계획할 때 주기적인 피드백 및 수정의 기회를 포함해야 한다. 학습이 그것을 요구한다.

자기 평가 및 반성을 유도하기

가장 효과적인 학생은 초인지적(metacognitive)이다. 그들은 스스로 어떻게 배우는지를 잘 알고, 어떻게 자기에게 맞는 학습 목표를 설정해야 하며, 어떻게 주기적으로 자기 평가를 해야 하는지를 잘 안다. 또한 그들은 어떻게 평가 결과에 따라 수행을 조절해야 하고, 어떻게 생산적인 전략을 활용하여 자신의 학습을 보완해야 하는지를 안다. 덜 효과적인 학생은 뜬구름 같은 학교 생활을 한다. 그들은 자신이 선호하는 학습 유형과 자신의 성취를 향상시키는 데 필요한 전략에 대해서 아무런 생각이 없다.

연구물 및 경험적 증거에 의하면, 초인지 전략은 가르쳐질 수 있으며, 그것이 학생에게 미치는 영향은 상상을 뛰어넘는다(Bransford, Brown, Cocking, 2000; Costa & Kallick, 2000; Flavell, 1985). 초인지를 개발하는 쉬운 접근 방법 중의 하나는 학생이 주기적으로 다음에 이어지는 예시와 같은 반성적인 질문에 대답하게 하는 것이다(McTighe & Wiggins, 2004). 이러한 질문은 학생에게 자신의 학습에 대해 반성할 수 있는 기회를 주며, 전이 가능성에 대해 생각하게 하고, 자신의 수행에 대해 스스로를 평가하여 목표를 설정할 수 있도록 도와준다.

________ 에 대해 진정으로 이해하고 있는 것은 무엇인가?
________ 에 대해 여전히 갖고 있는 질문이나 확실하지 않는 것은 무엇인가?
________ 에서 가장 효과적인 것은 무엇이었는가?
________ 에서 가장 덜 효과적인 것은 무엇이었는가?
________ 을 어떻게 개선할 것인가?
다음에는 무엇을 다르게 할 것인가?
가장 자랑스러운 점은 무엇인가?

가장 실망스러운 점은 무엇인가?

________ 가 어느 정도 어려웠는가?

________ 에서 너의 강점은 무엇인가?

________ 에서 너의 부족한 점은 무엇인가?

주어진 시간 동안 너의 실력은 어느 정도 향상되었는가?

너가 선호하는 학습 유형이 ________ 에 어떻게 영향을 미쳤는가?

어떤 등급/점수를 받을만한가? 그 이유는?

네가 학습한 것과 알고 있는 다른 것은 어떻게 연결되는가?

이번에 학습하면서 너의 생각이 어떻게 바뀌었는가?

네가 배운 것을 현재 혹은 미래와 어떻게 연결할 수 있는가?

추가적으로 필요한 활동이 있다면?

맞춤형 수업이 일어나는 교실에서의 이러한 자기 평가는 학생 및 교사가 학급의 중요한 목표나 각 학생의 발전을 위하여 중요한 개인적 목표에 더 잘 집중할 수 있도록 도와준다. 가령, 학생이 과제의 난이도가 자신에게 적절한가에 대해 반성하고, 자신의 강점 및 약점을 구체화하고, 자신의 학습 선호(learning preference)가 정말로 학습을 잘하게 하는지에 대해 생각하며, 개인적인 발전 목표를 세워 보는 기회를 갖는다면, 그들은 자신의 학습뿐만 아니라 자신의 필요를 이해하고 지원해 주는 교사가 있는 교실과 학습에 대해서 더 큰 주인 의식을 가질 수 있을 것이다.

또 다른 간단하고 효과적인 전략은 채점 기준의 형식에 맞춰서 자기 평가 및 목표 설정을 하도록 피드백을 제공하는 것이다. [그림 5.3]에서 보는 것과 같이 분석적 채점 기준의 왼쪽과 오른쪽 하단 구석에 정사각형이 하나씩 추가되었다. 왼쪽의 빈 칸은 학생이 명시된 기준 및 자신의 사전 수행 수준에 따라 스스로의 수행에 대한 자기 평가를 하는 칸이다. 그런 다음, 교사는 오른편의 정사각형을 사용하여 점수를 매긴다. 이상적으로는 두 점수가 비슷해야 한다. 만약 그렇지 않고 불일치하다면, 준거(criteria), 기대하는 결과(expectations), 수행 기준에 대해서 다시 논의할 수 있을 것이다. 오랫동안 관찰한 바에 따르면, 교사와 학생의 판단은 대개 비슷하다. 아니, 사실은 학생이 교사보다 더 '박하게' 점수를 매기는 일이 흔하다. 물론 우리의 목표가 누가 가장 점수를 '박하게' 주는지 비교하

	제목	표기	정확도	깔끔함
3	그래프는 무엇에 대한 자료인지를 확실하게 보여 주는 제목을 포함하고 있다.	그래프의 모든 부분(측정 단위, 세로 및 가로 축 등)이 바르게 표기되었다.	모든 자료가 정확하게 표현되었다.	그래프는 아주 깔끔하며 읽기 쉽다.
2	그래프는 자료가 무슨 내용인지 짐작할 수 있는 제목을 포함하고 있다.	그래프의 일부분이 바르지 않게 표기되었다.	자료를 표현함에 있어서 사소한 실수가 있었다.	그래프는 대체적으로 깔끔하며 읽을 수 있다.
1	그래프에 제목이 아예 없거나 있어도 자료의 내용과 무관하다.	대부분 바르지 않게 표기되거나 아예 항목 표기가 빠졌다.	자료가 정확하게 표현되지 않았으며, 중대한 실수가 있거나 누락되었다.	그래프는 지저분하며 읽기 어렵다.

코멘트:

목표/실천 계획:

[그림 5.3] 피드백, 자기 평가, 목표 설정을 위한 채점 기준 양식

는 것은 아니지만, 이런 과정을 통해서 학생은 점차 더 효과적으로 정직하게 자기 평가를 하게 되고, 생산적인 자기 발전을 이루게 된다.

이제 채점 기준 하단의 두 직사각형을 보자. 첫 번째 칸은 교사, 동료, 학생이 코멘트나 피드백 또는 추가적인 질문을 적는 칸이다. 두 번째 칸은 학생이 채점 기준에서 받은 피드백에 근거하여 향후의 발전을 위한 목표 및 실천 계획을 세우는 것이다. 이런 식으로 채점 기준을 활용하면, 이는 단순히 아동에게 '숫자를 부여하는' 사정 도구를 뛰어넘어 피드백, 자기 평가, 목표 설정을 가능하게 하는 실제적이고도 강력한 도구가 된다.

학생에게 자기 평가와 반성의 기회를 주기적으로 제공하는 교사는 교실 문화를 변화시키는 데도 효과가 있었다고 입을 모은다. 한 교사는 이렇게 말한다. "제 학생들은 더 이상 '저 몇 점 받았어요?' '저 몇 점 주실 거예요?' 라고 묻지 않고, 스스로가 어떻게 하고 있는지 또 무엇을 해야 더 발전할 수 있는지에 대해 관심을 갖습니다."

마지막으로 생각해 볼 점

평가를 효과적으로 실천하는 것은 학생 각자의 이해를 돕는 수업의 초석이 된다. 효과적인 평가는 학생이 이해한 것을 드러내는 지표가 될 뿐만 아니라, 교사에게 자신이 가르치는 다양한 학생이 최대한의 성장을 실천할 수 있도록 돕는 원자료로서의 역할을 한다. 효과적인 평가는 내용 목표와 관련된 학생의 성공을 나타내는 지표일 뿐만 아니라 수업 과정의 역동적인 부분이다. 나아가 효과적인 평가의 실천은 학생의 학습을 측정할 뿐만 아니라, 학생 스스로 자신의 학습을 평가할 수 있도록 돕는다.

제 6 장

학생의 특성이 다양한 교실에서의 이해중심 교육과정과 반응적 수업

수업을 계획할 때, 교육과정에서 '바꿀 수 없는 것(givens)' 은 무엇인가?

교사가 교실의 요소를 유연하게 사용하여 학생의 성공을 지원하는 방법은 무엇인가?

교사가 학급 관리를 하기 쉬우면서도 효율적으로 수업을 계획하는 방법은 무엇인가?

교사가 어떻게 학생의 필요에 따른 반응적인 교수 전략을 선택하는가?

교사가 반응적인 수업을 위해 어떻게 교실을 관리하고 운영하는가?

이제는 교사가 계획한 교육과정을 학생에게 실행해야 할 시점이다. 즉, 교육과정 설계를 염두에 두면서 어떻게 우리가 세운 계획을 실행하여 그 계획이 각 학생에게 영향을 줄 수 있을 것인가를 숙고해야만 한다.

이해중심 교육과정과 맞춤형 수업의 경우, 두 가지 고려 사항, 즉 이해를 위한 교육과정과 각 학생을 위한 맞춤형 수업에 대한 사고는 서로 밀접하게 연결되어 있다. 따라서 교사는 '두 가지 사고 간의 대화(duet of thinking)' 를 수행하게 된다. 학생이 배우는 데 가장 문제가 되는 것은 무엇인가? 수업을 어떻게 계열화하면 학습을 극대화할 수 있을까? 어떻게 하면 학생 각자가 주요한 개념을 이해하고 중요한 기능을 잘 사용할 수 있게 할 것인가? 이해에 도달하기 위해서 내 도움이 필요한 학생은 누구인가? 학생에게 선택권을 확실하게 부여하기 위해 수업 시간 및 공간을 어떻게 조직해야 하는가? 학급의 모든 학생에게 도움이 되도록 학생과 내가 한 팀이 되어 일하는 방법은 무엇인가? 내가 도움이 필요한 일부 학생과 함께하는 동안 나머지 학생이 어떤 일을 하고 있으면 좋을까? 학생이 단원의 필수적인 목표를 성공적으로 달성했다는 증거를 어떻게 수집할 것인가?

이렇게 교사가 관심을 가져야 하는 요소는 많지만, 그 중에서도 늘 염두에 두어야 하는 네 개의 매우 중요하고 서로 연관된 질문이 있다. 내가 가르치게 될 학생은 누구인가? 학생이 학습해야 할 가장 중요한 것은 무엇인가(교육과정)? 모든 개별 학생이 목표를 달성하기 위해 체계적으로 성장하고, 또 필요한 경우 그 이상의 발전을 도모하기 위해서 나는 어떻게 가르쳐야 하는가(수업)? 특정 목표에 대해서 어떤 학생이 잘하고 있고, 어떤 학생이 그렇지 못한지 알 수 있는 방법은 무엇인가(평가)?

이 장의 초점은 백워드 설계와 맞춤형 수업의 원칙에 따라서 교실에서 내릴 수 있는 수업에 관한 의사 결정에 있다. 하지만 우리는 학업 수준이 다양한 교실에서 교육과정은 어떠한 성격을 띠는가에 대해 공유하고 있는 몇 가지 믿음을 살펴봄으로써 이 장을 시작하고자 한다. 우리의 이러한 믿음은 계획을 세울 때 나침반의 역할을 하는데, 잘못된 나침반을 사용하면 우리가 가르치는 학생에게 잘못된 결과를 가져온다는 것을 쉽게 예상할 수 있다.

교육과정과 다양한 학생 집단에 대한 핵심적인 신념

이해중심 교육과정과 맞춤형 수업은 1장과 이 책의 여러 다른 곳에서 살펴본 원칙 및 그에 따른 필연적인 결과를 반영하는 핵심 견해다. 백워드 설계를 적용하는 교실의 수업을 살펴보기 전에 효과적인 수업에 대한 우리의 네 가지 신념을 살펴보면 다음과 같다.

사실상 모든 학생[1]이 정보의 의미를 이해하고 고차적인 사고를 하기 위해서는, 학문의 중요한 개념을 중심으로 개발된 교육과정을 지속적으로 경험할 필요가 있다. 우리는 의미 중심, 사고 중심, 적용 중심 교육과정을 일부 소수의 학생만을 위해서 실시해야 한다고 생각하지 않는다. 흔히 우리가 생각하는 '학습 부진' 학생도 풍부하고 의미 있는 교육과정이 필요하다는 증거 자료를 많이 갖고 있다. 다양한 자료를 통해 입증된 연구 결과 보고서 중 한 보고서의 결론에 따르면, 우리가 흔히 낮은 성취를 보인다고 하는 학생이 '의미와 이해를 목적으로 한 수업을 경험할 때 높은 성취를 보이는 학생과 비등한 정도의 고차적 기능에 도달하는 것으로 나타났다. 즉, 두 집단 모두에게 이러한 접근이 전통적인 접근에 비해서 탁월한 결과를 가져오는 것으로 나타난 것이다." (Knapp, Shields, Turnbull, 1992, p. 27)

효과적으로 맞춤형 수업을 하는 교실에서는 모든 학생이 질적으로 우수하고 의미 있는 교육과정을 경험한다. 우수한 교육과정이 학문의 중요한 개념에 기초해야 한다는 것은 이해중심 교육과정의 핵심이다. 사실상 모든 학생에게 그러한 교육과정을 경험하게 한다는 것은, 곧 모든 학생을 '존중하는 수업' 이라는 맞춤형 수업의 핵심 원리를 반영하는 것이 된다.

학생은 '기초적인 것' 을 학습하고 그것을 의미 있는 방법으로 적용해 보는 기회를 가져야 한다. 우리는 자주 낮은 성취도를 보이는 학생을 낮은 수준의 기능 연습이나 기계적인 사실 암기를 하는 축소된 교육과정으로 제한한다. '기초적인' 것은 학업 능력의 발달을 위해 필요하지만 충분하지는 않다. 교사는 반드시 학생을 도와서 이 근본적인 것이 어떻게 더 큰 목적을 위해 사용될 수 있는지 알게 해 주

1) 저자 주. 앞서 언급했듯이, 이 전제는 인지적 기능 장애가 있어 개별화 교육 계획(IEPs)이 필요한 학생에게는 적용되지 않는다. 그들에게는 일반 학생의 내용 목표와는 다른 종류의 목표가 지속적으로 필요하다.

어야 한다. 우리의 동료인 Grant Wiggins는 코칭 비유를 사용해서 교사에게 수단과 목적의 중요한 관계를 상기시켜 준다. 좋은 코치는 경기에 뛸 것을 대비하여 선수를 사이드라인에서 훈련시킨다. 만약 이 훈련이 토요일에 벌어질 경기와 연관이 없다면, 끊임없이 수비나 코너킥, 속공을 연습하는 선수는 거의 없을 것이다. 우리는 학생이 필수적인 기능을 개발해야 한다고 생각한다. 다만 그렇게 기능을 개발하는 것이 곧 있을 실전 경기를 준비하는 상황 속에서 이루어져야 한다는 것이다. 맞춤형 수업에서는 모든 학생이 기능을 연마하기 위해서 사이드라인에서 훈련하는 순간이 필요하다고 본다. 어떤 때에는 사이드라인에서 연습하는 것이 큰 도움이 될 수도 있을 것이다(코치가 선수의 포지션에 따라서 맞춤형 연습을 시키듯이 하면). 그러나 모든 학생은 무엇보다 '실전을 위한 선수'가 되어야 하며, 언제나 연습이 실전과 어떠한 연관성이 있는지 분명하게 알고 있어야 한다. 어떤 학생은 늘 사이드라인에 있고, 어떤 학생은 늘 실전 경기를 뛰는 상황이 되어서는 안 된다는 것이다.

학생이 스스로 의미를 구성하는 것과 교사의 교수 사이에는 조화가 필요하다. 모든 사람이 학생 스스로 의미를 구성해야 한다는 것에 동의한다. 의미는 외부로부터 주어질 수 있는 것이 아니다. 이해중심 교육과정에서는 '의미를 드러내는 것(uncoverage)'(내용을 '전달[coverage]' 하는 것과 비교하여)을 강조한다. 그리고 이때 이해는 각 개인이 구성한다고 전제한다. 또, 맞춤형 수업은 서로 다른 개인이 서로 다른 시간표와 지원 체제 속에서 자신이 가진 서로 다른 경험, 능력, 흥미로부터 의미를 구성한다는 것을 상기시킨다. 우리는 비록 구성주의를 옹호하지만, 교사의 가장 중요한 역할은 학생이 의미를 구성하는 것을 돕는 것이라고 생각한다. 어느 유명한 인지 심리학자는 그와 같은 점을 다음과 같이 지적한다.

우리가 인식론으로서 '구성주의' 이론에 대해 흔히 갖고 있는 오해는 학생이 스스로 지식을 구성하도록 하기 위해서 교사가 학생에게 직접적으로 아무 말도 하지 말아야 한다고 믿는 것이다. 그러한 생각은 교육학(가르치는 것)을 인식론과 혼동한 것이다. 특히 사람들이 어떤 문제에 대한 의미를 파악하기 위해 고심한 후에는 '대화를 통한 수업(teaching by telling)' 이 매우 효과적일 때가 있다. (National Research Council, 2000, p.11)

우리는 교사가 학생에게 영속적 이해와 관련되는 내용의 빅 아이디어를 이해할 수 있는 기회를 제공하고, 학생의 이해가 성장하는가를 모니터하고, 교사의 지도하에 학생의 반성을 유도하며, 강의식 수업도 해야 한다는 생각을 할 뿐만 아니라, 이를 권장한다.

Mortimer Adler(1982)는 그의 책 『파이데이아 제안(*The Paideia Proposal*)』에서 직접 교수자, 촉진자, 코치라는 세 가지 교사로서의 핵심 역할을 제안하였다. 〈표 6-1〉은 각 역할에 따라 사용할 수 있는 교수 전략의 예시다. 다른 많은 전략이 이 목록에 추가될 수 있지만, 중요한 점은 가장 효과적인 교사는 이러한 역할과 다양한 전략을 의도적으로 균형 있게 사용함으로써 학생의 이해와 성장을 최대한 이끌어 준다는 것이다. 맞춤형 수업에서 어떤 수업 전략은 학급에 있는 모든 학생에게 동일하게 적용될 때 효과적일 때가 있고, 그 전략이 동일 학급 내에서 다르게 제시될 때 효과적인 경우도 있으며, 특정 학생이나 특정 집단 학생의 이해를 형성하는 데 특히 더 도움이 되는 전략도 있다. 맞춤형 수업을 실시하는 학급의 교사는 모든 학생의 성공을 최대화하기 위해서 다양한 교수법을 적절히 사용한다. 어떤 전문가가 언급한 바와 같이, 다양한 학생 집단을 능숙하게 가르치는 능력 있는 교사는 교수 전략을 효과적으로 사용하여 다양한 학생이 지식과 이해의 부분들을 변용하도록 도움으로써 명시된 교육적 성공의 범위 안에 들도록 한다(Kameenui, Carnine, Dixon, Simmons, & Coyne, 2002).

〈표 6-1〉 다양한 교사의 역할을 지원하는 교수 전략

교사가 사용하는 것	학생이 해야 하는 것
교훈적인/직접교수	**인지하기, 수용하기, 반응하기**
• 예시, 모델링	• 관찰하기, 시도하기, 연습하기, 정련하기
• 강의	• 듣기, 보기, 노트 작성, 질문하기
• 질문(수렴적)	• 대답하기, 반응하기
촉진하는/구성주의적 방법	**구성하기, 검토하기, 의미를 확장하기**
• 개념 획득	• 비교하기, 추론하기, 정의하기, 일반화하기
• 협동 학습	• 협동하기, 친구 돕기, 가르치기
• 토론	• 듣기, 질문하기, 생각하기, 설명하기
• 탐구 실험	• 가설 세우기, 자료 모으기, 분석하기
• 그림으로 표현하기	• 시각화하기, 연결하기, 관계 지도 작성하기
• 안내에 따른 탐구	• 질문하기, 조사하기, 결론내리기, 뒷받침하기
• 문제 중심 학습	• 문제를 제기하기/정의하기, 해결하기, 평가하기
• 질문(개방형)	• 대답하고 설명하기, 반성하기, 다시 생각하기
• 시뮬레이션(예, 모의재판)	• 명확하게 하기, 질문하기, 예상하기, 가르치기
• 소크라테스식 세미나	• 검토하기, 숙고하기, 도전하기, 토론하기
• 과정적 글쓰기	• 숙고하기, 설명하기, 도전하기, 정당화하기
	• 브레인스토밍, 조직화하기, 초고쓰기, 수정하기
코칭	
• 피드백/협의	**기능을 수정하고 이해를 심화시키기**
• 안내에 따른 연습	• 듣기, 숙고하기, 연습하기, 다시 시도하기, 정련하기
	• 다시 생각하기, 수정하기, 반성하기, 처음부터 다시 하기

출처: *Understanding by Design* (pp.159-160), by G. Wiggins & J. McTighe, 1998, Alexandria, VA: Association for Supervision and Curriculum Development. Copyright 1998 by the Association for Supervision and Curriculum Development. Adapted with permission.

학생은 목표를 성공적으로 달성하기 위해서 단원이나 차시의 목표 그리고 채점 기준을 알고 있어야 한다. 학생은 의도한 학습 결과나 성공적인 결과가 어떤 모습이어야 하는지를 잘 알고 있어야 한다. 백워드 설계의 세 단계는 교사가 이 원칙을 잘 따를 수 있도록 도와준다. 예를 들면 다음과 같다.

1단계

- 내용 기준과 의도한 학습 결과를 단원을 시작할 때 학생에게 알려 준다.
- 단원을 진행하는 동안 계속 살펴볼 핵심질문을 제시하고 검토한다.
- 배워야 할 중요한 지식과 기능의 목록을 제시한다.

2단계

- 새로운 단원을 시작하면서 학생에게 단원을 마치는 시점에 학습(및 이해)의 증거로 제출해야 하는 평가 유형을 제시한다.
- 최종적인 수행 과제와 이에 대한 채점 기준을 학생에게 공개하여 자신의 노력이 어떻게 평가될 것인가에 대해서 예측하도록 한다.
- 비슷한 과제에 대한 다른 학생의 예시 작품을 보여 주어 자신의 작품이 어느 정도 수준이 되어야 하는지 예상할 수 있도록 한다.

3단계

- 학생을 위해 단원의 학습 경험과 수업을 의도하는 결과, 핵심질문, 기대하는 수행과 일관되는 방식으로 연결시켜 준다.
- 학생으로 하여금 자신이 학습하는 것이 어떻게 후속 수행 과제와 자신의 삶 및 이후의 학교 생활을 돕게 되는지에 대하여 반성적으로 생각하게 한다.

질 높은 교육과정을 계획하는 것으로부터 반응적으로 실행하는 단계로 매끄럽게 넘어가야 한다. 이는 거의 모든 학생이 실제적인 과제에 대하여 고차적인 사고를 할 수 있고, 주제에 대한 빅 아이디어와 핵심 기능에 이를 수 있다는 믿음에 기초한다. 이때 학생은 이해 및 기능을 개발하는 데 필요한 지원, 중요한 개념을 내면화할 수 있는 기회, 명확한 이해를 위해 교사가 안내하는 수업, 목표 및 성공 기준에 대한 충분한 정보를 받는다. 그러한 것은 수업 계획을 어떻게 하든지 간에 학생에게 제공되어야 한다. 이러한 믿음에 기초하여—그리고 교사의 사고를 안내할 수 있는 진단 평가 및 형성 평가 자료를 일관되게 사용하면서—교사는 맞춤형 수업에 대한 계획을 확실한 기반 위에서 진행할 수 있게 된다.

맞춤형 수업을 하는 교실에서 이해를 위한 수업을 계획하기

학생의 차이를 크게 중요하게 생각하지 않는 교실에서조차, 수업의 계획 단계에서 실행 단계로 넘어갈 때는 다음의 질문을 고려해야 한다. 과제에 대한 안내를 어떻게 제시할 것인가? 학생이 이해했다는 것과 할 수 있다는 것을 어떻게 알 수 있는가? 학생의 흥미를 유지시키는 방법은 무엇인가? 계획의 여러 단계를 언제 시작하고 언제 끝내야 하는지를 어떻게 알 수 있는가? 수업의 한 부분에서 다른 부분으로 어떻게 넘어가야 하는가? 자료를 어떻게 분배해야 하는가? 전체를 대상으로 획일적인 수업을 하는 교실에서도 그러한 문제는 존재한다. 그러한 모든 요소를 적절하게 안배하는 것은 마치 장기를 두거나 체스 게임을 하는 것과 유사하다고 할 것이다.

교사가 개별 학생의 다양성을 존중하고 그에 따라 반응하기로 결정했다면, 게임은 3차원적인 것이 된다. 그리고 질문은 더 복잡해진다. 다양한 학생들이 무엇을 알고, 이해하고, 할 수 있는지 알게 된다면—그리고 그들이 무엇을 알지 못하고, 이해하지 못하고, 하지 못하는지 알게 된다면—'학생이 지속적으로 성장하기 위해서 나의 시간과 그들의 시간을 어떻게 사용해야 할 것인가?' '학생의 학업 수준, 흥미, 학습 유형에 맞는 자료를 어떻게 준비하는가?' '전체를 대상으로 해서 계획했던 수업을 언제 시작해서 언제 멈출지를 어떻게 아는가?' 그리고 '추가적인 흥미를 느끼는 학생이나 뒤처지는 학생 등 특수한 도움이 필요한 학생을 위해 추가적인 조치를 취해야 하는 순간은 언제인가?' '학생이 개별적인 속도 및 목적에 따라 이동하는 것을 허용해서 모든 순간에 모든 학생이 의미 있는 일을 할 수 있도록 하는 방법은 무엇인가?' '어떻게 여러 과제에 대한 지시를 효율적이고 효과적으로 전달할 수 있겠는가?' 와 같은 질문에 대해 하나의 정답만 있는 것은 아니다. 그러한 질문에 대한 대답을 찾는 교사는 마치 재즈 음악가와 같다. 멜로디의 메시지를 전달하기 위해서 때로는 계획에 따라, 때로는 즉흥적으로 다양한 요소와 접근 방법을 사용한다. 따라서 좋은 재즈 음악가가 되기 위해서는 연습이 필요하다. 연습을 통해서 음악 이론에 대한 지식, 좋은 음악을 알아들을 수 있는 좋은 귀, 시간 조절 감각, 음악의 의미에 대한 민감성, 불확실성을 견딜 수 있는 힘, 창의성을 갖게 된다. 재즈 음악가는 멜로디를 놓치지 않으면서도 이를 다양한 방법으로 표현한다.

그러한 기술은 계획적이면서도 즉흥적인 맞춤형 수업을 실시하는 학급 교사의 것과 다르지 않다. 교사는 언제나 멜로디—교육과정 목표—를 염두에 두고, 다양한 방법으로 접근하는 방법을 찾아야 한다. 그러한 교사의 전문적인 실천을 통해서 암묵적이고 명시적으로 학습이 어떻게 이루어지는지 이해하게 되며, 교사 주변의 사람들과 교실의 흐름을 잘 파악하게 되고, 아동에게 다가가고 힘을 줄 수 있는 '음악' 의 힘에 더욱 민감해질 것이다. 또한 불확실성을 견딜 수 있게 되고, 다른 방법으로 멜로디를 표현할 수 있는 방법—학생과 의미를 연결하는 방법—을 찾는 창의성을 기르게 될 것이다.

맞춤형 수업을 하는 학급의 모든 요소를 몇 쪽 안에 분석하려는 시도는 재즈를 몇 쪽으로 가르치려고 시도하는 것과 같다. 그렇지만, 여기에서는 학생이 '멜로디에 연결되는 것'을 돕기 위해 반응적인 수업에 대해서 생각해 볼 점을 몇 가지 제시하고자 한다. 이는 수업을 학생에게 맞추는 방식으로 다양화하려는 교사에게 도움이 될 것이다. 그리고 마지막에는 교실의 요소를 유연하게 사용하여 학생의 성공을 지원하고, 학생의 요구를 묶어 더 효율적으로 수업을 계획하며, 반응적인 수업을 위한 교수 전략을 선택하고, 교수적 유연성 갖추기 위한 몇 가지 중요한 질문을 살펴볼 것이다.

교실의 요소를 효과적인 수업의 도구로 유연하게 사용하기

교실에는 교사가 다양한 목적과 의도에 따라 재량적으로 사용할 수 있는 많은 요소가 있다. 교사가 매일 사용할 수 있는 요소로는—혹은 학생의 목표 달성을 위해서 조작할 수 있는 요소로는—시간, 공간, 자원, 학생 집단, 수업 및 학습 전략, 프레젠테이션 및 교수 전략, 파트너십 등이 있다.

이와 같은 요소를 교사가 유연하게 사용할 수 있는 도구라고 이해하는 교사는 "각 개별 학생이 중요한 학습 결과를 최대한으로 성취하게 하기 위해서 이 도구들을 어떻게 활용할 수 있을까?"라고 질문할 것이다. 이런 식으로 수업을 생각하는 것은, 어떤 학생은 기능을 숙달하거나 이해에 도달할 시간이 좀 더 주어진다면 더 잘 배울 수 있고, 어떤 학생은 좀 더 빠르게 진행할 때 기능 및 이해를 더 잘 배울 수 있다는 것을 이해하는 것이다. 때로는 학습 준비도가 비슷한 학생끼리 자리를 배치했을 때 더 효과적이기도 하고, 또 다른 때에는 학습 준비도가 차이나는 학생끼리 섞어 앉게 하는 것이 더 효과적이기도 하다. 〈표 6-2〉는 교사가 교실의 요소를 유연하게 사용하는 무수한 방법 중에서 몇 가지를 제시함으로써 더 많은 학생이 질 높은 교육과정의 목표를 성취할 수 있도록 도움을 준다.

〈표 6-2〉 학습 필요에 따라 교실의 요소를 유연하게 사용할 수 있는 방법

요소	유연한 사용의 예시	학습 필요
시간	제출 날짜/과제 기한을 협의해서 늦추기	과제를 열심히 하지만 느리거나 기능적인 면에서 어려움이 있는 학생에게 도움이 된다.
	이미 숙달한 학생에게 교육과정을 압축해 주거나 면제해 주기	뛰어난 학생이 쉬운 내용을 건너뛰고 계속적으로 학문적인 성장을 할 수 있다.
	학습 계약서 혹은 학습 센터를 활용해서 선행 학습에서 부족한 부분을 연습할 수 있게 하기	배경 지식이 부족한 학생에게 특별히 할애할 시간이 없다고 하지 않고, 따라잡을 수 있도록 지원책을 제공한다.
공간	교실 구석에 소음 및 시각적 자극을 최소화한 '조용한 장소'를 만들기	조용히 작업해야 하는 학생에게 도움이 된다. 쉽게 집중이 흐트러지거나 조용한 성품의 학생은 혼자 있는 공간이 필요하다.
	몇 가지 교실 배치 그림을 게시하거나 활용하여 학생이 자리를 빨리 바꿀 수 있도록 하기	교사가 소집단, 전체 학습, 개별 학습을 쉽게 활용할 수 있으며, 교사 중심 및 학생 중심 활동으로의 전환이 용이하다. 또한 모든 학생에게 도움이 된다.
자료	읽기 수준이 다른 여러 교재를 '모아 놓기'	모든 학생이 자신에게 적절한 수준에 따라 주요한 자료에 접근하는 것을 지원한다.
	주요 주제에 관한 한국어 이외의 다른 언어로 된 웹 사이트를 저장해 놓기	한국어를 배우고 있는 학생이 핵심적인 주제들을 자신의 모국어로 이해하도록 하여 한국어로 된 과제를 할 때 도움을 얻게 할 수 있다.
	비디오 및 오디오 자료를 사용하여 가르치기	활자를 어려워하거나 시각 및 청각적 선호가 강한 학생에게 시각 및 청각적 이해를 지원한다. 또는 개념/기능을 실제로 적용해 봄으로써 도움을 받을 수 있다.

(계속)

요소	유연한 사용의 예시	학습 필요
학생 집단	미리 집단을 정해 주고 신호를 보내면 자기 집단으로 빨리 자리를 이동할 수 있게 하기	교사가 학생을 빨리 이동시킬 수 있다. 이는 모든 학생에게 도움이 된다.
	학습 준비도, 흥미, 학습 유형과 관련해서 동질 및 이질 집단을 계획하기	비슷한 학업 수준의 학생을 모아 그들에게 맞는 집중 수업을 할 수 있다. 또한 다양한 수준의 학생을 섞어 아이디어를 확장하거나 공통의 관심사를 탐구하거나 관심을 확장할 수 있으며 편안함을 느끼는 환경에서 작업하게 할 수도 있다.
교수 전략	부분에서 전체로, 전체에서 부분으로의 두 방법을 다 사용하여 가르치기	어느 방법을 선호하는 학생이든 다 도움을 받을 수 있다-모든 학생이 연관성과 의미를 볼 수 있다.
	소집단 토론 사이사이에 강의를 배치하기	중간중간에 몸을 움직여야 하거나 말을 해야 하는 학생에게 좋으며, 학생이 명확하게 이해하는 데 도움이 되고, 더 많은 학생이 참여하게 된다.
	핵심 개념/기능을 학생의 문화 및 흥미와 연결 짓기	많은 학생의 소속감, 관련성, 동기를 향상시킨다.
학습 전략	학생에게 실제적 · 분석적 · 창의적 선택지를 제공하기	다양한 학습 선호를 가진 학생들의 성장을 지원한다.
	단계별 연습 및 평가를 제공하기	학습 준비도가 다른 모든 학생이 핵심 개념 및 기능을 성공적으로 성취할 수 있도록 한다.
	학생에게 개별적으로 혹은 동료와 함께 작업하도록 권하기	모든 학생이 자신에게 가장 효율적인 방법으로 작업한다.
	'전문가 집단'을 활용하여 핵심 개념을 가르치기	많은 학생이 자신의 흥미 영역을 확장하거나 새로운 흥미를 갖고, 자신의 생각을 들어 줄 청자가 있다는 점에서 동기를 향상시킨다.

(계속)

요소	유연한 사용의 예시	학습 필요
교사의 협력 관계	특정 교사와 반드시 함께 수행해야 하는 것이 아니라면, 어느 교실에서든 수행할 수 있게 하기	산만한 학생, 항상 무언가를 해야 한다고 느끼는 학생, 리더십 기술을 훈련하고 싶은 학생, 집단 안에서 소속감을 쌓고 헌신하고 싶은 모든 학생에게 도움이 된다.
	학생의 흥미, 학습 선호도, 필요에 대한 학부모의 통찰을 조사하기	아직 강점과 부족한 부분이 발견되지 않은 학생에게 도움이 된다. 그리고 많은 학생이 부모와 학교가 협력한다는 것에 의해 고무된다.
	동료 교사와 맞춤형 수업을 함께 작업하기	이따금씩 교실에서 시간을 보내는 동료 교사를 통해 학생에 대해 알 수 있다. 또한 다른 경험을 가진 사람과 함께 교육과정 및 수업을 설계하거나, 학급의 일상을 관리하는 것이 효율적이다. 이는 모든 학생과 교사에게 도움이 된다.

학생의 요구를 묶어 더 효율적으로 수업 계획하기

초등학교 교사는 다섯 개에서 여섯 개의 과목을 30명이 넘는 학생에게 가르친다. 중등학교 교사는 한두 개의 수업을 준비해서 160명이 넘는 학생을 매일 가르친다. 어느 쪽이든지 모든 학생의 모든 요구에 반응하는 것은 불가능하다. 너무나 많은 예외적인 상황과 문화 및 성별에 따른 차이, 학습 유형의 특이점, 선호하는 지능 등을 생각하다 보면 불가능은 공포로 바뀐다. 아니면 그렇게 많은 학생의 유형을 다 알려는 것은 어리석은 짓이니 각자 알아서 해야 한다면서 아예 묵살해 버린다.

맞춤형 수업은 담임교사에게 모든 분야에서 전문가가 되라고 하는 것이 아니다. 오히려, 교실에 대한 이러한 사고방식은 교사에게 교직 기간 동안 더 많은 학생을 효과적이고 효율적으로 도울 수 있는 타당하고도 적합한 접근을 지속적으로 개발할 수 있도록 격려한다.

맞춤형 수업의 도전에 대응하는 한 방법은 '예상하여 사전(anticipatory)' 계획을 세우는 것이다. 대부분의 교사는 경력이 쌓일수록 교실에서 특정한 패턴을 발견하기 시작한다. 예를 들면, 어느 학년이든지 어쩔 수 없이 읽기에 도움이 필요한 학생이 있다. 어떤 학생은 용어를 익힐 때 도움을 필요로 한다. 어떤 학생은 (우리 기준에 비해서) 너무 느릴 것이고, 다른 학생은 (우리 계획에 비해서) 너무 빠를 것이다. 어떤 학생은 지식, 이해, 기능에서 다른 학생을 앞설 것이다. 반면에 어떤 학생은 장시간 앉아있는 것을 어려워하고, 긴 수업에 집중하지 못할 것이다. 어떤 학생은 낱말 맞추기 게임을 좋아하겠지만, 어떤 학생은 그것을 아주 싫어할 것이다.

교사로서 우리의 목표는 핵심적인 지식, 이해, 기능을 학생이 성공적으로 획득하도록 하는 것이다. 학습의 문제는 학생의 성공을 방해한다. 학생의 강점은 성공의 도약판이 된다. 반응적인 수업에 대한 논리적이고 적절한 접근 방법은 아마도 우리가 발견한 학생들의 패턴을 적용해서, "우리 반의 하루의 일과에 어떻게 학생들의 주요 학습 패턴을 접목시킬 수 있을까?"라고 묻는 것일 것이다. 이렇게 학생의 요구를 '묶는 것(clustering)' 은 맞춤형 수업의 아이디어가 모든 개별 학생을 위한 개별화된 교육 프로그램(Individualized Education Program)이라고 오해하는 접근법보다 훨씬 더 현실적이고 달성 가능하다.

묶어서 접근하는 이 방법은 건축에서 보편적 설계(universal design)라고 부르는 것과 비슷하다. 연방 법원이 모든 공공건물에는 반드시 장애를 가진 사람을 위한 별도의 출입 시설을 설치해야 한다고 정한 이후에, 건축가는 두 가지 중요한 원리를 발견했다. 하나는 건물을 지을 때 처음부터 출입 시설을 함께 짓는 것이 나중에 따로 짓는 것보다 경제적이라는 것이고, 다른 하나는 특정한 사람의 출입을 돕는 시설이 실제로는 그 밖의 다른 많은 사람에게도 유용하다는 것이다. 예를 들면, 건축가들은 인도에 경사로 같은 부분을 설계하고 지을 때, 이미 만들어진 인도의 보도블럭을 다 들어내서 새로 만드는 것보다 처음부터 같이 만드는 편이 훨씬 쉽다는 것을 배웠다. 나아가, 그들은 장애를 가진 사람만 생각하면서 경사로를 만들었지만 실제로는 유모차를 끄는 아이 엄마, 바퀴달린 짐을 끄는 사람, 카트로 상품을 운반하는 상인 등도 이용했다는 것을 발견했다.

맞춤형 수업을 보편적 설계라고 생각하면 해 볼 만하다. 다시 말해서, "우리 반에서 예상되는 학습의 방해물과 학습의 도약판은 무엇인가?" 또, "내가 어떻게 하면 단원 및 수업의 흐름을 계획할 때 방해물과 도약판을 반영할 수 있는가?"라고 묻는다. 우리는 학생의 예외적인 상황 및 개인적 특성보다는 그들의 유형이 관리하기에 더 수월함을 안다. 당연한 이야기지만, 학습 유형을 수업을 방해하는 요소라고 생각하지 않고 수업의 한 부분이라는 생각으로 적용하면 성공할 확률은 더 높아진다. 결론적으로, 우리가 생각하는 학생 한 명 혹은 한 집단을 위한 '경사로'는 사실 다른 학생에게도 큰 도움이 될 것이다. 〈표 6-3〉에서 나타나듯이, 학생의 필요와 강점에 따른 교수적 패턴에 집중하면 다양한 이유로 많은 학생이 도움을 받을 수 있다.

〈표 6-3〉 많은 학생에게 유익이 되는 학생의 요구 패턴

학생의 요구 패턴	패턴을 사용하는 예	유익을 얻을 수 있는 학생
읽기에 도움이 필요한 학생	새로운 읽기 자료를 제시할 때 읽기 동료/친구를 허용하기	학습장애가 있는 학생 외국어로서 한국어를 배우고 있는 학생 읽기 능력이 낮은 학생 듣기에 대한 선호가 큰 학생 동료와 함께 배우는 것을 선호하는 학생 집중에 문제가 있는 학생 비소설 자료 읽기에 문제가 있는 학생
	형광펜을 사용하여 중요한 부분을 표시하여 주거나 미리 표시해 놓기	
	복잡한 글의 내용을 탐색할 수 있도록 교사가 체계적으로 크게 소리 내어 읽어 주기	
	읽기 자료를 발췌하여 녹음한 테이프 제공하기	

(계속)

학생들의 요구 패턴	패턴을 사용하는 예	유익을 얻을 수 있는 학생
용어 익히기에 도움이 필요한 학생	핵심 용어 목록을 명확한 설명과 함께 제시하기	외국어로서 한국어를 배우고 있는 학생 용어와 철자 규칙에 어려움을 보이는 학생 가정에서 풍부한 낱말을 사용할 기회가 없는 학생 시각적인 학생 단어를 사용하는 상황과 함께 제공할 때 더 쉽게 이해하는 학생 인지 과정에 문제가 있는 학생 주의 집중에 문제가 있는 학생
	핵심적인 용어를 추려서 제시하기(긴 목록을 제공하지 않음)	
	학생에게 시사 만화, 텔레비전 프로그램, 만화책, 가벼운 읽기 자료, 노래 가사 등에서 핵심 용어를 찾도록 하기	
	단어 벽(word walls)과 낱말, 그림이 함께 제시된 단어 포스터 사용하기	
수업 집중에 어려움이 있는 학생	생각하고-짝과 이야기하고-공유하기(Think-Pair-Share) 집단 활용하기	학습장애가 있는 학생 다양함을 즐기는 학생 학습 준비도가 다른 학생 다양한 학습 선호도를 가진 학생 주의집중 장애를 지녔거나 산만한 학생
	과제 및 활동 양식을 선택할 수 있도록 해 주기	
	다양한 교수 양식을 사용하기	
	수업 시간에 활동을 자주 바꿔 주기	
	사고의 흐름에 따른 그림 조직자를 활용하기	
특정 학습 영역에서 강점을 보이는 학생	직소, 흥미 집단, 흥미 센터, 전문가 집단을 활용하기	영재라고 판정받은 학생 학교에서 배우는 것과 자신의 흥미가 연관성이 없다고 느끼는 학생 주제에 대해 특별히 더 흥미를 가지는 학생 주제에 대해 시간을 더 투자하기를 원하고/필요로 하는 학생 자신이 배운 것을 다른 사람들과 나누고 싶은 학생 선택권이 있다는 것으로 동기가 유발되는 학생
	수준 높은 자료를 제공하기	
	독립적인 연구를 장려하기	
	내용을 개별화하기 위해서 학습 계약 또는 학습 의제 활용하기	
목표에 맞춘 수업과 연습이 필요한 학생	학생을 소집단으로 자주 만나기	학습에 어려움을 겪는 학생 학습에 우수한 학생 외국어로서 한국어를 배우고 있는 학생 소집단 환경에서 가장 잘 배우는 학생 장기 결석하는 학생
	중요한 시점에서 학생의 필요에 맞게 숙제 내주기	

반응적인 수업을 지원하는 교수 전략을 선택하기

맞춤형 수업을 하는 교실에서 이루어지는 수업 계획의 또 다른 측면은 교사가 학생의 학업 준비도, 흥미, 학습 유형에 적절히 대응하기 위해 교수 전략을 선택하는 것이다. 교사, 촉진자, 코치로서의 교사 역할에 적합한 특정 교수 전략이 있듯이, 어떤 교수 전략은 개념 및 기능에서 수준 차이가 많이 나는 다양한 학생에게 적합하고, 어떤 전략은 학생의 흥미에 적절히 반응하는 데 적합하며, 또 다른 전략은 학습의 효율성을 높이는 데 적합하다. 교사는 이러한 교수 전략 레퍼토리를 개발함으로써 다양한 학업 수준의 학생이 핵심적인 학습 목표에 성공적으로 도달하는 것을 도울 수 있다.

다시 말하면, 학생의 요구와 교수 전략을 범주로 나누어서 접근하는 것이 모든 학생의 요구에 일일이 반응하는 접근보다 계획을 하는 데 있어서 더 용이하다. 예를 들어, 만일 내가 학생의 준비도의 범위를 알면, 나는 오개념이 발생하거나 기능 결손이 나타나는 지점에서 또는 더 높은 수준의 도전을 필요로 하는 학생이 있을 때 층화하기(tiering) 혹은 소집단 교수 전략을 사용할 것이다. 내가 만약 학생이 다양한 흥미를 갖고 있다는 것을 아는 지혜로운 교사라면, 학생의 흥미를 교육과정의 영속적인 이해와 연관 짓기 위해서 흥미 센터, 전문가 집단과 같은 전략을 선택할 것이다. 이와 비슷하게, 나는 학습의 효율성은 학생이 자신에게 맞는 방법으로 학습할 때 증가한다는 것을 알기 때문에, 시각적 조직자 및 지능 선호에 따른 선택권을 주는 것과 같은 교수적 접근을 사용할 것이다.

어떤 교수적 전략은 한 유형 이상의 집단에 효과적이다. 예를 들면, RAFT 과제는 학습 준비도, 흥미, 학습 유형에 동시에 적절히 대응하도록 도와준다. 그 밖의 다른 전략도 한 유형 이상의 집단의 학습 요구를 해결할 수 있게 한다. 예를 들어, '전문가 집단'은 전형적인 흥미 중심 전략이다. 하지만, 전문가 집단은 교사가 직접 제공하거나 추천한 자료를 사용함으로써 학습 준비도와 관련된 학생의 요구까지도 수용할 수 있다. 〈표 6-4〉는 학생의 요구를 유형별로 선택할 수 있는 교수 전략을 정리한 것이다.

교사가 학생의 다양성에 반응하기 위해서 어떤 교수 전략을 선택하든지, 학생이 빅 아이디어를 이해하고, 핵심적인 기능을 숙달하며, 실제적인 과제를 통해 고차적인 사고를 할 수 있도록 해야 한다. 이때 교사는 이러한 과제를 수행하는

〈표 6-4〉 학생의 요구에 반응하는 교수 전략 선택하기

학생의 요구 범주	요구에 반응하는 효과적인 몇 가지 교수 전략	
학습 준비도	층화하기(tiering)[1]	소집단 수업
	교육과정 압축(compacting)	개별화한 철자 및 용어
	소리 내어 생각하기	학습 계약[2]
	숙제를 다양하게 내주기	학습 메뉴[3]
	요점 중심 읽기 자료	다양한 읽기 수준에 따른 자료
	읽기 자료 요약본 제공하기	단어 벽(words walls)
	글쓰기의 틀 제공하기	안내된 동료 비평
흥미	흥미 센터	독립적 과제
	흥미 집단	궤도(Orbitals)[4]
	전문가 집단	독립적 연구
	웹 퀘스트(Web Quests)	자발적 탐구(I-Search)
	웹 탐색(Web inquiries)	하루 일정 짜기
	집단 탐구	개인에게 맞춘 성공 기준

1) 저자 주. 층화는 준비도에 기반한 수업적 접근으로서 모든 학생이 동일한 핵심지식과 이해 및 기술을 습득하는 것을 목표로 하지만, 현재 숙달도에 따라서 각자 다른 난이도로 학습하는 것이다. 층화는 각 학생으로 하여금 핵심적 지식에 적절히 도전적인 수준에서 작업하게 한다.

2) 역자 주. 학습 계약은 교사가 여러 활동을 제시한 다음, 학생이 원하거나 필요로 하는 활동을 하도록 한 후, 활동이 끝나면 학생과 교사가 서명을 하는 상호 계약 형식으로 이루어진다. 맞춤형 수업뿐 아니라 개별화 활동으로도 적합하다.

3) 역자 주. 학습 메뉴는 식당에 가서 메뉴를 선택하듯이 학생이 주어진 학습 메뉴판으로부터 활동을 선택하여 완성한다. 메뉴판은 주식(반드시 해야 할 것), 부식(선택할 수 있는 것), 후식(주식과 부식을 다 끝낸 다음에 할 수 있는 것)으로 이루어진다.

4) 역자 주. 궤도는 개인 프로젝트의 형식으로 이루어지는 과제다. 특정 개념을 이미 획득하고 기능을 숙달한 학생에게 심화 학습을 위해서 관심 있는 주제를 선택하게 하여 3~4주에 걸쳐서 프로젝트를 완성하게 하고 학습의 결과물을 급우들과 공유하게 한다.

학생의 요구 범주	요구에 반응하는 효과적인 몇 가지 교수 전략	
학습 유형	시각적 조직자 아이콘 다양한 활동 선택권 다양한 출발점	지능 선호 과제(Sternberg) 지능 선호 과제(Gardner) 이동 기회 다양한 형식의 교사의 설명
복합적 범주	RAFT 과제[5] 그림 조직자 생각 잇기(Think Dots)	복합적 교수 개인적 의제(personal agendas) 주사위(Cubing)[6]

5) 저자 주. RAFT 과제는 학생에게 특정한 역할을 가정하여, 특정 대상에게, 특정한 형식으로, 단원의 핵심 내용에 대해 좀 더 고차원적으로 생각해 볼 수 있는 주제를 전달하는 것이다. RAFT의 각 요소를 다양화함으로써 교사는 학생의 학습 수준, 흥미, 학습 유형의 차이에 적절히 대처할 수 있게 된다.

6) 역자 주. 주사위는 직육면체의 각 면에 활동이나 학생에게 탐구하도록 하는 질문을 적고, 그것을 여러 번 던져서 나온 면의 활동을 하거나 질문에 답하도록 한다. 대개 학생의 특성에 따라 주사위를 2~3개 만들어서 활용한다.

데 있어서 성공 기준이 무엇인가에 대하여 완벽하게 알고 있어야 한다. 맞춤형 수업의 목표는 획일적인 교수-학습을 실천하는 교실에서보다 훨씬 더 많은 학생에게 성공할 수 있는 기회와 지원을 제공하는 것이다.

교수적 유연성을 위한 수업 운영에 관한 중요한 질문

맞춤형 수업을 실시하고자 하는 교사는 학생의 성공을 위해서 교실의 요소를 유연하게 사용하고, 학생의 요구를 묶어서 수업 계획을 효율적으로 세우며, 반응적인 수업을 위한 교수 전략을 선택하는 것에 더하여, 유연한 수업을 돕는 학급 경영을 위해 어떤 일상적 절차가 필요한지를 반드시 생각해 보아야 한다. 그러한 절차 없이는 반응적이거나 다양한 학생의 요구에 맞추어 가르치기가 아주 힘들어지기(혹은 불가능하기) 때문이다.

맞춤형 수업을 하는 교실에서 교사는 때로는 한 집단을 따로 지도해야 하는 상황에 처하며, 이때 다른 학생은 알아서 자기 일을 해야 한다. 가끔 교사는 한 세트 이상의 다양한 자료를 나눠 주거나 수합해야 한다. 어떤 때는 교사가 학생에게 같은 교실에서 동시에 한 개 이상의 과제를 제시해야 할 때도 있다. 비록 맞춤형 수업이 학생 중심 교육 운동과 맥을 같이 한다고 하더라도 교실의 무질서를 허용할 수는 없다.

사실, 학생 각자에 대한 관심을 효과적이고 효율적으로 사용하기 위해서 질서가 필요한 것처럼 학생이 의미를 구성하게 하는 교실에서도 그러한 질서가 필요하다. 중요한 한 연구 결과에 따르면, '질서 있고 학생에게 기회를 주는' 학습 환경을 구성하는 교사는 의미와 이해를 위한 수업을 할 가능성이 높다(Knapp et al., 1992, p. 13), 따라서 교사의 학급 경영 책임에 대해 적절한 질문을 하고 유용한 답을 찾는 것은 이해중심 교육과정의 의미-이해 목표와 다양한 스펙트럼의 학생이 의미를 구성하도록 지원하는 맞춤형 수업 모두에 도움이 된다. 〈표 6-5〉에는 유연하고 반응적인 수업을 지원하는 학급 경영을 계획할 때 유용한 몇 가지 유형과 교사가 이 유형의 활용과 관련해서 생각해 볼 수 있는 몇 가지 중요한 질문 및 실제 상황과 관련된 예시를 제시하였다. 9장에서는 이해중심 교육과정과 맞춤형 수업을 실시하려는 교사가 유념해야 할 학급 경영 원리에 대해 더 자세히 살펴볼 것이다. 예시는 백워드 설계가 어떻게 학생에게 높은 기대를 설정하는지 그리고 맞춤형 수업이 그러한 높은 기대를 어떻게 모든 학생에게 실현시키는지 보여줄 것이다.

〈표 6-5〉 맞춤형 수업 교실의 학급 경영과 관련된 중요한 몇 가지 질문과 대답

유의해야 할 영역	유의해야 할 영역과 관련된 유용한 질문	해결 전략 예시
시간 관리	시간이 부족하거나 남는 다양한 학생의 요구를 어떻게 관리할 것인가?	학급 전체는 수업을 계속 진행해 나가면서 특정 학생에게 숙제나 학습 계약, 개인적 의제를 주어 전체와 개인의 필요 간의 균형을 맞춘다.
	과제를 빨리 끝내는 학생을 위해 나는 어떻게 해야 하는가?	고정적으로 할 수 있는 과제(anchor activity)를 제공하고, 과제가 빨리 끝나면 그것을 활용하게 한다.
	맞춤형 수업을 계획할 시간을 어떻게 마련해야 하는가?	천천히 나아간다. 한 번에 하나씩 해결한다.
소음 관리	어떻게 하면 교실에서 허용 가능한 수준의 소음을 유지할 수 있는가?	소음을 줄이라는 신호를 만들어서 공유한다. 학생에게 소음 수준을 관찰하게 하고 소음을 조정하도록 한다.
	활동을 할 때 조용한 공간이 필요한 학생을 위해 무엇을 할 수 있는가?	학생에게 헤드폰이나 귀마개를 사용하게 하여 소음을 차단하게 한다.
교실 안에서의 이동	학생들을 활동을 하고 있는 조들 사이로 자연스럽게 이동하게 하는 방법은 무엇인가?	과제와 모둠 일지를 사용하게 하여 학생이 활동해야 할 장소와 언제 무엇을 해야 하는지를 알게 한다.
	너무 많은 학생이 교실에서 돌아다니지 않게 하는 방법은 무엇인가?	조별로 '나누미' 학생을 한 명씩 정해서 학습 자료를 가져오게 한다.
	돌아다니기 때문에 집중하지 못하는 학생들을 위해서는 어떤 조치를 해야 하는가?	활동하는 것을 볼 수 없는 곳에 앉을 자리를 마련한다.
교실 공간의 유연한 사용	쉽게 옮기기 어려운 가구를 포함하여 교실을 유연하게 사용하는 방법은 무엇인가?	가구를 여러 가지 다른 방법으로 배치하거나 아예 뺀다. 학생도 함께 돕도록 한다.
	최대한 공간을 더 크게 활용하는 방법은 무엇인가?	교실 가운데에 빈 공간을 만들어서 필요할 때에 학생이 바닥에서 작업을 할 수 있도록 한다.
	혼자 활동을 해야 하는 학생들을 위해서 어떠한 지원을 해 주어야 하는가?	혼자 활동을 해야 하거나 결석 때문에 보충이 필요한 학생을 위해서 교실에 독립적인 활동 공간을 따로 만든다.

〈계속〉

유의해야 할 영역	유의해야 할 영역과 관련된 유용한 질문	해결 전략 예시
자료 및 자원의 조직 및 분배	어떻게 자연스럽게 여러 개의 자료들을 나눠주고 걷을 수 있는가?	책상이나 특정 공간에 준비물을 모아 놓고, 관리하는 담당 학생을 뽑아 교사의 지시에 따르도록 한다.
	다양한 학생이 학업에 성공하기 위해서 필요한 것을 어떻게 제공할 수 있는가?	학생의 이름, 과목 명, 앉는 자리가 적힌 개인 파일을 사용한다. 헤매지 않고 지속적으로 작업을 할 수 있도록 도와준다.
학생의 활동을 관찰하기	학생이 서로 다른 활동을 하고 있을 때 숙달도를 파악할 수 있는 방법은 무엇인가?	준거/성취 기준의 목록을 개발한다. 그 목록 옆에 학생 이름을 적어 학생의 활동을 즉석에서 기록하고 숙달도와 어려워하는 부분을 기록한다.
	학생의 결과물과 나의 관찰로부터 어떻게 나는 그들에 대해서 배울 수 있는가? 내가 배운 것을 어떻게 유용하게 활용할 수 있는가?	소집단이나 개인을 지도할 때, 학생을 가나다순으로 정리한 노트에 관찰한 내용을 적은 메모지를 붙인다. 적어도 한 달에 한 번은 이를 다시 읽어 본다.
	누가 어떤 과제를 끝냈는지 파악하는 방법은 무엇인가?	학생에게 문서를 보관하게 한다. 학생에게 과제를 제출함에 넣도록 하거나 과제별로 파일에 철하도록 한다.
교사가 소집단의 학생을 지도할 시간 만들기	모든 학생이 다 나의 도움을 필요로 하는 상황에서 따로 소집단을 지도하기 위한 시간을 준비하는 방법은 무엇인가?	내가 학생들과 소집단을 지도해야 하는 이유를 설명한다. 내가 소집단을 지도하고 있을 때, 나 대신에 학생들의 질문에 답해 줄 수 있는 '전문가'를 지정한다.
	소집단을 지도하는 시간을 어떻게 마련하는가?	이미 있는 자료를 활용한다. 학생의 일상 과제를 채점하는 일을 줄인다. 천천히 그리고 신중하게 학생의 학습을 다양화한다.
	내가 소집단을 지도하는 동안 다른 학생은 무엇을 할 것인가?	필수 연습 과제, 고정 과제(anchor tasks), 개인적인 의제(personal agendas), 학습 센터, 학습 계약 그리고 그 외의 전략을 활용하여 학생이 정기적으로 그리고 독립적으로 학습하도록 한다.

학생의 학습을 지원하기 위해서 교실의 요소를 유연하게 사용하는 교사는 학생의 요구를 묶어서 수업 계획을 더 효율적으로 만들고, 반응적인 수업을 지원하는 교수 전략을 선택하며, 학급 경영에 관한 질문에 실제적인 대답을 하기 위해 다양한 학생의 요구에 대처하는 능력을 키워간다. 모든 학생의 최대한의 성장을 지원하기 위한 이러한 방법을 통해 높은 수준의 교육과정 목표를 달성하는 수업을 개발하는 것은 교사와 학생의 성공을 위한 설계 방법이다.

마지막으로 생각해 볼 점

우리는 대부분 학생 시절에 맞춤형 수업을 하는 교실에서 일어나는 유연한 수업 또는 반응적인 수업을 경험해 본 적이 없다. 그러한 개인적 경험은 우리에게 맞춤형 수업을 하는 교실이 어떻게 돌아가는지에 대한 실제적인 모델이 없다는 뜻이 된다. 또한 우리가 다양한 학생들이 의미 있고, 실제적이며, 수준 높은 교육과정을 성공적으로 경험하기 위해 필요한 것보다 훨씬 유연하지 않게 학급을 운영하고 있다는 뜻이기도 하다.

그래서 누군가 좀 더 유연한 수업을 지향해야 한다고 말하면 사람들은 대개 반신반의하면서 "그렇게 많은 일을 할 시간이 없어요." 라든지 "어디서부터 시작해야 하는지조차 모르겠어요."라고 대답한다.

오랫동안 교사로 일해 온 동료 사라 램프는 교사에게 우리가 하고자 하는 의지만 있다면, 더 나은 목표를 위해서 우리의 전문적인 삶의 많은 측면을 바꿀 수 있다고—더 나은 삶을 위해서 우리의 개인적인 삶의 많은 부분을 바꿀 수 있듯이—말한다. 그녀는 더 건강해지기 위해서 식습관 및 운동 습관을 바꾸는 사람에 비유하였다.

물론 오랜 습관을 지속해야 하는 많은 이유가 있겠지만, 변화를 위해서는 그런 점을 덜 매력적으로 느껴야 한다. 따라서 첫 단계는 더 잘하고자 하는 의지가 있는가 하는 것이다.

비록 의지가 있더라도 처음에는 변화가 어색하게 느껴질 것이다. 그들은 헬스클럽에 가거나 다른 방식으로 요리할 시간이 없다고 생각한다. 또한 그것을 하려면 마치 해야 할 일이 더 많아지는 것처럼 느낀다. 하지만 램프는 우리에게 해야 할 일이 늘어나는 것이 아니라 다른 방법으로 대체해야 하는 것이라고 말한다. 다른 말로 하면, 우리가 늘 그렇듯이 한 시간 동안 누워서 뒹굴거리며 TV를 본 다음에 운동하러 가는 것이 아니라, TV를 보는 대신에 운동하러 가야 한다는 뜻이다. 피자를 먹은 다음에 건강한 식사를 또 하는 것이 아니라, 피자 대신에 건강한 식사를 해야 한다는 말이다.

그리고 만약 우리가 일정한 시간 동안 우리의 새로운 습관을 지속한다면, 편하게 느껴지진 않더라도 적어도 할 만하다고는 느끼게 된다. 그동안 약간의 성취감 같은 것을 느끼게 되고 우리가 원했던 결과를 실제로 확인하게 되면 새로운 힘이 나서 또 계속 할 수 있게 될 것이다.

결과적으로, 우리가 프로그램을 계속한다면 그저 건강해지는 것뿐만 아니라 새로운 생활 방식에도 익숙해지게 된다. 그리하여 그것은 우리의 생활이 된다.

습관을 바꾸는 것이 쉽다고 제안하는 사람은 거의 없다. 하지만 많은 사람이 한 번에 한 단계씩 시도하면서 그 가능성을 보여 왔다. 그렇게 해서 유익을 얻은 사례는 많다.

오래된 교수 습관을 그만두고 그것을 다양한 유형의 학생들의 성공을 지원하기 위한 유연한 일과로 대체하기 위해서는 교사의 지속적인 의지가 필요하다. 그러한 변화가 쉽다고 말하는 사람은 거의 없지만, 많은 교사가 학생의 성공과 자신의 전문적 자아 효능감을 위해 그러한 실천의 유익함을 보여 준다.

제 7 장

학생의 특성이 학업적으로 다양한 교실에서의 이해를 위한 수업

심층적 이해를 위한 수업은 '진도 빼기' 식 수업과 어떻게 다른가?

중요한 개념과 기능에 대한 학생의 이해를 개발하고 심화하기 위해서는 학습 내용을 어떻게 '드러내야(uncover)' 하는가?

학생이 의미를 발견하는 것을 도울 수 있는 교수적 접근은 무엇인가?

기초적인 내용을 익히지 못한 학생을 도울 수 있는 교수적 접근은 무엇인가?

이해는 반드시 획득되어야 한다. 사실은 외우면 되고 기능은 반복적인 연습과 훈련을 통해서 개발할 수 있지만, '빅 아이디어' 를 이해하기 위해서는 학생이 스스로 의미를 구성할 수 있어야 한다.

'상관관계는 인과관계가 아니다' 라는 명제에 대해서 생각해 보자. 비록 교사나 교과서를 통해서 이 명제를 제시받더라도, 교사의 지도를 통해 적극적으로 생각해 보지 않고는 이 문장의 의미를 이해할 수 있는 학생은 거의 없다. 예를 들어, '연구자들은 미국 폭력 범죄 가해자의 95%가 신생아 및 영유아기에 우유를 먹었다는 것을 발견했다. 따라서 5세 이하 아동에게 우유를 금지한다면 범죄율을 크게 낮출 수 있을 것이다' 와 같은 도발적인 문장으로 앞선 명제의 개념을 제시할 수 있다. 그리고 교사는 발문을 통해 학생의 '생각을 불러일으키고' (예, "이 예시에 잘못된 점이 있나요?" 혹은 "우유가 아니라 물 때문에 그런 일이 발생했다고 할 수도 있나요?") 학생은 제시된 문장에 반응한다. 그 후에 교사는—인과관계가 성립되거나 혹은 성립되지 않는—추가적인 상관관계의 예를 제시하면서 학생을 분석하기, 비교하기, 가설 세우기, 결론 짓기의 단계로 지도해 나갈 수 있다. 그 다음, 학생은 이질적인 집단에서 추가적인 사례와 비사례를 찾는다. 이 수업에서 학생은 스스로 왜 상관관계가 인과관계를 보장하지 못하는지에 대한 설명을 할 수 있게 된다. 그들의 이해를 강조하기 위해서(또 평가하기 위해서) 이 개념을 다른 사람(예, 더 어린 학생, 결석한 동료, 어른)에게 가르치는 '수업' 을 계획해 보라는 개인별 과제를 내준다. 이때 학생은 그들 자신의 언어, 그림 자료, 비유 및 새로운 사례를 사용하여야 한다.

예시에서 볼 수 있듯이, 이해를 위한 수업은 학생에게 교사와 비슷한 역할을 요구한다. 학생은 개념을 생각하고, 질문하고, 새로운 환경에 적용하고, 다시 생각하며, 반성해야 한다. 교사는 학생의 생각을 자극하고, 사례 및 비 사례를 보여 주고, 문제를 제기하고, 실제적인 적용을 구성하고, 일부러 비판하기도 하고, 이해를 확인하며, 설명 및 증명을 요구해야 한다. 맞춤형 수업을 하는 교실의 교사는 그러한 다양한 역할과 관련하여 다양한 접근 및 지원 체계를 활용해서 가급적 모든 학생이 이해에 도달할 수 있게 해야 한다. 이해를 위한 수업은 효과적인 전체 학습, 소집단 학습, 개별 학습을 포함한다. 다음 절에서는 개별 학생이 영속적인 개념을 이해하고 학습하는 데 공통적으로 중요한 원리 및 실제를 강조하게 될 것이다.

내용을 '드러내기'

우리는 교사가 자신의 직무에 대해 '진도를 빼는 일' 이라고 하는 것을 자주 듣는다. 그리고 진도를 빼야 할 내용이 지나치게 많고, 시간은 늘 부족하다는 한

탄을 흔히 듣는다. 그들의 불만은 내용 기준, 책무성 시험, 교과서의 광범위한 사용(정해진 것은 아니지만 왠지 학년이 끝나기 전에 다 끝마쳐야 할 것 같다고 느껴지는)을 미루어 봤을 때 이해할 만하다. 그렇기는 하지만, 우리는 진도 빼기라는 용어가 교직에 대해서 잘못된 개념을 심어 준다고 생각한다. 이 용어에 대한 하나의 함축적인 의미는 '은폐하다(cover up)' 인데—다시 말하면, 숨기거나 덮어 감춘다는 것을 말한다. 우리 교사들이 바라는 것이 이런 상태는 분명히 아닐 것이다. 이 용어의 또 다른 함축적인 의미는 가르쳐야 하는 내용의 '겉 표면을 훑어본다'라는 뜻이 있다. 이때 우리는 더 빨리 말하면서 더 많은 내용의 '진도를 뺄 수' 있지만, 그런 방식으로 겉을 훑는 것은 우리가 학생의 관심 및 의미 있는 학습을 중요하게 생각한다면 상당히 불만족스러울 수밖에 없다.

중요하지만 추상적인 아이디어와 기능을 학생이 이해하도록 돕기 위해서는 우리가 생각하는 교직의 개념이 바뀌어야 한다. 이해를 위한 수업은 교사에게 내용을 '드러내기(uncover)' 를 요구한다. 이 개념을 비유적으로 검토하기 위해서 빙산의 이미지를 떠올려 보자. 어떤 부분은 수면 위에 드러나 눈에 보이지만, 수면 밑으로 들어가 보지 않고서는 빙산 전체를 알 수 없다. 빙산의 큰 덩어리가 수면 밑에 있는 것처럼, 가장 강력한 내용 영역의 '빅 아이디어' 는 기본적인 사실과 기능의 표면 밑에 존재한다. 우리가 내용 드러내기를 한다는 것은 학생으로 하여금 내용의 의미를 심층적으로 이해하는 활동에 참여하게 하는 교수법을 사용한다는 것을 의미한다. 다양한 방법, 즉 문제 중심 학습, 과학 실험, 역사 탐구, 소크라테스식 세미나, 연구 프로젝트, 문제 해결, 개념 획득, 시뮬레이션, 토론, 실제적인 산출물 및 실제 수행하기와 같은 방법은 다양한 학생에게 탐구심을 불러일으키고, 내용을 이해하는 활동에 참여하게 하는 데 효과가 있다고 검증된 것이다.

이 각각의 방법을 자세히 살펴보는 것은 이 장에서의 논의 범위를 벗어나므로,

여기서는 학생에게 중요한 아이디어를 개발하고 심화시키기 위해 고안된 세 가지 일반적인 교수적 접근—핵심질문, 이해의 여섯 가지 측면, WHERETO—에 집중할 것이다.

수업에서 핵심질문 활용하기

여러분은 우리가 백워드 설계의 1단계에서 학생이 이해하기를 바라는 빅 아이디어의 조직 틀로 핵심질문을 활용했던 것을 기억할 것이다. 이제 3단계에서는 수업에서 그 질문을 다시 활용하여 교과 내용을 생활과 연결시킬 것이다. 먼저 내용과 관련해서 다음의 핵심질문을 생각해 보자. 우리가 학습한 내용이 '답' 이라면, 질문은 무엇이었을까? 아동이 인식론에 대한 이해(예, '지식이 어떻게 발전하였는가?' 그리고 '다양한 학문에서 어떻게 지식이 검증되었는가?' 에 대한 이해)를 거의 하고 있지 않다는 것은 놀라운 일이 아니다. 그들은 내용 지식을 '항상 거기' 에 있었던 것이며 꼭 배워야만 하는 것이라고 생각한다. 따라서 내용을 '드러내는' 한 가지 방법은 질문에 대한 답으로서 혹은 문제에 대한 해결책으로서 내용을 조직하는 것이다. 이 접근법은 학생에게 내용의 근원과 의미에 대해서 생각해 볼 기회를 제공하여, 뻔한 사실의 표면을 훑는 것과는 질적으로 차이가 나는 학습을 가능하게 한다.

예를 들어, 학생은 한국 정부에 대한 수업에서 정부의 삼권 분립에 대해 배울 것이다. 이 정보를 무미건조하게 암기해야 할 내용으로 제시하는 대신에 다음과 같은 질문으로 시작할 수 있다. '사람의 권력이 너무 강화되면 어떤 일이 발생하는가?' '국가(또는 주정부) 차원에서 정부 지도자가 권력을 남용하는 것을 어떻게 막을 수 있는가?' '권력을 통제할 수 있는 방법이 있는가?' 이런 종류의 질문은 학생의 사고를 자극하고 학습 내용의 근거가 되며 더 심층적인 이해로 나아갈 수 있게 해 준다. 우리는 이 사례로부터 학생이 정부 기관의 권력 분할 및 균형 유지의 필요성과 그것이 잘 이루어지지 않았을 때 발생할 수 있는 권력 남용에 대해 이해하기를 기대한다.

이러한 질문은 답이 정해진 것이 아니다. 이 질문은 이미 정해진 '정답'으로 학생을 이끌고 가는 것이 아니라, 권력, 남용, 통제의 필요성, 견제 및 균형이라는 빅 아이디어를 탐구하기 위한 뼈틀 역할을 한다. 이러한 개념을 이해하게 되면서 학생은 한국 사회 속의 더 다양한 '답'을 발견할 수 있다(예, 정부의 삼권 분립, 상하로 분리된 두 개의 의회, 회계의 투명성, 언론의 자유 등). 또한 다른 국가가 차용한 대안적인 접근을 살펴볼 수 있는 개념적 기초를 마련하게 되며, 독재 정권의 권력 남용의 증거에 더 민감해질 것이다.

이번에는 기능 및 과정에 집중된 국어 수업에서 다루어질 수 있는 핵심질문의 예를 두 가지 더 살펴보자. 첫 번째는 '읽는 내용이 어떻게 읽는 방법에 영향을 미치는가?' 이며 두 번째는 '영향력 있는 작가는 어떻게 독자를 사로잡아 관심을 지속시키는가?' 이다. 첫 번째 핵심질문은 '읽는 방법은 읽는 지문의 유형에 영향을 받는다' 라는 읽기에서의 빅 아이디어에 관한 것이다. 이 질문을 통해서 읽기 분야, 글의 구조, 목적과 지문에 따른 다양한 읽기 전략 등 중요한 읽기 관련 개념 및 기능을 살펴볼 수 있다.

이와 비슷하게 두 번째 핵심질문인 '효과적인 작가는 어떻게 독자를 사로잡고 관심을 지속시키는가?' 는 다양한 글짓기의 개념 및 기술(작가의 집필 유형, 문체, 집필 분야, 구조, 생각을 발전시키기, 독자에 대한 배려, 다양한 종류의 '시선 끌기')을 드러내 준다. 기능을 탈문맥적으로 분석하고 읽기 및 쓰기 학습지(학생들이 바빠 보이지만 별 볼 일 없는 활동이라고 느끼는)를 바로 시작하는 대신, 우리는 그러한 질문을 통해서 학생에게 읽기와 쓰기의 보다 큰 목적에 대한 관점을 제시할 수 있다. 우리는 다섯 문단으로 이루어진 에세이 구조를 가르치되, 그것을 글의 구조와 아이디어를 조직하는 것의 중요성을 이해하는 맥락에서 다룰 수 있을 것이다.

국어나 수학과 같이 기능 및 과정 중심의 과목에서 이해를 위해서 가르치는 것은 특정 기능이 왜, 어떻게 유용한지 그리고 언제 가장 잘 적용될 수 있는지에 대한 초인지적인 관점을 제공해 준다. 기능을 그런 방법으로 가르치지 못하면 적용이 불가능한 기계적인 학습이 되어버린다(예, 알고리즘을 '알고', 숫자를 탈맥락적인 공식에 '집어넣을' 수 있는 학생이 같은 기능을 보다 실생활에 가까운 맥락에서 적용하는 문장제 문제에는 적용하지 못한다).

핵심질문은 이해의 관문과 같은 역할을 한다. 이러한 핵심질문은 모든 학문에 존재하며 내용과 과정을 구조화하는 데 활용할 수 있다. 다음은 다양한 교과 영역에서 제시될 수 있는 핵심질문의 몇 가지 예다(McTighe & Wiggins, 2004, 89-90쪽).

산수 (계산)

- 숫자란 무엇인가? 우리는 왜 숫자를 사용하는가? 우리에게 숫자가 없었다면?
- 모든 것은 수량화할 수 있는가?

미술 (시각 및 공연)

- 작가는 어디에서 아이디어를 얻는가?
- 작품은 어떻게 문화를 반영하고 구성하는가?

조리 예술

- 규격화된 요리법에서 벗어나도 되는 때는 언제인가?
- 무엇이 '안전한' 주방을 만드는가?

무용

- 무용의 '언어'를 통해서 무엇을 어떻게 소통할 수 있는가?
- 어떻게 하면 움직임이 감정을 불러일으킬 수 있는가?

경제

- 가치를 결정하는 것은 무엇인가?
- 거시경제가 미시경제를 결정할 수 있는가? (혹은 그 반대)

외국어

- 특정 언어의 원어민과 그 언어에 유창한 외국인의 차이는 무엇인가?
- 다른 언어와 문화를 공부할 때 우리 자신의 언어와 문화에 대해서 무엇을 더 알게 되는가?

지리

- 장소를 특별하고 다르게 만드는 것은 무엇인가?
- 어디에 사는지가 어떻게 살아가는지에 어떻게 영향을 미치는가?

정부

- 누가 결정해야 하는가?
- 개인의 권리와 공공선의 균형을 어떻게 잡아야 하는가?

건강

- '건강한' 생활이란 무엇인가?
- 어떻게 한 사람의 건강에 유익한 식단 및 운동 요법이 다른 사람에게는 그렇지 않을 수 있는가?

역사

- 누구의 '이야기' 인가?
- 우리는 과거로부터 무엇을 배울 수 있는가?

문학

- 무엇이 '위대한' 저서를 만드는가?
- 소설이 '진실' 을 드러낼 수 있는가? 이야기는 교훈이 있어야 하는가?

수학

- 최선의 해법이 아닌 '정답' 이 요구되는 때는 언제인가?
- 수학적 표상 및 모델의 한계는 무엇인가?

음악

- 어떻게 소리와 침묵이 다양한 음악의 형태로 조직되는가?
- 연습을 통해 완벽해질 수 있다면, '완벽한' 연습은 무엇인가?

체육 및 운동경기

- '승자' 는 누구인가?
- 운동 실력을 향상하는 데 반드시 고통이 수반해야 하는가? ('고통 없이는 얻

는 것도 없다' 라는 의견에 동의하는가?)

읽기 및 국어

- 무엇이 위대한 이야기를 만드는가?
- 어떻게 '행간' 을 읽는가?

과학

- 과학과 상식은 어느 정도 연결되어 있는가?
- 자연계에서 '형식' 과 '기능' 은 어떻게 연결되어 있는가?

기술

- 기술이 어떻게 표현과 의사소통을 증진시킬 수 있는가? 어떤 점에서 기술이 그것을 저해할 수 있는가?
- 기술의 진보에 대한 찬반 양론은 무엇인가?

작문

- '완성된' 생각이란 무엇인가?
- 왜 우리는 문장에 구두점을 찍는가? 만약 우리에게 구두점이 없었다면 어땠을까?

이러한 핵심질문은 그 성격상 반복적이다. 다시 말하면, 한 번 묻고 끝나는 질문이 아니라는 뜻이다. 학생은 빅 아이디어와 과정을 구성해 나가면서 같은 질문을 다시 마주한다. 시간이 지나면서 학생의 이해가 깊어지면 우리는 그들로부터 더 복잡하고 근거 있는 대답을 기대할 수 있게 된다.

이러한 질문은 선행 지식, 기능 수준, 선호하는 사고와 관련된 학생들의 차이를 존중하는 데도 역시 효과적이다. 핵심질문의 개방적인 특성은 모든 학생으로 하여금 그것에 대해 생각해 보게 한다. 더 나아가, 그러한 질문은 학생의 다양한 문화 및 삶의 경험과 연결하여 조직하기도 쉽다. 예를 들어, '사람이 지나치게 힘을 가지면 어떻게 되는가?' '정답이 최선의 답이 아닐 때는 언제인가?' '예술가는 어디에서 아이디어를 얻는가?' '장소를 특별하게 만드는 것은 무엇인가?' 라는 질문은 모든 유형의 학생의 삶과 연결될 수 있고, 학생 각자의 세계 및 우리가 그들이 발견하기를 바라는 내용 지식과 연결된다.

핵심질문을 정기적으로 활용하는 교사는 수업과 평가의 경계가 흐려진다고도 한다. 사실 직접적이고 실용적인 전략은 핵심질문을 수업 초반에 진단 평가의 목적으로 활용하는 것이다. 학생의 초기 반응은 주제에 대해 자신이 아는 것(혹은 안다고 생각하는 것)을 드러내는 것이며 그때 우리가 수업의 목적으로 삼아야 할 학생의 오개념도 함께 드러난다. 같은 질문을 단원 학습의 중간에 다시 활용하고(형성 평가로서) 단원 학습이 끝난 후에도 활용한다면, 교사(그리고 학생)는 지난 시간에 개념의 이해가 어떻게 발전되었는지에 대한 정보를 얻을 수 있다.

핵심질문 활용 시 주의해야 할 여섯 가지 실제적 지침은 다음과 같다.

- 적은 것이 많은 것이다(Less is more). 진짜 핵심질문은 멀리까지 나아갈 수 있다. 우리는 각 단원마다 몇 가지의 핵심질문만 활용하기를 추천한다(두 개에서 다섯 개). 하나 이상의 질문을 사용할 때는 그 순서를 생각해서 '자연스럽게' 한 가지 질문이 다른 것으로 연결되도록 한다.
- 학생이 질문을 탐구하기 위해서 필요한 핵심 용어를 이해해야만 한다.
- 우리의 의도가 학생을 참여시키기 위한 것이므로 더 많은 참여를 유도하기 위해서는 '학생에게 맞는 언어' 를 사용하도록 해야 한다. 해당 연령 수준에

맞게 질문을 수정해서 최대한 많은 참여와 관심을 이끌어낸다.

- 학생이 질문을 내면화하는 것을 도와야 한다. 그들에게 예시, 사적인 이야기, 느낌을 나누도록 한다. 생생한 질문이 되도록 자료를 오려 오거나 관련 공예품을 가져오게 한다.
- 핵심질문을 교실에 게시한다. 시각적으로 게시함으로써 질문의 중요성을 알리고, 수업의 장면으로 바로 들어갈 수 있다.

〈표 7-1〉 학생 사고의 심화를 위한 후속 전략

- **'한 번 그리고 두 번 기다리기'를 기억한다.**
  질문을 던진 뒤, 학생이 반응한 후 적어도 5초의 생각할 시간을 제공한다.
- **학생을 무작위로 부른다.**
  손을 든 학생만 발표시키는 패턴을 피한다.
- **자세히 묻거나 연속적인 질문을 활용한다.**
  "왜?" "설명할 수 있겠니?" "동의하니?" "어떻게 알 수 있니?" "예를 들어 주겠니?"
- **개방형 질문에 대한 반응의 단서를 제공한다.**
  "이 질문에는 단 하나의 정답이 있는 것이 아니다. 나는 너희가 대안을 생각해 보길 바란다."
- **학생들에게 그들의 생각을 '풀어놓도록' 요청한다.**
  "어떻게 너의 답에 도달하게 되었는지 설명해 줄래?"
- **주기적으로 요약을 요청한다.**
  "(지문, 연설, 영화, 학급의 논의에 대하여) 이제까지의 요점을 요약해 주지 않겠니?"
- **일부러 반대하는 입장을 취한다.**
  학생에게 다른 관점에 맞서는 논지로 방어하도록 한다.
- **학급의 의견을 조사한다.**
  "몇 명의 사람이 (특정 개념, 작가의 관점, 특정 결과에) 동의하는가?"
- **초인지적/반성적 질문을 배치한다.**
  "네가 아는 것을 어떻게 아는가?" "어떻게 그것을 이해하게 되었는가?" "네가 이해한 것을 어떻게 보여 줄 수 있는가?"
- **학생이 질문하는 것을 장려한다.**
  학생이 자신의 질문을 만들어 낼 수 있는 기회를 제공한다.
- **생각하고-짝과 이야기하고-공유하기를 활용한다.**
  개인에게 개별적으로 생각하고 짝과 토론할 시간을 갖게 한 뒤, 학급 전체와 나누도록 한다.

- 〈표 7-1〉과 같은 후속적인 전략을 활용해서 더 많은 학생이 이해와 사고를 심화시킬 수 있도록 한다.

교수적 도구로서의 이해의 여섯 가지 측면

우리는 3장에서 이해의 여섯 가지 측면을 간단하게 소개하였으며, 5장에서 평가를 다룰 때 다시 살펴보았다. 이제 우리는 학습 활동을 만들어 내는 틀로서 여섯 가지 측면을 다룰 것이다. 이는 원래 이해의 기준으로 계획된 것이지만, 각 측면은 주제와 관련해서 학생을 '사로잡고(hook),' 고차원적인 사고에 참여시키고, 다른 사람의 관점에 대해서 생각해 볼 수 있도록 하며, 자기 평가와 반성을 유도하는 데 유용하다는 것이 밝혀졌다.

〈표 7-2〉는 각 측면과 관련된 행동을 나타내는 동사의 목록이다. 이 동사는 학생이 적극적으로 참여해서 개념을 형성하고 의미를 만드는 데 필요한 학습 경험의 유형을 안내한다. 실제로 많은 교사는 이 측면이 학생이 다양한 주제를 심도 있게 탐구하는 것을 도와주는 방법에 대한 자신의 사고를 자극했다고 보고했다. 예를 들어, [그림 7.1]의 그림 조직자는 영양소 도입 단원을 계획하는 교사의 브레인스토밍 결과를 보여 준다.

이해의 측면은 반응적 교수를 할 때도 도움이 된다. 학생이 특정 사고 방법에서 선호와 강점을 보일 때, 이 측면은 학생에게 내용을 다양한 방법으로 탐구할 수 있도록 해 준다. 예를 들어서, 어떤 교사가 학생에게 한두 가지 측면을 사용해서 주제를 탐구하도록 했다고 하자. 학생은 자기가 선택한 측면으로 활동한 후에, '직소' 협력 집단을 통해서 다른 측면으로 활동한 다른 학생의 내용을 듣고 자신이 학습한 것을 나눌 수도 있다.

〈표 7-2〉 이해의 여섯 가지 측면에 기초한 수행 동사

수업을 계획할 때, 학생은 자신의 이해를 표현하는 방법으로 다음의 동사를 고려한다.

설명한다(explain)	해석한다(interpret)	적용한다(apply)
시연하다	비유하다(만들어서)	수용하다
추론하다	비평하다	발전시키다
서술하다	증거를 제공하다	창조하다
설계하다	평가하다	오류를 검출하여 제거하다
전시하다	묘사하다	결정하다
표현하다	판단하다	설계하다
설득하다	의미를 만들다	전시하다
지시하다	의미를 이해하다	발명하다
정당화하다	은유를 제공하다	수행하다
본을 보이다	행간을 읽다	생산하다
예상하다	재현하다	제안하다
증명하다	이야기를 하다	해결하다
보여 주다	번역하다	시험을 보다
종합하다		활용하다
가르치다		
관점을 갖는다(perspective)	**공감한다(empathy)**	**자기 지식을 갖는다 (self-knowledge)**
분석하다	역할을 맡다	알아차리다
주장하다	믿다	깨닫다
비교하다	~처럼 되다	알아보다
대조하다	~에 열린 마음을 갖다	반성하다
비평하다	고려하다	스스로 평가하다
추론하다	상상하다	
	연관을 짓다	
	역할극을 하다	

자료: *From Understanding by Design Professional Development Workbook* (p. 161), by J. McTighe and G. Wiggins, 2004, Alexandria, VA: Association for Supervision and Curriculum Development. Copyright 2004 by the Association for Supervision and Curriculum Development. Reprinted with permission.

이해의 여섯 가지 측면을 활용해서 동기를 유발하고 관심을 끌고 기대하는 수행에 맞게 학생을 준비시킨 후, 이전의 생각을 되돌아보게 해 주는 학습 활동을 계획하시오.

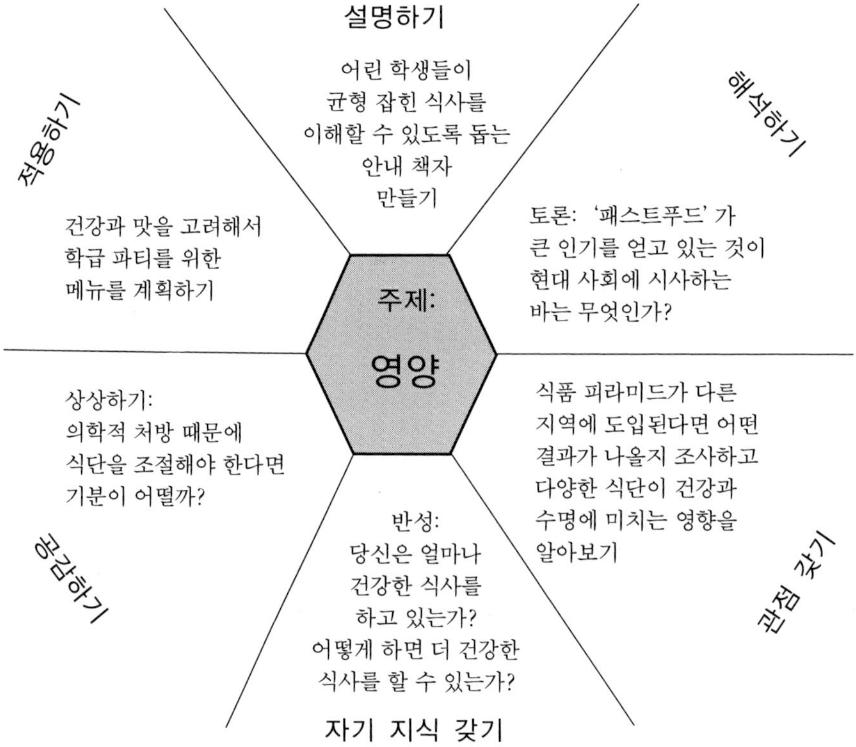

[그림 7.1] 이해의 여섯 가지 측면을 활용한 학습 활동 브레인스토밍

자료: *From Understanding by Design Professional Development Workbook* (p. 231), by J. McTighe and G. Wiggins, 2004, Alexandria, VA: Association for Supervision and Curriculum Development. Copyright 2004 by the Association for Supervision and Curriculum Development. Reprinted with permission.

이런 전략은 학습이 사회적으로 일어난다는 것을 전제한다(Vygotsky, 1978). 즉, 우리는 타인과 생각을 토론하고, 다양한 관점에 대해서 듣고, 협동적으로 내용을 '드러내면서' 의미를 구성하고 이해를 심화시켜 나간다.

이런 접근과 상관없이 이해의 여섯 가지 측면이 개념적인 도구라는 것을 기억하는 것은 중요하다. 우리의 목표는 여섯 가지의 모든 측면을 모든 상황에서 강조하는 것이 아니다. 대신, 가장 의미 있는 방식으로 학생의 사고를 특정 주제로 향하게 하고 이해의 기준으로 적합하게 활용할 수 있는 측면을 선택하는 것이다.

기억할 것: '사다리식 학습' 은 학습에 대한 잘못된 비유다

'이해중심 교수' 접근을 제시했을 때 교사는 다음과 같은 우려를 종종 제기한다. "음, 영재 학생에게는 잘 될 것 같아요. 하지만 저는 기초적인 지식과 기능도 숙달하지 못한 학생을 가르치거든요. 그 아이들이 어떻게 더 추상적인 개념을 이해하고 적용까지 하도록 기대할 수 있을까요?" 그러한 걱정은 대개 좋은 의도에서 시작한 것이지만 동시에 학습에 대해 보편적이면서 (우리 생각에) 근본적으로 잘못된 관점을 드러낸다. 그러한 관점은 '사다리를 오르는' 인지 모델이라고 특징지을 수 있다. 이런 믿음을 지지하는 사람은 학생이 반드시 과목의 더 추상적인 개념을 배우기 전에 중요한 사실을 먼저 익혀야 한다고 생각한다. 이와 비슷하게, 그들은 또한 학생이 더 통합적이고 복잡하며 실제적인 방법으로 적용할 수 있으려면 그 전에 먼저 기초적인 기능을 숙달해야 한다고 생각한다.

이 인지의 '사다리' 관점에는 두 가지 문제점이 있다. 직관적으로는 말이 될지 모르지만(지구가 평평하다는 관찰이 그랬던 것처럼) 현대의 학습 과정에 대한 관점과는 맞지 않는다. 인지 심리학자이자 평가 전문가인 Lori Shepard는 이렇게 쳤다(Nickerson, 1989).

> 학습이 조금씩 점진적으로 일어난다는 생각은 시대에 뒤떨어진 것이다. 인지 심리학에 기초한 최근의 학습 모델은 학생이 자신의 지식을 구성하고 스스로 사실과 개념의 상관관계에 따른 인지 지도를 발전시킬 때 이해가 일어난다고 본다(5-6쪽).

유아가 문법을 다 익힐 때까지 기다렸다가 말하기를 시작하지 않는 것처럼, 학령기의 어떤 학생도 기초적인 것을 완벽히 숙달한 뒤에 적용을 시작하지 않는다.

교수-학습에 대한 이러한 믿음은 50년 전에 Benjanmin Bloom과 그의 동료들에 의해 제안된 교육 모델인 Bloom의 목표 분류표에 의해서 은연중에 강조되어 왔다(Bloom, 1956). 하지만 역설적이게도 Bloom의 목표 분류표는 학습 모델이나 교수를 안내하기 위해서 제안된 것이 아니었다. 오히려 그것은 대학 시험에서 인지적으로 복잡한 평가 요소를 단계별로 유형화하기 위해 개발되었다. 또한 Bloom은 모든 학생이 모든 수준의 목표 분류표를 달성하기 위해서 노력해야 한다고 강조했다. 그러나 많은 교사가 오랫동안 목표 분류표를 맞춤형 수업의 잘못된 접근의 틀—높은 수준의 사고는 뛰어난 학생용, 기초적인 기능은 부진한 학생용이라는 방식—로 사용해 왔다. 그러므로 Bloom의 목표 분류 체계를 맞춤형 수업의 틀로 사용하는 것은 정당화될 수 없다.

학습의 사다리 관점의 두 번째 문제점은 그것이 부진 학생에게 직접적으로 영향을 미친다는 데 있다. 부진 학생이 기초 학습을 숙달했을 가능성이 거의 없기 때문에 그들에게는 낮은 수준의 기능을 반복 연습하는 활동, 개별 지식을 단순 암기하는 활동, 답안을 외우는 식의 시험 대비 학습지와 같은 교육적 처방을 자주한다. 안타깝게도 현실에서는, 이러한 학생 대부분이 사다리의 첫 칸을 넘을 가능성이 없으며, 따라서 자신이 배운 것을 의미 있는 방식으로 실제에 적용할 수 있는 기회를 거의 갖지 못한다.

앞 장의 코치 비유를 다시 떠올려 보자. 너무 많은 학생에게 학교에서의 경험은 대부분 마치 경기를 뛰어 볼 한 번의 기회도 주어지지 않는, 맥락 및 실제 경기와 관계없는 사이드라인에서의 반복 연습에 불과하다. 다시 말해서, 학생에게는 자신이 학습하는 내용을 의미 있게 적용해 볼 기회가 없다는 것이다.

기초가 중요하지 않다고 말하는 것이 아니다. 다만, 연습과 훈련이 실제적인 과제(예, 실제 경기를 뛰는 것)와 상호작용을 할 때 의미 있는 학습이 일어난다는 것이다. 지식과 기능을 유용한 맥락에서 적용하려는 시도를 하면서 학생은 기초의 필요성을 깨닫게 된다. 따라서 우리는 교사에게 초보자 및 학습 부진 학생으로부터 지식과 기능의 의미 있는 적용 기회를 빼앗아서는 안 된다고 말하려는 것이다.

모든 것의 종합: WHERETO 틀

계획은 교수(teaching)에 선행한다. 우리는 교사가 학습을 계획할 때 WHERETO 틀에 내재한 원칙을 검토할 것을 추천한다(WHERETO는 각 원칙의 머리글자를 따서 만든 것이다). 이 설계의 요소는 3단계의 수업 계획의 밑그림 또는 청사진의 역할을 함으로써 모든 학생의 이해를 위해 가르치고자 하는 목표를 달성할 수 있게 해 준다.

우리는 WHERETO의 각 요소를 고려해야 할 질문의 형태로 만들었다. 각 글자가 나타내는 설계 질문은 교사에게 학생의 관점을 고려하게 하고, 이를 언제나 교수-학습의 과정에서 중심에 놓이게 한다.

W = 학생이 스스로 무엇을(what) 배우게 될 것인가를 알게 하려면 어떻게 그들을 도와줄 수 있는가? 이것은 왜(why) 배울만한 가치가 있는가? 어떤(what) 증거가 그들의 학습의 증거가 될 것인가? 그들의 수행을 어떻게 평가할 것인가?

어떤 연령층의 학생이든지 주어진 학습 목표를 이해하고 그것이 어떻게 자신의 개인적인 삶에 의미가 있는지 알 때 더 노력하게 되며 따라서 성공할 가능성도 높아진다. WHERETO의 W는 교사가 학습 목표를 학생에게 분명하게 전달해야 한다는 것과 학생이 그 유용성을 발견할 수 있도록 도와야 한다는 것을 상기시켜 준다. 또한, 학생은 분명한 학습 목표를 갖고, 그 지점에 이를 때까지 스스로를 점검하며, 어떤 수행 과제 및 평가를 통해서 자신이 학습한 것을 보여 주어야 하는지 알고 있어야 한다.

실제 상황에서 W의 다음 예시를 생각해 보자. 중학교 국어 교사는 큰 화살 과녁판을 체육부에서 빌려 와 자신의 교실에 있는 게시판에 붙여 놓았다. 그리고 주요 단원의 학습을 시작할 때마다 학생들을 게시판 앞으로 불러서 단원의 '목표'—가장 중요한 목표와 그 내용을 학습하는 이유—에 대해서 이야기한다. 도입 활동의 일부로서 단원을 학습하는 동안에는 학생들이 해야 하는 수행 과제에 대해서 이야기한다. 게시판에는 교사가 학생들의 최종 수행 과제를 평가할 때 사용할 평가 기준, 즉 채점 기준을 크게 만들어서 게시하고 그것을 설명한다. 학생들이 채점 기준을 이해하도록 돕기 위해 이전 학년도 학생들이 제출했던 과제를 모아서(학생의 이름은 지운 채로) 게시하였다. 다양한 수준의 학생 작품은 과녁판 주위에 놓아두었고, 채점 기준의 등급을 함께 표시하였다. 예시를 통해서 학생들은 채점 기준 및 수행 수준에 대한 실제적인 감각을 갖게 된다. 따라서 학생은 자신이 평가받을 채점 기준 및 수행 수준을 더 이상 '미스터리'로 생각하지 않게 된다. 이 게시판은 단원을 시작할 때 목표가 무엇인지, 수행의 기대 수준은 어떠한지 명확하게 알려 준다. 또한 교사는 학생 작품과 함께 채점 기준을 이용하여 수업을 탄탄하게 하고, 학생의 학습을 안내할 뿐 아니라 그들이 자기 평가를 할 수 있게 한다.

다양한 학년에서 다른 과목을 가르치는 교사들은 이 게시판의 아이디어를 수정하여 사용해 왔다. 제시된 기준을 충족시키는 다양한 예를 보여 줌으로써 교사들은 성취 기준을 낮추지 않으면서도 결과물 및 수행을 다양화할 수 있는 방법을 발견했다. 다양한 예는 '다양한 우수성' 을 예시해 주어, 학생이 과자를 찍어내듯이 똑같은 결과를 산출하지 않도록 돕는다.

H = 어떻게 학생을 사로잡아(hook) 관심을 불러일으킬 것인가? 학생이 습득하기를 기대하는 학습 내용을 그들의 경험과 흥미로 어떻게 연결시킬 수 있는가?

'학생을 가르치려고 하기 전에 그들의 주의를 끌어야 한다' 라는 오래된 속담에 지혜가 담겨 있다. 최고의 교사는 학생의 생각을 '자극' 해서 학습 과정에 몰두하게 만드는 동기 유발 활동을 하며 학생을 '사로잡는 것' 의 가치를 항상 중요하게 인식하고 있다. 따라서 우리는 교사에게 자신이 가르치는 주제와 관련해서 학생을 사로잡을 수 있는 의도적인 계획을 세우라고 추천한다.

다음 예시를 살펴보자. 한 초등학교 교사는 지도와 세계에 대한 단원에서 학생들에게 스스로 형사가 되어 버뮤다 삼각지대에 관한 미스터리를 해결하라고 하면서 위도와 경도에 대한 수업을 시작했다. 삼각지대 이론에 대한 기초적인 설명을 한 후에 교사는 네 명으로 구성된 각 협동 학습 집단에 검은색 사인펜으로 삼각형이 표시된 지도를 나눠 주었다. 그 후에 교사는 삼각지대의 영향으로 배와 비행기가 '사라졌다' 고 보고된 좌표 목록을 제시하면서 학생들에게 지도에 그 지점을 표시해 보도록 했다. 교사는 아주 간단하게 위도와 경도를 사용해서 지도에 표시하는 방법을 보여 주었다. 학생은 어떻게 하는 것인지 빠르게 파악했고 얼마 걸리지 않아 실종된 배와 비행기의 좌표를 모두 완성했다. 그 후에 표시한 지도를 서로 살펴보고 비교하면서 이야기를 나누었다.

교사의 준비된 질문을 따라가면서 학생들은 삼각지대 밖에서 일어난 실종 사건도 많다는 점을 고려했을 때 삼각지대 이론은 문제가 있다는 결론에 도달하게 되었다.

그 후 교사는 위도 좌표가 표시된 다른 지도와 지구본을 제시하면서 활동을 요약하고, 이들 지도와 지구본의 목적에 대해서 이야기했다. 학생들을 사로잡는 이 활동이 성공한 다음에 교사는 학생들이 거리를 두고 생각할 수 있도록 이를 더 큰 단원의 목표 및 핵심질문과 연결시켰다. "우리가 세계에서 어디에 위치하고 있는지 어떻게 아는가? 그리고 그것을 어떻게 나타내는가?"

이 예시에서 표면적으로는 그 어떤 '강의식' 교수도 이루어지지 않았다는 점이 매우 흥미롭다. 교사는 수업을 핵심 용어나 교과서의 읽기 자료로부터 시작하지 않았다. 대신, 흥미로운 미스터리를 제시하고 해결해 보라고 도전하면서 학생을 사로잡았다. 학생을 적극적으로 의도적이고 흥미로운 위도와 경도 문제에 참여시키면서 교사는 의미를 만들어가는 장면을 목격하였다. 학생들이 지도 및 지구본에 좌표 체계가 필요하다는 것을 느낀 것이다. 협동 학습 집단(한 명의 뛰어난 학생과 한 명의 부진 학생이 포함된)을 조심스럽게 조합한 결과, 동료 가르치기는 탐정 놀이의 자연스러운 한 부분이 되었다.

효과적인 동기 유발의 다른 예에는 도전적인 핵심질문, 직관에 반하는 현상, 논쟁이 되는 주제, 실제적인 문제 및 도전, 감정 대립, 유머가 포함된다. 유념해야 할 것은 아무런 목적 없이 단순히 흥미로운 도입 활동을 제시하면 안 된다는 것이다. 우리의 의도는 내용과 관련된 동기 유발 활동이 학생의 경험과 딱 일치해서—설계를 통해서—생산적인 학습 경험으로 이어지게 하는 것이다.

E = 제시된 기준을 숙달하고 목표한 수행을 성공하기 위해서 학생을 어떻게 준비(equip)시켜야 하는가? 어떤 학습 경험이 중요한 개념에 대한 이해의 발전 및 심화를 도울 수 있는가?

이해는 화물처럼 이쪽에서 저쪽으로 쉽게 옮길 수 있는 것이 아니다. 이해에 이르기 위해서는 학생의 능동적인 지적 참여가 필요하다. 따라서 효과적인 교사는 단순히 진도를 나가는 대신 학생이 참여하여 의미를 구성할 수 있는 방법을 취하여 영속적인 아이디어와 과정을 드러낸다. 이러한 목적을 달성하기 위해 교사는 학생이 획득하기를 기대하는 지식, 기능, 이해에 도달할 수 있도록 구성주의자가 주장하는 학습 경험, 구조화된 활동, 직접 교수법 사이에서 적절한 균형을 선택하게 된다(예, 〈표 6-1〉에서 제시).

백워드 설계의 논리는 특히 WHERETO의 첫 번째 E 단계에서 유용하다. 우리가 1단계에서 기대하는 학습 결과에 대해 분명하게 밝히고, 2단계에서 필요한 증거를 조심스럽게 검토했다면 이제 우리는 역행적으로 가장 효과적인 교수-학습 경험을 계획하는 것이다(교과서의 내용으로 바로 들어가는 것이 아니라). 다시 말해서, 3단계에서 무엇을 가르쳐야 하는지 그리고 어떻게 가르쳐야 하는지에 대한 결정은 이전 두 단계에서 설정된 우선순위에 따라 이루어진다.

1단계에서 특정 이해를 목표로 정하고 2단계에서 그에 상응하는 수행 평가를 계획할 때, 우리는 이미 어떤 지식과 기능이 평가에서 요구되며 그에 따라 어떻게 가르쳐야 하는지 결정한 것이나 다름없다. 교실에서 교사가 학생을 수행 과제에 맞게 준비시키는 것은 유능한 코치가 다가오는 게임을 위해 팀원을 준비시키는 것과 본질적으로 같다.

R = 어떻게 학생에게 이전의 학습을 다시 생각해 보도록(rethink) 하는가? 어떻게 지속적인 수정(revision)과 정교화(refinement)를 장려할 수 있는가?

소수의 학생만 추상적인 아이디어를 그 자리에서 완벽하게 이해할 수 있다. '이해에 이르게 된다' 라는 표현에서 알 수 있듯이, 이해에는 과정이 필요하다. 오랫동안 학생은 생각하고 반성하고 다른 관점에서 개념을 검토하고 전제된 가정을 탐구하고 피드백을 받고 수정하면서 자신의 이해를 발전시키며 심화시킨다. 훌륭한 글이 초고 쓰기와 다시 쓰기를 반복하는 과정에서 탄생하는 것과 마찬가지로, 이해 또한 다시 생각해 보는 과정을 통해 점차 성숙해진다. WHERETO의 R은 교사에게 그러한 기회를 포함할 것을 제안한다.

예를 들어, 고등학교 사진부 교사는 삼등분의 규칙을 소개하고, 학생에게 이 작품 구성의 규칙을 활용한 사진을 찍어 오도록 했다. 학생이 그 기본적인 사진 기술을 이해했다는 것을 입증한 다음에 교사는 드라마틱한 효과를 위해 그 규칙을 파괴한 멋진 사진의 예시를 보여 주었다. 다시 말해서, 교사는 학생이 더 복잡한 이해에 이르는 것을 돕기 위해서 의도적으로 모든 작품은 공식적인 절차를 따라야 한다는 생각에 도전하도록 한 것이다. 그와 비슷하게 글쓰기를 잘 가르치는 교사는 효과적으로 설득하는 글쓰기를 탐구하기 위해 기본 5단락 구조의 에세이를 벗어나는 형태의 글을 제시하기도 한다.

이쯤에서 어떤 독자는 이렇게 생각할지도 모른다. "맞아, 하지만 그러한 접근은 시간이 걸려. 우리가 가르치는 모든 것을 그렇게 할 수는 없어. 그렇다면 언제, 어떻게 수정하고 정교화하도록 권장해야 할까?"

우리는 교사에게 반직관적이거나(예, 분수의 나눗셈) 너무 추상적이어서(예, 행간 읽기) 학생이 파악하기 어려워하는 가장 중요한 내용(예, 영속적 이해)을 다룰 때 R을 고려하라고 제안한다.

몇 년 동안 교사는 다양한 실제적인 기술을 사용해서 학생에게 수정과 정교화를 하도록 했다. 이때 사용한 것은 일부러 반대의 입장을 취해서 비판하기, 새로운 정보를 제공하기, 논쟁을 붙이기, 동료 반응 집단을 만들기, 주기적인 자기 평가 시간을 제공하기 등이다. WHERETO의 R의 가치를 강조하기 위해서 우리는 다음 격언을 제시한다. '이해할 가치가 있다면 다시 생각해 볼 가치도 있는 것이다. 실천할 가치가 있다면 반성할 가치도 있는 것이다.'

E = 어떻게 학생의 자기 평가(evaluation)와 반성을 증진시키는가?

유능하고 독립적인 학생은 목표를 세우고, 자신을 스스로 평가하며, 자신의 요구를 조절할 줄 안다. 그러나 여전히 수업의 과정에서 경시되는 측면은 학생이 초인지적인 기능을 개발해서 자기 평가, 자기 조절 및 반성을 하는 부분이다. Art Costa와 Bena Kallick(2000)은 이 주제에 대한 연작 시리즈에서 이러한 '사고의 습관' 을 계발하는 데 실패한 교육은 자신이 학습한 내용을 사려 깊고 유연하게 적용할 능력이 없는 학생을 길러낼 뿐이라고 경고한다.

교사는 학생에게 자신의 학습에 대해서 주기적으로 자기 평가 및 반성을 할 수 있는 기회를 제공함으로써 그러한 능력을 지원할 수 있다. 학생이 자기 평가 및 반성을 할 수 있도록 유도하는 자연스러운 방법은 다음과 같은 질문을 하는 것이다.

____ 에 대해서 정말 이해한 것은 무엇인가? 여전히 헷갈리는 것은 무엇인가?
____ 를 어떻게 발전시킬 것인가? 다음에는 무엇을 다르게 할 것인가?
가장 자랑스러운 것은 무엇인가? 가장 실망스러운 것은 무엇인가?
____ 에서 가장 잘하는 것은 무엇인가? ________에서 가장 못하는 것은 무엇인가?
너의 학습 유형이 ____ 에 영향을 미친 것은 무엇인가?

네가 배운 것이 다른 학습과 어떻게 연결될 수 있는가?
네가 배운 것이 어떻게 너의 생각을 바꿨는가?
네가 배운 것을 어떻게 활용할 것인가?

1학년을 가르치는 교사라도 학생에게 반성하는 것을 가르칠 수 있다. 예를 들어서, 어떤 1학년 교사는 자기 반성의 신호를 보내는 도구로 개구리 만화 캐릭터가 그려진 포스터를 만들어서 게시한다(예, '멈추고 생각하세요' '지금 나는 어떻게 하고 있나요?' '이걸 더 잘 할 수 있을까요?' '내가 배운 것은 무엇일까요?'). 그 포스터는 교실 안과 밖에 게시되어 학생이 지속적으로 자기 평가 및 반성의 중요성을 상기하게 하는 데 사용될 수 있다.

T = 어떻게 학습 활동 및 나의 교수를 다양한 학습 준비도, 학습 유형, 흥미를 가진 학생에게 맞춤 재단해서(tailor) 가르칠 수 있는가?

WHERETO의 T는 학생의 드러난 요구와 강점(예, 학습 준비도), 흥미, 선호하는 학습 유형에 부응하기 위해서 맞춤식으로 가르치는 것의 중요성을 지적한다. 이 책의 많은 부분에서 그러한 맞춤형 수업에 대한 제안을 하고 있다.

O = 학습 경험을 어떻게 조직(organized)해야 최대한 학생을 참여시키면서 효과적인 학습이 일어나게 할 수 있는가? 어떤 순서로 조직하는 것이 학생이 해당 내용을 학습하는 데 최적일까?

마지막으로, 학생이 빅 아이디어의 심층적인 이해에 이르도록 하기 위해서는 학습 경험을 신중하게 조직해야 한다. WHERETO의 O는 교사에게 다양한 집단의 학생이 모두 원하는 결과에 도달하게 하는 최적의 방법을 결정할 때, 학습 경험의 순서 및 차례를 신중하게 고려해야 한다는 것을 상기시킨다.

전통적인 수업은 대개 단순 사실과 기능에서 시작해서 점차 추상적인 개념 및 과정으로 나아가는 선형적인 순서(대개 교과서에 제시된 순서)를 따른다. 비록 그러한 접근이 어떤 상황에서는 괜찮다고 하더라도, 그처럼 사다리를 오르는 학습 모델은 앞서도 말했듯이 전문가들에게 비판받고 있다.

효과적인 교사는 학생이 모든 기초를 숙달한 후에 더 실제적인 적용을 하도록 하지 않는 대신, 그들에게 의미 있고 도전적인 과제 및 문제를 경험하게 한다(Stigler & Hiebert, 1999). 학생은 실제 맥락에서 개념 및 절차와 접전을 벌이면서 기초의 필요성과 더 큰 목적의 필요성을 함께 느끼게 된다. 이해의 발달 및 심화는 지식을 의미 있는 방법으로 사용하려는 시도로부터 시작되는 것이지, 탈맥락적인 단순 훈련과 연습을 통해 일어나는 것이 아니다.

예를 들어, 현대사를 가르치는 교사가 과거의 사건이 현재에 영향을 미친다는 것을 학생들이 이해하도록 돕기 위해 자신의 과목을 현재에서부터 시작해서 반대 방향으로 진행한다고 하자. 이 사려 깊은 교사는 전통적인 교과서에 제시된 선형적인 순서가 사실은 자연스러운 학습의 과정과 맞지 않는다는 것을 발견한 것이다. 이와 비슷하게, 다른 교수적 접근—문제 중심 학습, 과정적 글쓰기, 소크라테스식 세미나, 과학의 5 Es[1], 웹 퀘스트(Web quests)—도 학생이 자신의 의미를 스스로 구성할 수 있는 총체적인 경험을 강조한다는 점에서 부분에서 전체로 나아가는 전통적인 순서에 역행한다.

요약하면, WHERETO 원리는 연구에 기초한 원리를 구체화한 것이며 가장 효과적인 교사의 탁월한 실천을 반영한 것이다. 따라서 교사는 계획을 세울 때 머리글자를 기억해서 각각의 요소를 떠올리면 좋을 것이다. 당연히, 모든 수업

1) 역자 주. 과학 수업을 계획할 때 포함하는 5가지 E: 참여시키기(engage), 탐색하기(explore), 설명하기(explain), 확장하기(extend), 평가하기(evaluate)

에서 WHERETO의 모든 요소를 포함시키라는 의미는 아니다. 대신 WHERETO는 일련의 차시를 하나의 큰 단원 안에서 조직하게 하려는 것이다. 하지만 중요한 주제를 다루는 광범위한 단원에서는 각 요소가 반영되어야 할 것이다.

제 8 장

성적 처리와 통지

채점을 효과적으로 하는 데 적용되는 중요한 원칙은 무엇인가?

이해중심 교육과정과 맞춤형 수업을 실행하는 교실에서 성적 처리는 어떻게 해야 하는가?

어떻게 채점하고 성적을 처리해야 학습을 촉진하고 학생을 격려할 수 있는가?

많은 교사에게 채점은 정신적 스트레스다. 교사는 가르치는 학생을 격려하고 지원해야 하지만, 한편으로는 생활기록부와 성적표를 작성하기 위해서 판단하고 평가하는 역할도 해야 한다. 그러한 두 입장은 종종 상반된 것처럼 보이며, 학생 중심의 학습을 옹호하는 교사는 현실과 타협한다는 느낌을 갖게 된다.

교사의 역할에 대한 이와 같은 갈등은 특히 반응적 혹은 맞춤형 수업을 실행하는 교사에게 혼란을 가져온다. 그러한 교사는 교실에서 학생의 준비도, 흥미, 학습 유형의 차이를 존중하고 관심을 가진다. 맞춤형 수업을 하는 교실에서 학생의 다양성(variability)은 '문제' 라기보다 인간과 함께 하는 일이 갖는 자연스럽고 긍정적인 측면이다. 하지만 성적표라든가 우리가 성적 처리에 대해 갖고 있는 편견 때문에 마치 학생의 자연스러운 차이는 무시하고 표준화되고 수량화된 절차만 사용해야 한다고 생각하는 것 같다. 교사들은 종종 이렇게 말하곤 한다. "나는 맞춤형 수업을 하는 교실에서 학생을 어떻게 가르쳐야 하는지 잘 안다. 그러나 서로 다른 학생을 어떻게 채점하고 등급을 매겨야 하는가?" 비록 기준(standards)에 따라 내용 및 수업을 표준화할 수 있는 교육 체제가 반응적 교실의 필요성과는 모순이 있는 것 같이 보이지만, 우리는 꼼꼼한 채점과 성적 처리가 우수한 교육과정 및 맞춤형 수업의 자연스러운 한 부분이라고 생각하며, 평가는 수업 전체로 자연스럽게 확장될 수 있다고 본다.

형식은 기능을 따른다

채점은 다음 두 가지 과정으로 볼 수 있다. (1) 학습의 순환 과정 마지막에 학생이 어떻게 수행했는지 평가한 것을 요약적으로 나타내는 문자나 숫자를 부여하는 과정과 (2) 학생과 학부모에게 평가한 것을 보고하는 과정이다. 우리는 채점과 통지의 주요 목적이 학생의 학습 과정을 지원하고 그들의 성공을 격려하기 위해 그들과 그들의 학부모에게 질 높은 피드백을 제공하는 것이라고 믿는다. 백워드 설계 및 맞춤형 수업을 실천하는 교실, 학교, 지역구에서는 그러한 목적에 비추어서 채점과 성적 처리를 할 수 있을 것이다. 그것을 핵심질문의 형태로 바꿔 본다면 다음과 같다. '우리가 학생과 학부모에게 질 높은 피드백을 제공하고 있음을 어떻게 알 수 있는가? 채점과 성적 처리를 통해서 전달되는 정보가 유용하게 학습 과정을 지원하려면 어떻게 해야 하는가? 어떠한 방식으로 채점하고 성적을 처리해야 학생의 성공을 격려할 수 있는가?'

효과적인 채점과 성적 보고를 안내하는 원리

채점과 성적 처리는 백워드 계획과 맞춤형 수업만큼이나 신중함을 요하는 중요한 문제다. 우리가 3장에서 교육 내용을 빅 아이디어와 원리를 중심으로 조직해야 한다고 제안했던 것처럼 채점과 성적 처리도 다음의 여섯 가지 주요 원리에 기반하고 있다.

원리 1: 점수와 성적표는 명확하고 구체적인 학습 목표와 수행 기준에 근거해야 한다

백워드 설계에서 우리는 명확히 기술되고 내용이 구체적인 일련의 학습 목표로부터 시작한다(1단계). 그 다음에는 목표를 달성했음을 보여 주는 적절한 증거를 결정하고 이를 위해 평가 방법을 선택하거나 설계한다(2단계). 그 후 '얼마만큼 잘해야 잘한 것인가?' 'A는 무엇으로 구성되는가?' 등의 질문에 답하기 위해 수행의 준거를 개발한다. 마지막으로, 채점과 성적 처리에서는 학생의 성취도 수준을 일정한 기준에 따라 기술해야 한다. 교육 측정 및 평가 분야의 전문가인 Ken O' Connor(2002)는 다음과 같이 말한다. "학점/점수가 어떤 실제적 의미를 지니기 위해서는 단순히 문자/숫자 이상의 의미를 내포하고 있어야 한다. 다시 말해서, 수행 준거가 의미가 있으려면 점수 척도의 각 상징이 학생 수행의 질에 대한 진술을 포함하고 있어야 한다."

다른 말로 하면, 점수(grade)는 학생의 숙달 정도를 중요한 목표와 관련지어 나타낼 수 있어야 한다. 그래서 교사는 성공을 나타내는 지표를 결정하고, 성공을 측정할 준거를 기술한 다음, 그에 따라 타당하게 측정해서 그 결과를 명확하고 일관된 방식으로 보고해야 한다.

원리 2: 채점에 사용되는 증거는 타당해야 한다

3장에서 논의했듯이, 평가는 기대하는 결과물에 대한 합리적인 추론을 가능하게 할 때—즉, 그것이 외재적 요인이 아닌 원래 측정하고자 했던 것을 측정할 때—타당한 것이다. 예를 들어, 학생이 밀도와 부력이라는 개념을 적용할 수 있는지를 측정하고자 한다면, 학생의 부족한 언어 능력이나 학습장애 혹은 그들이 지시문을 읽지 못하는 것 때문에 개념을 잘 적용하지 못한다고 평가해서는 안 된다는 것이다. 또한 학생이 시험지에 이름을 적었는지 안 적었는지, 글씨체가 아름다운지 등에 의해서 점수가 영향을 받아서는 안 된다. 즉, 가능한 한 우리는 학생이 알고, 이해하고, 할 수 있는 능력을 드러내는 데 방해가 되는 요인과 상황을 제거해야 한다. 점수는 가능한 한 명확하게 측정하여 학생이 할 수 있는 최선의 것을 드러낼 수 있어야 하고, 관련이 없거나 외재적인 요인에 의해 불분명한 의미를 전달해서는 안 된다.

원리 3: 채점은 임의적인 규준이 아닌 확립된 준거에 근거해야 한다

점수가 학생의 성취를 학급의 다른 학생과 비교하는 데 사용되면, 그 의미는 퇴색한다. 그러한 규준-참조적(norm-referenced) 체계에서는, 능력이 매우 낮은 학생들로 구성된 반에서 어떤 학생이 '최고의' 수행을 함으로써 A를 받을 수 있지만, 학업 성취 능력이 뛰어난 학생들이 모여 있는 반에서는 그 학생이 '최악의' 수행을 하였다 하여 C를 받을 수도 있다. 더 나아가, 규준에 근거한 점수 체계는 불건전한 경쟁을 조장하는데, 그러한 상황에서 학생은 희소한 보상(즉, 적은 수의 A와 B)을 위해 경쟁하면서 몇몇은 '승리자'가 되고 다른 몇몇은 '패배자'가 될 수 있다. 따라서 우리는 학생 분포에 따라 채점하는 방식을 장려하지 않고(비록 여전히 매우 보편적인 평가의 형태지만), 대신 준거-참조적(criterion-referenced) 접근 방식을 제안한다. 우리는 종 모양의 정상 분포를 추구하기보다는, J 커브—명확히 규정된 기준에 따라 성취도가 평가되어 모든 학생이 높은 점수를 얻을 가능성이 있는 체계—를 지향해야 할 것이다.

만약 어떤 학생이 다른 학생들과는 다른 학습 목표를 성취하기 위해서 학습하고 있다면(예, 학습 곤란으로 인해 개별화된 교육 프로그램을 받고 있거나 속진 학습 계획에 속한 경우), 개인에 따라 개별화된 학습 목표가 따로 명시되어야 한다. 그 다음에 적절한 측정치—그 목표와 학생의 고유한 학습 상황에 적절한 것—가 채점의 기초가 되어야 할 것이다.

원리 4: 모든 것을 다 성적에 포함해서는 안 된다

성적 처리(grading)와 평가는 동의어가 아니다. 평가는 학생의 성취에 대한 정보를 모아 교수적 의사 결정을 내리는 데에 초점을 두는 순환적 과정인 반면, 성적 처리는 학생 성취에 대한 최종적 판단이다. 성적은 평가 자료에 근거하지만, 모든 혹은 대부분의 평가를 채점해서 점수화하는 것은 현명하지 못하다. 예를 들어, 진단 평가나 사전 평가는 성적에 절대 포함해서는 안 된다. 그것은 교수의 순환 과정에서 시작점에 위치한 학생의 능숙함 정도를 판단하고, 오개념을 드러내며, 그들의 흥미나 학습 방법에 대한 선호도를 이해하기 위해서 행해지는 것이다. 즉, 진단 및 사전 평가는 교수-학습 계획과 실제 수업을 안내하는 데 있어서 중요한 정보를 제공하기 위하여 실시한다. 가르치기 전에 학생이 무엇을 알고 있는지(혹은 모르고 있는지)를 가지고 그들에게 책임을 묻는 것은 적절하지 못하다. 또한 형성 평가가 최종 점수에 영향을 미쳐서도 안 된다. 형성 평가는 교사와 학생에게 학습 과정에 대한 지속적인 피드백을 주고, 교사와 학생 양쪽 모두에게 필요한 조정을 하도록 한다. 나아가 학생에게 연습할 기회를 주고, 지적으로 도전적인 과제를 하게 하며, 실수로부터 배우게 하고, 자신이 수행한 것을 수정하게 하는 역할을 한다. 교사는 형성 평가 결과를 가지고 학생의 현재까지 수행도를 분석할 수 있고, 수업 개선을 위한 피드백 자료로 활용할 수 있다. 형성 평가는 고부담 평가를 하기 위한 시간이 아니다(물론, 교사는 학생이 과제를 완수했는지, 부족한 작업을 고칠 의지가 있는지, 꾸준히 하는지 등을 이후에 학생의 학업 태도를 보고하기 위해서 기록할 수는 있다). 학생의 최종 등급은 주로 설정된 내용 목표와 관련하여 그들이 쌓아 온 숙달의 정도를 드러내는 총괄 평가 결과로부터 도출해야 한다.

원리 5: 평균에 따른 등급 매기기를 피해야 한다

우리는 최종 등급을 양적 수치에 따라 산출하기 위해 채점 과정 전체에 걸쳐 모든 점수를 평균화하는 (널리 사용되는) 관행에 이의를 제기한다. 다음의 우스꽝스러운 일화를 통해서 평균화하는 것의 문제점을 살펴보자. 한 남자가 몹시 뜨거운 오래된 가정용 난방기 위에 앉아있다. 그는 자신의 맨발을 찬 얼음 위에 올려놓고 있다. 그 방의 온도에 대해서 사람들이 물어보자, 그는 "평균적으로는 괜찮은 편이야!"라고 대답했다. 이 우스운 이야기는 중요한 의미를 담고 있다. 즉, 평균은 자칫 잘못된 판단을 내릴 수 있다는 것이다.

모든 점수를 평균화하는 것에 대한 대안으로, 우리는 교사에게 학습의 순환 과정에서 학생의 초기 성취보다는 나중의 성취를 평가할 것을 권장한다. 만약 목표가 학습이고 학생이 그 목표를 8주 동안 성취해야 한다면, 두 번째 혹은 네 번째 주에 그 학생이 이루어낸 것을 보여 주지 못했다는 이유로 벌해서는 안 된다. 다시 학습할 수 있는 기회를 제공하는 것이 학습의 속도보다 훨씬 더 중요하다. 학습 과정 초반의 점수에 의미를 두면 학생의 이후 성취를 과소 평가할 수 있고 '안개 낀 점수(grade fog)' — 실제 가지고 있는 지식과 기능을 잘못 그려 냄 — 에 동조하게 될 수 있다. 즉, 학생이 무엇을 배웠느냐가 언제 학습했느냐보다 훨씬 중요하게 된다는 것이다.

O' Connor(2002)는 점수는 순전히 양적인 방식으로 '계산' 되는 것이 아니라 다양한 증거 자료로부터 '결정' 되어야 한다고 말한다. 이 과정은 판단을 필요로 한다. 우리가 명확한 목표, 타당한 측정, 명료한 수행 준거에 따라 판단할 때 공정하고 탄탄한 판단이 점수를 통해서 이루어질 수 있다. 만약 지역 교육청에서 반드시 평균을 내라고 요청한다면, O' Connor는 등급을 결정할 때 평균보다는 중간 값이나 최빈값을 사용하라고 제안한다.

우리는 그와 관련하여 학생이 숙제를 제시간에 못 끝내거나 과제를 제 때에 제출하지 못했을 때 0점을 주는 것에 대해서 논의할 필요가 있다고 생각한다. 그것이 가지는 문제는 채점의 근본적인 목적과 연결된다. 만약 점수나 등급이 학생이 학습 내용을 배웠는지를 나타내는 것이라면, 제출하지 않은 것을 0점으로 하여 평균을 내는 것은 성적을 왜곡하는 것이다. 예를 들어, 어떤 학생이 내용을 잘 학습했음에도 과제 하나를 제출하지 못해서 낮은 점수를 받았다면, 그 학생이 실제로 다른 학생들보다 내용을 더 잘 알고 있더라도 사람들은 그 낮은 등급 때문에 성취도가 낮다고 생각할 것이다.

이 문제는 평균을 내는 데 0점이 포함될 때 더욱 심각해진다. 평가 전문가인 Tom Guskey(2000)는 다음과 같이 말한다.

> 우리는 분명 학생의 학습 습관(work habits)의 중요성을 인정하고, 그들이 모든 과제를 완수해야 하고, 노력해야 하며, 타당한 지침을 따라야만 한다고 믿는다. 여기서 중요한 점은 과정을 결과와 구별해야 한다는 것이다. (0점에 대한 대안으로는 미수행[Incomplete] 혹은 충분하지 못한 증거[Insufficient Evidence]의 의미로 'I' 를 부과하고 그에 따른 책임을 지게 하는 것, 즉 쉬는 시간이나 방과 후에 남아서 과제를 완수하게 하는 것이 있을 수 있다.) (48쪽)

원리 6: 학업 성취도에만 초점을 맞추고 다른 요인은 따로 보고한다

점수나 등급은 학생이 할 수 있는 최선의 것에 대해 가능한 한 명확한 측정치를 제공해야 한다. 많은 경우, 점수나 등급에는 명확하게 드러나지 않은 여러 요인이 섞여 있다. 학업 성취 이외의 다른 것이 점수에 포함되면(예, 노력, 제 시간에 끝내는 것, 수업에 참여하기, 향상 정도, 출석, 숙제, 태도, 행동 등) 문제가 자명해진다. 세 명의 학생이 아주 다른 이유 때문에 동일한 점수를 받을 수 있는 것이다. 그러한 의사소통 체제를 얼마나 효과적이라고 할 수 있겠는가? 이 문제는 교사 개인의 한계를 넘어선다. 만약 특정 학교나 지역 교육청 차원에서 교사가 그러한 요인에 대해서 완전히 동의하지 않고 채점을 한다면, 포함된 여러 요인을 일관되게 고려할 수 없기 때문에 점수의 의미가 학급에 따라, 학교에 따라 달라질 것이다.

우리는 학습 과정에서 학습 습관 등을 중요한 요인으로 인정하며, 학습 습관이나 다른 중요한 요소에 대한 정보를 보고하도록 추천한다. 하지만 우리가 말하고자 하는 것은, 이러한 요소를 다루되 설정한 학습 목표와 수행의 준거에 근거한 실제 학습과는 분리하여 평가하고 보고해야 한다는 것이다.

맞춤형 수업, 채점, 동기: 특별한 관심

지금까지 기술한 여섯 개의 원칙은 평가, 성적 처리, 성적 보고의 분야에서 전문가들이 합의하는 내용이다. 이러한 원칙은 백워드 설계와 기준 중심의 교육 체계의 논리를 지지한다. 그럼에도 맞춤형 수업을 하는 교사는 평가와 관련된 문제를 제기하면서, 등급화 자체가 학생의 학습 동기를 저해할 수 있다고 걱정한다.

규준 기반의 측정 체계에서는 뒤처진 학생이 항상 하위 등급에 머물 수밖에 없다. 학습장애, 언어 문제, 정서적 문제 등은 일반적으로 학생의 성취와 밀접히 관련되어 있다. 따라서 이러한 외적인 문제 때문에 고생하지 않는 학생과 비교하면, 뒤처진 학생은 대부분 해를 거듭함에 따라 계속 낮은 성적을 받을 수밖에 없다. 학교에서 뒤처진 많은 학생이 여러 주, 여러 달, 심지어 여러 해에 걸쳐서 지속적으로 '선전' 하는 것은 인간의 탄력적인 상향 의지를 잘 드러내 준다. 그러나 그들이 아무리 노력을 하고 성장을 보인다 하더라도 통지표에 좋은 등급을 받기는 힘들고 그들의 수행이 성공으로 나아간다고 말해 주지 않는다. 얼마 가지 않아 그러한 학생은 자신이 멍청하다거나 학교가 쓸모없다는 결론을 내리게 된다. 자신의 학습에 투자하지만 결국 실패를 거두는 학생이 그러한 첫 번째 결론에 도달할 수 있다는 것이 이상한가? 오히려 학교에 근본적으로 문제가 있고 그래서 노력을 할 가치가 없다고 결론 내리는 것이 그 학생에게는 자존심에 상처를 덜 입는 것이다.

사실, 둘 중의 어떤 결론이건 앞서와 같은 상황은 학생의 동기, 성취, 자기 효능감의 측면에서 큰 희생이다. 문제는 낮은 성취를 보이는 학생이 자신의 노력이나 성장에 투자하려는 의지를 단념하게 만든다는 것이다. 안정감, 적절한 도전, 상호 존중과 공동체 의식으로 특징지어지는 맞춤형 수업을 하는 교실에서는 특히 더 그렇다.

경쟁적인 성적 처리 방법은 성취 연속선의 한쪽 끝에서 (다른 학생의 희생을 기반으로) 앞서 나가고 있는 학생을 선호한다. 그러한 학생은 힘겹게 공부하는 학생이 낮은 점수를 받을 때 높은 성적을 받는다. 그것은 우리 대부분에게는 별로 문제가 아닌 것처럼 보인다. 그러나 그러한 방식으로 누군가 확실하게 'A' 등급의 수혜자가 된다는 것은 얼마나 끔찍한 일인가?

사실 경쟁적인 등급화는 힘겹게 공부하는 학생 못지 않게 앞서 있는 학생에게도 심각한 문제다. 앞선 학생은 성공하기 위해서 반드시 노력을 해야 하는 것은 아님을 일찍이 알게 된다. 궁극적으로 그들은 자신이 똑똑하면 굳이 공부할 필요가 없다고 믿기 시작한다. 높은 등급은 칭호처럼 되고, 가장 능력 있는 학생마저 배움의 혜택, 기쁨, 어려움은 간과한 채 단지 학점만을 위해서 공부하게 된다. 모순적이게도 그러한 학생은 자신이 성인이 되어 성공하는 데 필요한 세 가지 잠재력, 즉 (1) 어려움에 직면했을 때 지속적으로 노력하는 것, (2) 지적인 위험을 감수하는 능력, (3) 공부하는 데서 맛볼 수 있는 즐거움을 잃는다. 이렇듯 경쟁적인 평가는 뜻하지 않은 정반대의 결과를 초래할 수 있다.

그러한 우려는 앞서 우리가 학점은 명확히 구체화된 준거에 따라서 매겨져야 하고, 학급 내 다른 학생과의 비교에 근거해서는 안 된다고 제안한 것에 비추어 보면 탁상공론처럼 들릴 수 있다.

그러나 그러한 논의를 계속해야 하는 데에는 두 가지 이유가 있다. 첫째, 여전히 많은 교실에서는 학점이 동료 학생 집단 내의 비교를 통해서 결정된다. 둘째, 비록 그렇지 않고 학점이 구체적이며 가치 있는 준거에 비추어 결정된다 하더라도, 뒤떨어져 있는 학생은 계속 뒤처지고 우월한 학생만이 앞서나갈 가능성이 크다.

만약 교사가 한 학기나 1년 동안 학생의 학업 성취도를 단 하나의 학점으로 표시해야 한다면, 어쩔 수 없이 그 학점으로 결정할 때 학업 성취도 이외의 변인, 예컨대 출석률, 수업 참여도, 행동, 과제 완성도, 학업 태도와 같은 것을 반영하게 될 것이다.

따라서 채점 과정의 두 번째 부분인 성적 통지를 살펴보는 것이 필요하다.

기준과 맞춤형 수업을 지원하는 성적 통지 체제

우리는 5장에서 효과적인 평가가 한 장의 스냅 사진이 아니라 증거의 모음인 사진 앨범과 비슷하다고 했다. 즉, 단 하나의 측정치가 학생의 중요한 학습 목표 달성을 판단하는 유일한 근거로 사용되어서는 안 된다는 것이다. 교사로서 우리는 학생의 이해도 및 숙달도를 다양한 자료를 통해 파악할 때 그들이 무엇을 알고 있고, 이해하고 있으며, 할 수 있는지에 대한 보다 정확한 그림을 그릴 수 있을 것이다.

이와 비슷하게, 단 하나의 학점만으로 우리는 학생의 학습에 대해서 알아야 할 모든 것을 효과적으로 보고할 수 없다. 우리는 적어도 두 개 혹은 선호에 따라 세 개의 독립적 요인, 즉 (1) 목표 성취를 보여 주는 점수, (2) 그 목표를 향한 진보(progress)의 정도, (3) 학습 습관을 통지표에 포함해야 한다고 제안한다는 점에서 성적 처리 및 통지를 개선하자는 사람들과 입장을 같이 한다.

우리는 각각에 대해 다음과 같이 좀 더 면밀히 살펴보고자 한다.

첫째, 앞서 논의된 접근—동의된 학습 목표, 그러한 목표의 타당한 측정, 명백한 수행 준거와 준거 참조적인 평가의 일관된 적용—이 실행된다면, 학생의 성취를 나타내는 점수는 보다 명료해지고 의미 있게 될 것이다. 경쟁적이고 규준-참조적인 방법에 비해서 그러한 접근은 보다 많은 수의 학생에게 기준을 낮추지 않고도 '성공' 할 수 있는 기회를 제공한다.

둘째, 별도의 점수가 개인적 성장 혹은 진보를 반영해야 한다. 학생은 각 학습 상황의 서로 다른 출발점에서 시작할 뿐만 아니라 학생으로서 다양한 강점을 가지고 있기 때문에 그들이 어디에서 시작해서 어디까지 왔는가를 인정할 때에 평가는 공정성을 확보하게 된다. 학습에 어려움을 겪는 학생이 개별화된 학습의 연속선상에서 상당한 진보를 이룬다면, 그러한 발전은 보고되고 격려되어야 할 것이다. 비록 그들의 전반적인 수행 수준이 아직 준거-참조적인 기준점에 도달하지 못했다 하더라도 그것을 향한 진보는 인정되어야 한다.

셋째, 보다 포괄적인 통지 체제는 생산적인 학습 습관, 예컨대 과제를 제 시간에 마치는 것, 명료하게 이해하기 위해서 질문하는 것, 어려운 자료에 부딪쳤을 때 인내심을 가지고 노력하는 것, 피드백을 듣고 필요한 수정을 하는 것 등을 포함한다. 그것은 분명히 결과라기보다는 과정적 요소다. 하지만 그러한 요소는 학업 성취에 기여하며 학교와 보다 넓은 세계 모두에서 가치 있게 여겨진다. 이와 같은 습관을 보고하는 것은 나태한 학생과 열심히 노력하는 학생을 가려낸다. 물론, 우리는 어떤 것을 학습 습관 영역에 포함할 것인지에 동의하고, 그것을 조작적으로 정의하고, 관찰 가능한 지표를 확인하며, 평가 채점 기준 또는 평정 연속선(continuum)을 개발할 필요가 있다. 그렇게 할 때 우리는 학교(실생활)에서 가치 있게 여기는 것을 보고한다는 상식적인 이치에 따라 행동할 수 있다. 다른 말로 하면, 통지표에 학습 습관을 포함함으로써 그 습관이 중요하며 존중되어야 한다는 것을 알리는 것이다. 학습 습관을 별개의 범주로 포함함으로써 교사는 학생의 실질적인 학습 성취도를 왜곡하지 않으면서, 과제를 완수했는가와 같은 문제에 대해 보다 정직하게 소통할 수 있게 된다.

우리는 성적 처리와 통지에 있어서 두 가지 논점, 즉 (1) 소통의 명료성과 (2) 학생의 동기에 미치는 영향 때문에 평가 항목을 여러 개로 나누는 접근을 취한다. 첫 번째 논점은 하나의 점수가 여러 종류의 정보를 반영하는 데 사용되어서는 안 된다는 주장이다. 다시 말해서, 절대적인 학업 성취도 결과와 개인적 성장및 학습 태도를 '평균' 하거나 '섞어서' 학생들에게 단 하나의 학점을 주는 것은 적절하지 않다는 것이다. 그러한 학점은 학부모와 학생에게 명료하고 진실하며 유용한 정보를 주지 못한다.

두 번째 논점은 학생이 자신이 성공할 기회가 있다고 믿을 때 '학교 게임(즉, 학습)'을 훨씬 더 잘한다는 사실에 근거한다. 만약 성공을 오로지 기준에 따른 학업 성취로만 제한한다면, 우리는 열심히 공부해서 개인적으로는 상당한 발전을 이루었지만 장애나 언어 혹은 다른 장애 때문에 힘들어하는 학생의 권리를 무의식적으로 빼앗는 것이 된다.

우리가 가치 있는 준거에 기초하여 평가를 하고 그러한 준거를 구체화하는 연속선상에서 학생 개개인의 진보를 기록하며 각 학생의 학습 습관을 통지의 한 부분으로 제공한다면 학교에서 성공하는 학생은 늘어날 것이다. 그렇게 되면 훨씬 넓은 범위의 학생이 학문적이고 지적인 성장에 필요한 방대한 노력을 지속적으로 하게 될 것이다. 물론 학습에 어려움을 겪는 학생은 학년도 내에 특정 혹은 모든 준거에서 생각보다 빨리 경쟁력을 보이지 못할 수도 있다. 하지만 효과적인 학습 습관을 익힌 결과로 용기를 찾고 성장할 수 있을 것이다. 최소한의 노력으로 기준에 도달하는 매우 뛰어난 학생은, 자신이 실제로 '얻지' 않은 것보다 개인적 성장이 더 힘들면서도 만족스러운 보상임을 알게 될 것이다. 이 두 범주의 학생과 그 사이에 있는 많은 학생에게 있어서, 여러 항목에 따른 채점과 통지 체계는 학생 성취에 대해 명확한 정보를 제공하는 잠재성을 가지며, 그 정보는 이후의 학습을 뒷받침하고 학생의 성공을 장려하는 데 사용될 수 있다.

통지 체제

지금까지 우리는 점수와 통지표에 여러 요소를 포함해야 한다고 주장했다. 이제는 교사에게 단순히 성적표가 아닌, '통지 체제'의 측면에서 생각해 보게 하면서 이 장을 마무리하고자 한다. 통지 체제는 학부모와 학생 당사자에 대한 여러 소통 방법을 포함한다. 그러한 체제는 성적표, 주요 기능의 체크리스트, 진보를 나타내는 발달적 연속선, 학습 습관에 대한 채점 기준, 내러티브, 포트폴리오, 교사-학부모 면담, 학생과 함께하는 면담, 학생의 성취나 진보 및 습관과 관련된 소통 방법을 활용한다. 그 체제가 다양하면 할수록 이후의 학습을 지원하고 성장을 고무시키는 정확한 정보를 제공하는 목표가 달성될 가능성이 더 높아진다.

교사 개개인과 개별 학교는 일반적으로 지역 교육청 수준의 성적 처리 및 통지 정책을 따르고 있다. 그러므로 우리가 제안한 것은 성적 처리 및 성적 보고와 관련하여 북미 지역에 있는 대다수 지역 교육구에서의 실제적인 체제 변화를 요구한다. 일부 지역 교육구는 이미 그러한 변화를 실행해 왔고, 또 다른 지역은 변화를 계획하고 있다.

아직 그러한 변화에 따르지 않는 교실과 학교에 있는 교사도 학생의 순위를 보고할 때, 특정 학년에서 결정한 중요한 학습 결과물에 비추어서 보고할 수 있으며 학생의 진보와 학습 습관을 반영하는 글을 덧붙일 수 있다. 그들은 또한 학부모 및 학생과 만나 학생의 학업적 성장과 학습에 대한 접근 방법을 설명하고 소통할 수 있을 것이다. 그러한 변화는 교수와 학습 목표에 대해 우리가 말해 온 것과 일치한다.

결 론

백워드 설계, 맞춤형 수업, 성적 처리의 원칙들은 일관성이 있을 뿐 아니라 상호 지원적이다. 〈표 8-1〉은 그러한 원칙과 실제가 서로 어떻게 관련되어 있는지 정리한 것이다. 이 원칙들은 함께 작용하면서 우리의 전반적인 목표—개개인의 특성을 존중하면서 기준에 따른 학업 성취도를 명확하고 공정하며 정확하게 소통하는 것—를 지원한다.

〈표 8-1〉 백워드 설계, 맞춤형 수업과 성적 처리 간의 상호 관련성

이해중심 교육과정의 주요 원칙	맞춤형 수업의 주요 원칙	성적 처리의 주요 원칙
• 목적(end)을 염두에 두고 '백워드'로 설계하기 • 중요한 아이디어와 과정에 대한 이해를 목표로 가르치고 평가하기	• 학생의 준비도, 흥미, 학습 유형을 드러내고 고려하는 맞춤형 수업하기	• 학생의 성공을 장려하고 학습 과정을 지원하는 높은 질의 피드백을 소통하는 데 학점을 사용하기
1단계		
• 빅 아이디어와 영속적 이해를 강조하는 기대하는 학습 결과 파악하기 • 빅 아이디어를 탐구심을 불러일으키는 핵심질문들로 구성하기	• 모든 학생을 위한 핵심지식과 이해 및 기능을 목적으로 삼기 • 모든 학생이 높은 수준의 사고와 추론을 할 수 있음을 기대하기	• 명확히 설정된 목표와 수행 기준에 비추어 학생의 성적 매기기
2단계		
• 학생이 학습한 것을 드러내는 수용 가능한 증거를 결정하기 • 목표와 관련되는 다양한 평가 증거의 자료 모으기 • 하나 혹은 그 이상의 측면을 통해서 이해의 증거를 찾기	• 개별 학생의 출발점을 결정하기 위해, 기대하는 학습 결과와 관련하여 학생의 준비도를 사전 평가하기 • 지속적 평가를 활용하여 학생의 진보를 기대하는 학습 결과에 비추어 기록하고 그들의 계속적인 성장을 지원하는 수업을 계획하기 • 학생이 자신이 알고 있는 것을 보여 줄 수 있는 적절한 대안을 선택하도록 허용하기	• 교사와 학생에게 기대하는 학습 결과와 평가를 밀접하게 관련시키기 • 대상 목표의 타당한 측정치를 제공하는 종합적 평가를 주된 근거로 하여 학점을 매기기 • 학점을 다른 학생과의 비교에 의한 것이 아닌 명확히 진술된 준거에 따라 결정하기

(계속)

이해중심 교육과정의 주요 원칙	맞춤형 수업의 주요 원칙	성적 처리의 주요 원칙
3단계 • 기대하는 학습 결과 및 기대하는 수행과 일관된 방식으로 수업하기 • 내용을 '드러내고(uncover)' 학생이 빅 아이디어를 이해하게 하는 방식으로 학습 경험을 선정 및 조직하기	• 개별 학생이 안정감을 느끼면서 학습에 도전할 수 있는 학습 환경 만들기 • 학생의 과제를 영속성 있는 빅 아이디어에 명확히 초점을 맞추고 그들에게 기대하는 이해를 달성할 수 있도록 핵심 지식과 기능을 사용하게 하기 • 소집단 학습, 학습 시간 조정, 다양한 방식으로 학습을 탐구하고 표현하기, 난이도 수준이 다양한 과제 구성 등 학생의 준비도, 관심과 학습 유형을 반영하여 수업을 조정하기 • 학생의 실력을 드러내는 것을 방해하는 요인을 제거하기	• 학생이 기대하는 결과물을 완수할 수 있도록 하기 위해서 연습과 피드백을 제공하기(이것은 일반적으로 채점되지 않는다.) • 성취와 진보, 학습 습관을 따로 보고하기

제 9 장

종합하기: 이해중심 교육과정과 맞춤형 수업의 관점에서 본 교육과정과 수업

백워드 설계와 맞춤형 수업의 원리를 함께 사용하여 계획하면 어떤 모습인가?

이 두 가지 모델이 함께 적용되는 교실에서 학생은 어떤 잠재적 이득을 얻는가?

백워드 설계와 맞춤형 수업이 적용되는 교실에서 무엇을 기대할 수 있는가?

지금까지 우리는 백워드 설계와 맞춤형 수업의 주요 요소를 고찰하고, 이 두 가지 모델을 지지하는 이론과 연구물을 살펴보았으며, 이들 간의 교육학적 관련성을 탐구하였고, 성적 처리의 문제를 백워드 설계 및 맞춤형 수업과 관련하여 탐색해 보았다. 이제 중요한 것은 교육과정을 구성할 때 백워드 설계를 사용하고, 학생에게 맞춤형 수업을 적용하는 교사의 교수 계획이 어떠한 모습으로 나타나는지 그 사례를 보여 주는 것이다. 그것이 이 장의 목적이다.

이해중심 교육과정과 맞춤형 수업에 대한 간략한 개관

이 장에서는 두 모델이 어떻게 함께 작용하는지의 실제 사례를 보여 주는 데 초점을 맞추고 있으므로, 우선 백워드 설계와 맞춤형 수업의 핵심 요소를 간단히 요약하는 것이 도움이 될 것이다. 이해중심 교육과정과 맞춤형 수업은 교사가 질 높은 교육과정과 수업을 설계하고 실행할 때 다루어야 할 모든 요소를 완전히 망

라하기에는 복잡하고 다양한 측면을 가지고 있다. 다음은 교사가 두 모델을 수용하여 통합할 때 안내자 역할을 할 핵심적 요소를 간략히 기술한 것이다.

백워드 설계와 맞춤형 수업의 원리에 따라 가르치는 교사는 다음과 같은 원리를 지침으로 삼는다.

1. 자신이 가르치는 교과 및 주제에서 기대하는 학습 결과를 미리 확인한다.
   - 학생이 학습의 결과로 무엇을 알고, 이해하고, 할 수 있을 것인가를 결정한다.
   - 이해할 가치가 있는 빅 아이디어를 구체화한다.
   - 교사와 학생이 중점을 두어야 할 영속적인 이해를 기술한다.
   - 학생의 사고를 유발하고 빅 아이디어의 탐구를 돕는 핵심질문을 진술한다.
   - 학생이 효과적인 수행을 하는 데 필요한 구체적인 지식과 기능을 명확히 진술한다.

2. 학생의 학습에 대한 수용 가능한 증거를 결정한다.
   - 학생이 빅 아이디어를 이해했음을 나타내는 증거가 어떤 것인지를 결정한다.
   - 어떤 수행 과제가 학생의 이해와 적용을 보여 줄 수 있는지 그리고 어떤 준거에 의해서 그러한 수행을 평가할 수 있는지를 고려한다.
   - 핵심지식과 이해 및 기능을 숙달했음을 나타내는 증거를 무엇으로 구성할 것인지 결정한다.

3. 앞선 두 원리에 근거하여 학습 경험과 수업을 계획한다.

- 학생에게 어떤 핵심지식과 이해, 기능을 가르치고 안내해야 할지를 결정한다.
- 어떻게 하면 가장 잘 가르칠 수 있는지를 내용 목표에 비추어 결정한다.
- 구체화된 목표와 필요한 증거의 맥락을 살피면서 학생에게 흥미로우면서도 효과적인 학습을 계획한다.

4. 학생 간의 차이는 교수-학습에서 피할 수 없을 뿐만 아니라 중요하고 가치 있는 것이라고 여겨야 한다.
   - 개별 학생의 학업 성장을 향상시켜 그들이 정해진 내용 목표를 달성할 수 있도록 하기 위해 학생 개개인의 준비도를 이해해야 한다. 또한 학습 동기를 증진시키기 위해서 내용 목표와 관련된 학생의 흥미를, 그리고 학습의 효율성을 향상시키기 위해서 학생이 선호하는 학습 유형을 이해하고자 지속적으로 노력한다.
   - 성별, 문화, 언어, 인종, 개인적 강점을 포함하여 학생의 배경과 경험을 파악하고, 그러한 요소를 교수-학습 계획에 반영하기 위해서 학생, 학부모, 학교 인사들과 협력한다.

5. 학생의 성공을 돕기 위해 그들의 정의적 요구를 파악한다.
   - 학생의 자아 긍정(affirmation), 기여, 능력, 목적과 도전의 요구에 적극적으로 반응한다.
   - 그러한 요구가 학생에 따라 다르게 충족될 것이라는 사실을 이해하고 이에 반응한다.
   - 학생의 학습에 대한 동기는 자아 긍정, 안전, 성공의 의미로 구분된다.

6. 각 영역의 학습 결과로 학생이 무엇을 알아야 하고, 이해할 수 있으며, 할 수 있어야 하는지를 구체화한 학습 목표를 정기적으로 검토하고 정교화한다.
    - 학생 모두가 각각의 학습 영역에서 배워야 할 것으로 결정된 핵심지식, 이해, 기능에 충분히 접근할 수 있도록 한다.
    - 과제와 평가는 학습의 각 영역에서 배워야 할 핵심지식, 이해, 기능에 엄격히 초점을 맞춘다.
    - 모든 학생이 높은 수준에서 추론하고 학습하게 한다.
    - 모든 학생에게 동일한 정도로 매력적이고 흥미로운 과제를 제시한다.

7. 수업 상황에 맞게 설정된 목표와 일관되는 방식으로 사전 평가와 형성 평가를 체계적으로 사용하여 교수적 의사 결정을 한다.
    - 평가 결과를 통해서 일부 학생이 내용 목표를 달성하는 데 필요한 사전 지식, 이해, 기능이 결여되어 있음을 확인했다면, 그 학생에게 반드시 필요한 수행 능력을 개발할 기회를 제공한다.
    - 평가 결과를 통해서 일부 학생이나 특정 집단의 학생에게 추가적인 교수, 지도 혹은 연습을 제공할 필요가 있다는 것을 확인했다면, 그러한 기회를 제공한다.
    - 평가 결과를 통해서 일부 학생이나 특정 집단의 학생이 설정된 내용 목표를 이미 완수하였다는 것을 알게 되었다면, 상위 지식을 학습하게 하거나 지식을 확장하는 기회를 제공한다.

8. 개별 학생의 성공을 돕기 위해서 수업 계획 및 학급 경영에 유연성을 부여한다.

- 학생이 과제 및 평가를 위한 활동을 할 때 공간, 시간, 자료, 집단 편성, 탐구 및 학습 표현의 양상을 유연하게 활용하도록 하여 모든 학생의 성공 기회를 극대화한다.
- 학생이 과제와 평가를 위한 활동을 할 때, 그들이 표현한 여러 양상과 광범위한 문화 및 경험 사례 그리고 다양한 지원 체제를 사용하여 모든 학생의 성공 기회를 최대화한다.
- 학생이 각자 자신에게 적절한 도전이 되는 난이도와 복잡성의 수준에 따라 활동할 수 있도록 하고 그들이 새로운 수준의 도전에서 성공하기 위해 필요한 비계를 제공한다.

9. 다양한 형태의 학습의 증거를 수집한다.
   - 학생이 알고, 이해하고, 할 수 있음을 보여 줄 수 있는 다양한 대안을 제공한다.
   - 학생이 자신의 수행에서 '성공적인' 활동은 어떠한 모습인지 알 수 있도록 해야 하고, 이때 학습의 준거는 교실 내 모든 학생이 반드시 성취해야 할 공통 목표 및 교사와 학생이 구체화하여 개별화한 목표가 된다.

백워드 설계와 맞춤형 수업은 효과적인 교수-학습이 무엇으로 구성되어야 하는가에 대한 이해에서 출발하며, 교육과정과 평가 및 수업에 대한 포괄적인 사고방식을 기술한다. 교사가 백워드 설계와 맞춤형 수업에 따라 수업을 계획할 때, 우리는 그가 가르치고자 계획한 내용 목표와 그것을 배워야 하는 학생에게 체계적인 관심을 가질 것을 기대한다. 다른 말로 하면, 교사는 목표를 명확하게 진술해야 하고 그 목표에 도달하는 과정은 유연해야 한다. [그림 9.1]은 이해중심 교육과정과 맞춤형 수업의 빅 아이디어가 교실에서 어떻게 적용되는지를 보

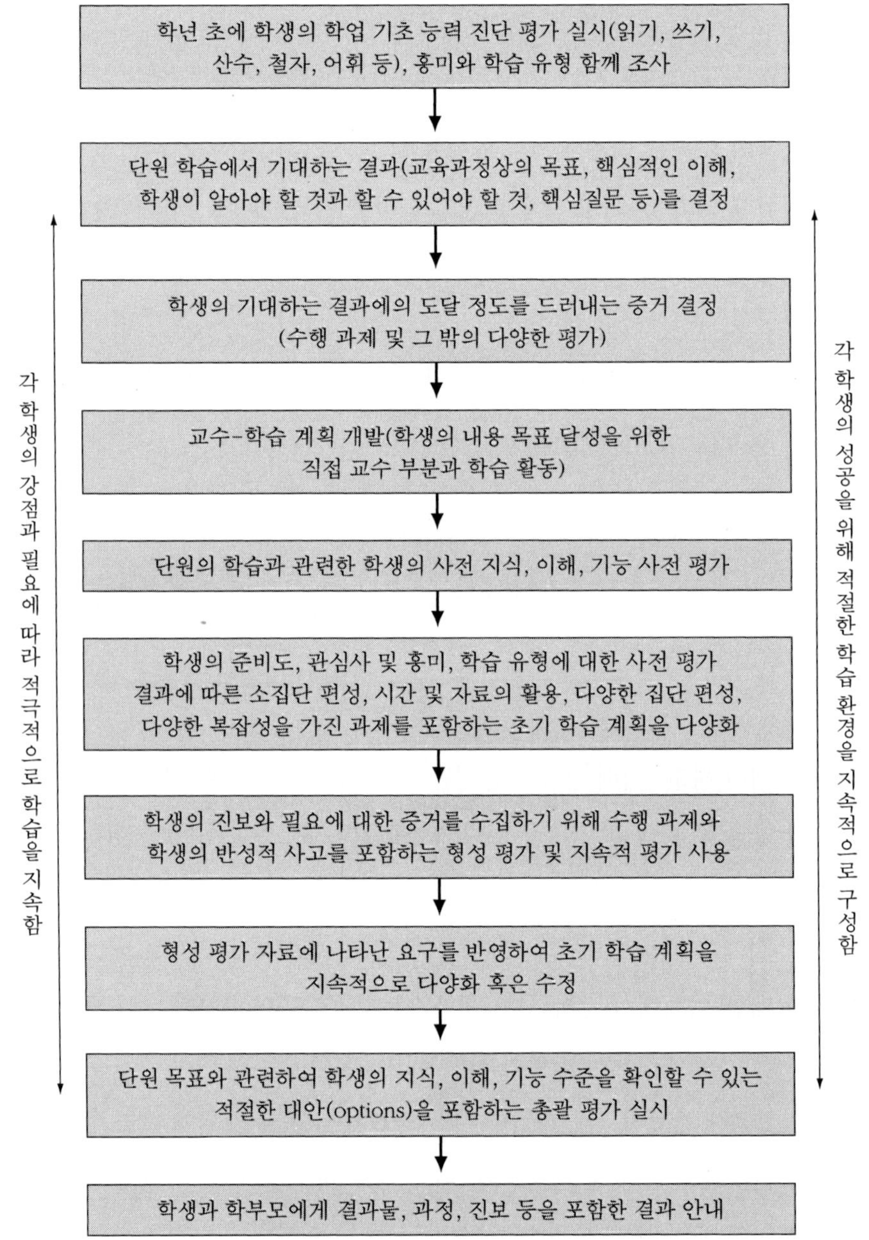

[그림 9.1] 이해중심 교육과정과 맞춤형 수업의 핵심 아이디어를 통합 및 적용하기

여 준다.

우리는 먼저 5학년과 6학년 학생들에게 가르칠 영양에 대한 단원 계획을 살펴볼 것이다. 여기에서 백워드 설계 과정이 어떻게 적용되는지, 그리고 그것이 단원의 모든 단계에서 목표를 명료하게 드러내는 데 어떻게 기여하는지를 살펴보기 바란다. 이후에, 우리는 단원을 학생의 특성에 따라 다양화하는 대안을 검토하게 될 것이다. 이때, 다양한 특성을 가진 학생이 명확하게 진술된 목표에 도달하도록 돕는 유연한 접근을 찾아보기 바란다.

'사람은 먹는 대로 만들어진다(You Are What You Eat)' : 백워드 설계를 적용한 단원의 예

초등학교 고학년 혹은 중학교 학생들은 자신이 먹는 것이 건강에 어떠한 영향을 미치는지를 공부하게 될 것이다. 이 단원을 계획한 교사는 이 중요한 주제에 대해 학생들이 핵심질문에 답할 수 있도록 하기 위해서 여러 가지 자료뿐만 아니라 내용 기준을 참고하였다. 다음은 교사가 백워드 설계 형식에 따라 단원을 계획한 것이다.

단원명: 사람은 먹는 대로 만들어진다

단원의 초점: 영양-건강/체육, 초등학교 고학년(5-6학년)/중학교

주제: 영양, 건강(health), 건강관리(wellness)

요약

학생은 인간의 영양적 필요, 식품군, 다양한 음식의 영양학적 이점, 미국 농무부

의 음식 피라미드 권장 사항 및 나쁜 영양과 관련된 건강 문제에 대해서 학습할 것이다. 이 단원은 각자의 식습관을 조사하면서 시작한다. 단원 전체에 걸쳐서 학생들은 자신이 매일 먹은 것에 대해 기록한다. 이들은 다양한 자원(미국 농무부의 소책자, 건강에 대한 교재, 비디오, 초청 강연자)으로부터 건강한 식사에 대한 자료를 모으고, 가상의 가족 식사를 분석하여 그것의 영양가를 높이기 위한 방법을 추천한다. 다음으로 학생들은 자신보다 어린 학생들에게 건강한 삶을 위해 좋은 영양이 중요함을 알릴 수 있는, 그림이 들어간 안내 책자를 디자인한다. 최종적인 수행 과제에서 학생들은 곧 있을 3일 동안의 야외 교육 캠프에서 먹을 간식과 식사 메뉴를 개발하는데, 이때 미국 농무부의 식품 권장 사항을 충족시켜야 한다.

세 번의 퀴즈와 한 번의 글쓰기 과제를 실시하여 또 다른 평가 증거를 수집할 것이다. 이 단원은 학생들이 자신의 개인적인 식습관을 평가하고 '건강한 식사' 활동 계획을 세우는 것으로 마무리된다.

필요한 출판물

- 건강 교육 교재(영양에 대한 부분)
- 식품 피라미드에 대한 미국 농무부의 소책자

인터넷 자료 링크

http://home.excite.com/health/guides_and_directories/health_for_k_12/food/

http://vm.cfsan.fda.gov/label.html

http://ificinfo.health.org/infofsn.htm

http://www.nalusda.gov/fnic/educators.html

http://home.excite.com/health/diet_and_nutrition/diet_tools/quizzes_and_games/

1단계: 기대하는 학습 결과 확인하기

주 교육과정: 영양 기준 번호-건강 6

제목: McREL 기준 해설

내용 기준 서술

기준 6: 학생들은 영양과 식사에 대한 핵심 개념을 이해한다.

기준 6.a: 학생들은 영양에 대해 이해한 것을 이용하여 자신과 다른 사람을 위한 적절한 식단을 계획한다.

기준 6.b: 학생들은 자신의 식습관 패턴과 그것을 개선할 수 있는 방법을 이해한다.

이해

- 균형 잡힌 식사는 신체 및 정신 건강에 기여한다. 부실한 영양은 다양한 건강 문제를 일으킬 수 있다.
- 건강한 삶을 위해서는 익숙한 식습관을 버리게 되더라도 영양 섭취에 대한 유익한 정보를 받아들여야 한다.
- 미국 농무부에서 제공하는 식품 피라미드는 영양을 비교하기 위한 지침을 제시한다. 그러나 음식의 필요량은 나이, 활동량, 몸무게와 전반적인 건강 상태에 따라 개인별로 다르다.

핵심질문

- 건강한 식습관이란 무엇인가요? 여러분은 얼마나 건강하게 먹고 있나요?
- 누군가에게 건강한 음식이 다른 사람에게는 해로운 것이 될 수도 있나요?
- 유용한 정보가 많은데도 왜 사람들은 나쁜 영양 상태로 인한 건강 문제를 겪나요?

지식과 기능

지식: 학생들은 다음을 알 수 있다.

- 주요 용어(단백질, 지방, 칼로리, 탄수화물, 콜레스테롤 등)
- 각 식품군 내의 음식의 종류와 영양가
- 미국 농무부 식품 피라미드 지침
- 필요한 영양에 영향을 미치는 변수
- 나쁜 영양에 의해 야기되는 건강 문제(당뇨나 심장 관련 질환)

기능: 학생들은 다음을 할 수 있다.

- 식품의 성분 분석표에 적혀 있는 영양에 관한 정보를 읽고 해석하기
- 식품의 영양가를 분석하기
- 자신과 다른 사람을 위해서 균형 잡힌 식단을 계획하기
- 건강한 식사를 위한 개인적인 행동 수칙 계획 수립하기

2단계: 수용 가능한 이해의 증거 결정하기

수행 과제 1 가족 식사

주제: 영양, 건강관리, 건강

요약

가족 식사: 학생들은 가상의 가족이 가진 좋지 않은 식습관을 조별로 평가하고 식단의 영양가를 향상하기 위한 제안서를 만든다.

필요한 인쇄물: 균형이 맞지 않은 샘플 식단들

기준 6: 학생은 영양과 식단에 대한 핵심 개념을 이해할 것이다.

6.a: 학생은 자신과 다른 사람에게 적절한 식단을 짤 때 영양의 개념에 대한 이해를 활용한다.

사용 맥락

이 형성 평가는 교실에서 완성하지만 채점은 하지 않는다. 교사는 학생들이 식단을 분석하고 제안한 것을 보면서 수업을 통해 고쳐야 할 필요가 있는 오개념을 확인한다.

수행 과제 2 영양에 대한 안내 책자

주제: 영양, 건강, 건강관리

요약

영양에 대한 안내 책자: 학생은 자신보다 어린 학생에게 건강한 생활을 하기 위해서는 영양이 중요하다는 것과 나쁜 식사 습관과 관련된 문제를 가르치기 위해서 그림이 들어간 안내 책자를 제작한다. 각 과제는 개별적으로 수행해야 하고 준거 목록에 따라서 평가된다.

기준 6: 학생은 영양과 식단에 관한 핵심 개념을 이해할 것이다.

학생에게 안내하기

지금까지 우리는 영양에 관해서 배웠습니다. 2학년 선생님께서 2학년 학생들에게 건강하게 식사하는 것에 대해서 가르쳐 달라고 도움을 요청하셨습니다. 따라서 여러분의 과제는 2학년 후배들에게 건강한 생활을 위해서 영양이 중요하다는 것을 전달하는 그림이 들어간 안내 책자를 제작하는 것입니다. 오려서 붙일 수 있는 음식 사진과 독창적인 그림을 사용하여 건강한 식사와 그렇지 않은 식사의 차이점을 보여 주세요. 또한 불량한 식사의 결과로 생길 수 있는 건강상의 문제를 적어도 두 개 이상 보여 주는 그림을 포함하기 바랍니다. 여러분의 안내 책자는 건강한 식사에 대한 정확한 정보뿐만 아니라, 건강하지 못한 식습관의 결과로 생길 수 있는 건강의 문제를 적어도 두 개 이상 보여 주어야 하고, 2학년 후배들이 쉽게 이해할 수 있어야 합니다.

사용 맥락

개인별 평가 과제는 단원을 시작한지 3주쯤 후에 수행된다. 교사는 학생들이 만들어낸 결과물을 보고 오개념이 있는지를 확인할 수 있다. 평가 준거는 교사가 학생의 과제를 판단할 때 사용될 뿐 아니라 학생의 자기 평가를 안내하는 데도 활용된다.

건강 안내 책자를 평가하는 준거

안내 책자는…

- 건강하게 먹는 것에 대하여 완전히 정확한 정보를 포함한다.
- 균형 잡힌 식사와 그렇지 못한 식사 간의 명료한 차이를 보여 준다.
- 적어도 두 개의 나쁜 영양으로 인해 발생할 수 있는 건강 문제를 보여 주고, 식사와 건강 문제 간의 연결성을 설명한다.
- 2학년이 이해하기 쉽게 만들었다.
- 잘 고안되었다(예, 깔끔하고 색깔을 잘 사용함).

수행 과제 3 식사 메뉴 개발

주제: 영양, 건강, 건강관리

요약

<u>식사 메뉴 개발</u>: 최종적인 수행 과제로, 학생은 곧 있을 3일 동안의 야외 교육 캠프에서 먹을 간식과 식사 메뉴를 개발한다. 학생들은 캠프 관리자에게 메뉴를 왜 그렇게 선택하였는지, 왜 그 메뉴가 건강하면서도 맛있는지를 설명하는 편지를 쓴다. 이 과제는 개인적으로 수행되고 채점 기준에 따라서 평가된다.

자료: 미국 농무부의 음식 피라미드와 다양한 음식들의 영양 정보를 찾을 수 있도록 지원한다.

기준 6: 학생들은 영양과 식단에 대한 핵심 개념을 이해할 것이다.

6.a: 학생들은 영양에 대한 이해를 사용하여 자신과 다른 사람을 위해 적절한 식단을 계획할 수 있다.

학생에게 안내하기

지금까지 우리는 영양에 대해서 학습해 왔기 때문에, 야외 교육 캠프의 지도자가 올해 센터에서 있을 3일간의 야외 활동을 위한 영양적으로 균형 잡힌 메뉴를 제안해 달라고 부탁했습니다. 미국 농무부의 음식 피라미드 권장 내용과 식품의 성분 분석표에 있는 영양 정보를 사용하여 3일간의 계획표를 만들어 보세요. 이 계획표에는 세 끼의 주요 식사와 세 번의 간식(오전, 오후 그리고 캠프파이어)을 포함해야 합니다. 여러분의 목표는 건강하면서도 맛있는 메뉴를 만드는 것입니다.

메뉴를 만드는 것 이외에도, 캠프 지도자에게 여러분의 메뉴가 미국 농무부의 권장 사항을 어떻게 충족하는지 설명하는 편지를 쓰세요. 편지에는 음식의 지방, 단백질, 탄수화물, 비타민, 무기질, 칼로리가 어떻게 분배되었는지를 나타내는 표도 포함하세요. 마지막으로, 여러분의 친구에게 어떤 방식으로 그 음식을 맛있게 만들고자 했는지를 설명하세요.

사용 맥락

총괄 평가로 사용하며 〈표 9-1〉에 있는 분석적 채점 기준에 따라 평가한다.

〈표 9-1〉 식사 메뉴 개발하기 수행 과제 채점 기준

	영양	설명	문법/철자
4	• 메뉴 계획이 미국 농무부의 지침을 완벽하게 만족시킨다. • 영양가 표가 정확하고 완벽하게 완성되었다.	• 제안한 메뉴가 영양가 및 맛이 있음을 매우 효과적으로 설명하였다. • 영양에 관한 용어를 정확하게 사용하였다.	• 문법, 철자, 구조가 정확하다.
3	• 메뉴 계획이 미국 농무부의 지침을 대체로 만족시킨다. • 영양가 표가 대체로 정확하고 잘 완성된 편이다.	• 제안한 메뉴가 영양가 및 맛이 있음을 꽤 효과적으로 설명하였다. • 영양에 관한 용어를 대체로 정확하게 사용하였다.	• 문법, 철자, 구조에 약간의 오류가 있지만 메뉴 계획에 대한 전반적인 이해를 방해하지는 않는다.

2	• 메뉴 계획의 특정 부분이 미국 농무부의 지침을 만족시키지 못한다. • 영양가 표에 잘못되었거나 빠진 내용이 조금 있다.	• 제안한 메뉴에서 영양가 및 맛에 대한 설명이 완성되지 못했거나 다소 부정확하다. • 영양에 관한 몇몇 용어가 부정확하게 사용되었다.	• 문법, 철자, 구조상 오류가 메뉴 계획을 이해하는 데 방해가 된다.
1	• 메뉴 계획이 미국 농무부의 지침을 만족시키지 않는다. • 영양가 표에서 잘못된 내용이나 빠진 내용이 많다.	• 영양가 및 맛에 대한 설명이 빠져 있거나 매우 부정확하다. • 영양에 관한 많은 용어가 부정확하게 사용되었다.	• 문법, 철자, 구조상의 오류 때문에 메뉴 계획을 이해하기 힘들다.

수행 과제 4 개인의 식사 행동 계획하기

요약

학생들은 자신의 고유한 특성(예, 키, 몸무게, 활동량 등)에 맞게 건강하게 식사하는 행동 계획표를 만든다. 이 행동 계획표는 영양에 대한 목표와 그 목표를 달성하는 데 필요한 구체적인 행동(예, 과일과 야채를 보다 많이 섭취하기, 사탕을 덜 먹기 등)을 포함한다. 학생들에게 자신이 세운 계획표를 친구, 부모 혹은 다른 보호자에게 보여 줄 것을 권장한다.

기준 6: 학생들은 영양과 식사에 대한 핵심적인 개념을 이해할 것이다.

6.b. 학생들은 자기 자신의 식습관 패턴과 그것을 어떻게 개선할 것인가를 이해할 것이다.

학생에게 안내하기

정보는 사용하지 않으면 쓸모가 없습니다. 여러분이 건강한 식습관에 대해서 더 많이 배웠으므로 이제는 그 지식을 실천해야 할 것입니다. 이제 여러분의 과제는 각자의 고유한 특성(키, 몸무게, 활동 수준 등)을 고려하여 개인적인 목표에 따라서 건강한 식습관을 위한 행동 계획표를 만드는 것입니다.

행동 계획에는 (1) 영양과 관련된 구체적인 목표와 (2) 그러한 목표를 달성하기 위해 취해야 할 구체적인 행동(예, 과일과 야채를 보다 많이 섭취하고 설탕을 덜 먹기 등)을 포함하세요. 여러분은 자신이 완성한 '식사 행동 계획'을 부모님, 보호자 혹은 여러분에게 중요한 다른 어른에게 보여 주고 상의하세요.

사용 맥락

총괄 평가로 사용하며 미리 수립되어 있는 준거에 따라 평가한다.

또 다른 평가의 증거

- 선택형/단답형 시험/퀴즈
  - 퀴즈1: 식품군과 미국 농무부 식품 피라미드(짝 맞추기 형태)
  - 퀴즈2: 영양과 관련된 용어(선다형)
- 프롬프트(Prompt): 나쁜 영양으로 인해 생길 수 있는 건강상의 문제를 두 개 기술하고, 식사를 어떻게 변화시키면 그러한 문제를 피할 수 있는지를 설명하시오.
- 관찰: 교사는 학생이 수행 과제를 하는 동안의 행동과 식당에서의 행동을 관찰한다.
- 학생의 자기 평가
  - 안내 책자에 대한 자기 평가 및 상호 평가
  - 캠프 메뉴에 대한 자기 평가
  - 단원 시작점에서의 자신의 식습관과 단원 마지막에 이루어진 건강한 식사 행동 계획의 비교

3단계: 학습 계획 세우기

학습 활동

1. 학생들에게 영양이 그들의 삶에 미치는 영향을 생각하도록 흥미 유발을 위한 도입 질문을 한다. "여러분이 먹는 음식 때문에 여드름이 생길 수 있을까요?"
2. 핵심질문을 소개하고 수행 과제(식사 메뉴와 개인적인 식사 활동 계획)에 대해서 논의한다.
3. 다양한 학습 활동과 수행 과제를 하는 데 필요한 주요 용어를 소개한다. 학생들은 건강에 대한 교재에서 적절한 부분을 읽고 토론하여 학습 활동과 과제를 하는 데 도움을 받는다. 학생들은 단원 전체에 걸쳐서 자신이 매일 무엇을 먹고 마시는지 표에 계속 기록하고, 후에 그것을 다시 보면서 평가를 내릴 수 있도록 한다.
4. 식품군에 대한 개념 획득 수업을 한다. 그 다음, 학생들로 하여금 음식 사진을 식품군에 따라 범주화하는 연습을 하게 한다.
5. 식품 피라미드를 소개하고 각 식품군에 있는 음식을 확인한다. 학생들은 모둠별로 식품군에 속하는 음식의 사진을 가지고 식품 피라미드 포스터를 만든다. 완성된 포스터는 교실이나 복도에 전시한다.
6. 식품군과 식품 피라미드에 대한 퀴즈를 푼다(짝 맞추기 퀴즈).
7. 미국 농무부의 영양 안내 책자를 살펴보고 토론한다. 토론 질문은 '건강해지기 위해서 모든 사람이 동일한 식단을 먹어야 하는가?' 다.
8. 소집단으로 협동 작업을 하면서, 학생들은 가상의 가족 식단(일부러 균형 잡히지 않게 구성한 것)을 분석하고, 영양 개선을 위한 추천의 글을 쓴다. 교사는 학생들이 과제를 수행하는 것을 관찰하고 코치한다.
9. 소집단으로 분석한 것을 발표한 후 반 전체가 토론한다(저자주. 교사는 학생이 분석한 것을 살펴보면서 오개념이 있는지를 확인한다).
10. 학생들은 개별 과제로 어린 아이들의 건강한 생활을 위해서 좋은 영양이

중요하다는 사실과 잘못된 식습관으로 인해 생기는 문제를 나타내는 그림이 포함된 영양 안내 책자를 디자인한다. 이 활동은 교실 밖에서 이루어진다.

11. 학생들은 자신이 속한 소집단의 학생들과 안내 책자를 교환한 다음, 평가 준거에 맞추어 상호 평가를 한다. 그 다음, 다른 학생들로부터 받은 피드백에 따라 안내 책자를 수정한다.
12. 비디오 '영양과 우리' 를 보고 토론한다. 토론의 주제는 나쁜 식습관으로 인해 나타나는 건강 문제다.
13. 학생들은 초청 강사(지역 병원의 영양사)가 나쁜 영양으로 인해 생기는 건강 문제에 대해서 이야기하는 것을 듣고 질문한다.
14. 학생들은 '잘못된 영양의 결과로 생길 수 있는 건강 문제 두 개를 기술하고 그 문제를 해결하기 위해서 식단에 어떤 변화가 있어야 하는지를 설명하라' 는 프롬프트에 따라 글쓰기를 한다.
15. 교사는 식품 성분 분석표의 정보를 활용하여 영양가를 읽고 해석하는 시범으로 보여 준다. 그 다음, 학생들에게 상자나 캔, 병에 붙어있는 식품 성분 분석표를 가지고 연습하게 한다.
16. 학생들은 독자적으로 각자 3일간의 캠프 메뉴를 개발한다. 그리고 그것을 채점 기준에 따라서 자기 평가하고 동료 평가를 통해 서로에게 피드백을 제공한다.
17. 단원이 끝나갈 즈음, 학생은 자신이 매일 적은 식단 표를 보고 자신이 먹은 것이 건강에 도움이 되었는지를 스스로 평가한다. 스스로에게 어떤 변화가 있었는지, 개선된 점이 있었는지, 어떠한 점을 느꼈는지 그리고 겉모습에도 어떠한 변화가 있었는지를 자문한다.
18. 학생들은 건강한 식사를 위한 자신만의 '개인 식사 활동 계획표' 를 개발한다. 이 내용은 교사가 잘 보관해 두었다가 학부모 상담 때 제시한다.

백워드 설계의 과정을 사용하여 단원 계획을 수립한 교사는 (1) 학생이 단원의 끝에 어떤 중요한 것을 이해할 수 있는지, (2) 학생이 그러한 것을 이해했음을 드러내는 증거가 무엇인지, (3) 학생을 그 기대하는 결과로 안내하는 데 어떤 학습 활동이 필요한지에 대한 전체 과정을 명확하게 알 수 있다. 그리고 그와 같은 명료성은 학생들에게 학습에 초점을 맞추게 하고 그들의 성취를 돕는다.

그러나 대부분의 학급에서 학생의 다양성은 학습 여정이 어떻게 진행되는가에 영향을 미치는 강력한 요인이 된다. 그러한 현실로 인해 비록 교사가 이해중심 교육과정을 치밀하게 잘 개발한 경우라 할지라도, 학생의 성공을 위한 중요한 도구로서 맞춤형 수업을 해야 한다.

학생 성장의 극대화를 위해 단원을 학생 맞춤형으로 계획하기

학생들에게 명료하고 흥미로운 단원으로 맞춤형 수업을 실행하는 교사는 그들을 성공으로 안내할 준비가 되어 있다. 물론 단원의 질이 높아지면 학생들이 성공할 가능성도 크게 높아진다. 그렇지만 교실에는 학년 수준에 훨씬 못 미치는 학생, 교사의 기대를 넘어서는 능력을 갖춘 학생, 관심이 매우 다양한 학생, 여러 가지 다른 방식으로 학습하는 학생이 있다.

학생 변인 역시 학생 성공의 한 요인이라는 것을 이해하는 교사는 학생을 내용만큼이나 철저하게 살펴보고 관심을 가지며 그들의 필요에 따라 계획을 세운다. 따라서 교사는 주로 학생들이 기대하는 학습 목표에 비추어 진단 평가나 사전 평가를 하는 것으로부터 단원을 시작한다.

한 교사가 사전 평가 자료를 검토하고 난 후에 다음과 같은 결과를 얻었다고 하자.

- 4명의 학생은 이미 가르치고자 했던 아이디어에 대해 정교한 이해를 하고 있고, 대부분의 핵심 정보와 기능을 습득하고 있다.
- 7명의 학생은 지식을 거의 갖추고 있지 못하며, 4명은 영양에 대한 핵심 아이디어에 대해 심각한 오개념을 보인다.
- 6명의 학생은 단원의 이해를 적절하게 설명할 수 있으나, 몇몇 중요한 핵심 정보에 대한 이해가 부족하다.
- 9명의 학생은 아주 기초적인 수준으로(그러나 정확하게) 단원의 이해를 설명할 수 있고, 몇몇 지식 목표에 대해 약간의 정보를 가지고 있다.

이 교사는 이미 자신의 반에 한국어에 능숙하지 못한 3명의 학생과 학습장애 진단을 받은 2명의 학생이 있고, 통합 IEP를 받는 2명의 특수교육 대상 학생이 있으며, 1명은 주의 집중 혹은 정서 문제가 있고, 5명은 영재아로 판별되었음을 알고 있다. 또한, 교사는 학생들의 다양한 관심사에 대해서도 이해하고 있으며 그 학생들이 다른 방식으로 학습한다는 것도 알고 있다. 이 교사의 목표는 학생들에 대한 자신의 통찰뿐 아니라 사전/진단 평가 자료를 사용하여 단원에 대한 맞춤형 수업을 계획하는 것이다. 그와 함께 교사는 서로 연결된 지속적인 평가 혹은 형성 평가 기회를 사용하여 단원의 진행에 따라 학생들의 다양한 필요를 충족시키는 방식으로 수업을 하게 될 것이다.

백워드 설계는 안정적이면서도 유연한 교육과정 계획으로 마무리되는 반면, 맞춤형 수업은 그 용어가 의미하듯이 보다 유동적이다. 그래서 맞춤형 수업에서는 교사가 원래 계획하고 있었던 생각이 학생들의 숙달 정도, 오개념 그리고 학습에 대한 필요가 어떻게 진행되느냐에 따라서 변화할 수 있다. 그렇지만 교사는 단원을 시작할 때 맞춤형 수업을 위하여 어느 정도 일반적인 계획을 세울 수 있다. 단원이 진행됨에 따라 교사는 그 계획을 필요에 따라서 수정할 수 있다. 이어서 교사는 단원에서 사용하게 될 일련의 잠정적인 계획을 세운다. 어떤 교사든지 하나의 단원에서 이 모든 아이디어를 한 번에 다 사용할 가능성은 낮다. 그렇지만, 학생의 필요를 충족시키기 위한 광범위한 대안을 가지고 있을 때, 보다 효과적으로 다양한 학생들에게 반응하는 수업을 할 수 있다. 한 교사가 사용할 수 있는 대안 중에는 단원이나 차시를 망라하여 광범위하게 도움이 되는 일반적인 절차와 지원 자료가 있을 수 있고, 한편으로는 특정 과제나 학습 결과물에 맞추어 수정이 가능한 것도 있을 수 있다.

맞춤형 수업과 통합된 백워드 설계 단원의 예

교육과정을 계획하고 학생의 차이에 반응하는 방식으로 수업을 하는 때가 되면, 백워드 설계의 마지막 두 단계는 반드시 순서가 바뀐다. 백워드 설계에 따른 수업 계획에서는 기대하는 학습 결과를 확인하고, 그 다음으로 기대하는 학습 결과에 대한 수용 가능한 증거를 결정한다. 그러고 나서 각 학생이 성공적으로 기대하는 학습 결과에 도달하도록 수업을 설계한다. 수업(맞춤형 수업을 포함)을 할 때에는 학생이 기대하는 학습 결과에 비추어 어느 지점에서 시작하고 있는지를 진단하는 것으로부터 시작한다. 그 다음, 수업 계획을 실행하고 마지막으로 학생의 성공에 대한 증거를 수집한다.

다음은 교사가 영양 단원을 전체적으로 어떻게 다양화할지를 생각한 사례다. 백워드 설계 과정의 각 단계가 이 예시 안에 포함되어 있다. 그러나 이 단계들은 '계획하는 방식'이 아닌 실제로 '가르치는 방식'으로 진행된다. 교사가 다양한 학생들의 필요에 부합하고 개별 학생이 기대하는 결과를 성공적으로 성취하도록 돕기 위해 어느 정도의 비율로 변화를 주는지는 [그림 3.3]에서 제안된 것을 반영하고 있다.

수정(modification)은 '기대하는 학습 결과'의 단계에서는 거의 일어나지 않고, '수업 계획의 단계'에서 많이 일어나며, '수용 가능한 이해의 증거 자료'에서는 약간 일어난다. 또 하나 주목해야 할 것은, 기대하는 학습 결과가 수업 시간에 일어나는 대부분의 활동에 대한 방향타 역할을 한다는 것과 교사는 모든 학생이 기대하는 학습 결과에 확실하게 성공적으로 도달할 수 있도록 하는 (그리고 타당할 때는 그보다 더 나아가도록 하는) 수단으로 맞춤형 수업을 사용한다는 것이다. 이에 더해서, 여러분은 가르치는 단계와 이해의 증거 수집 단계 모두에서 약간의 수정을 하는 것이 유용하다는 것을 알 수 있을 것이다.

기대하는 학습 결과와 연결 짓는 방식으로 학생에게 초점 맞추기

1. 교사는 단원의 구체적인 핵심지식, 이해, 기능과 관련된 학생의 출발점 수준을 파악하기 위해 사전 평가를 한다.
2. 교사는 단원에 직접 적용하기 위해 학생의 흥미와 학습 선호에 대한 정보를 수집한다. 사전 평가의 결과에 따라 교사는 어떤 학생이 그 단원에서 기대하는 학습 결과에 도달하는 데 필요한 중요한 사전 지식과 기능이 부족한지를 파악하고, 이를 다루기 위한 계획을 세운다. 이 학생들에게는 단원의 핵심지식과 기능 이외에도 파악된 중요한 사전 지식과 기능 또한 학습해야 할 핵심적인 것이 된다. 물론 이 학생들도 그러한 사전 지식 및 기능과 함께 단원의 영속적인 이해를 학습해 나갈 것이다.
3. 사전 평가의 결과에 따라 교사는 어떤 학생이 그 단원에서 자신이 가르치고자 했던 지식과 기능을 이미 습득하고 있는지를 파악한다. 교사는 필요한 경우, 그 학생들에게 지속적인 성장을 담보할 수 있는 대안적 활동을 제

공할 것이다. 그러면 그들 역시 단원의 영속적 이해와 관련된 활동을 할 수 있을 것이다.

4. 단원의 핵심 기능이 아닌 다른 기능을 요청하는 개별화 교육 프로그램을 받고 있는 학생이 있을 경우, 교사는 그 내용 역시 적어 놓고 특수교육 교사와 협력하여 핵심 기능을 다룰 수 있도록 계획한다. 그러면 그 학생 역시 단원의 영속적인 이해에 도달할 수 있을 것이다.

수업 계획을 실행하고 학생 맞춤형으로 수업하기

1. 학생들에게 건강에 대한 교재를 읽어 오라고 할 때, 교재에 어려움을 느끼는 학생에게는 읽기 도움 자료(함께 읽는 친구, 테이프로 녹음한 교재, 핵심 내용을 강조한 책, 내용 이해를 돕는 그래픽 조직자, 행 간격이 넓은 저널[double entry], 큰 소리로 읽기 등)를 제공한다.
2. 주요 용어를 소개할 때 한국어가 모국어가 아닌 학생, 통합 학급 학생, 단어를 습득하는 데 어려움을 느끼는 학생을 위해서 단어를 간단히 정의해 주고, 아이콘 혹은 그림으로 설명되어 있는 핵심 단어 목록을 준다.
3. 한국어가 미숙한 학생에게는 그들의 모국어와 한국어 간 간극을 연결해 주는 방법을 이용할 수 있게 한다. 그러한 방법으로는 두 언어를 모두 사용할 수 있는 학생과 같은 조에 편성하기, 이중 언어 사전 이용하게 하기, 학생의 모국어로 해당 주제를 다루는 인터넷 자료를 활용하게 하기, 한국어로 쓰기 전에 모국어로 브레인스토밍하게 하기, 대화를 통해 한국어로 쓰게 한 후 그것을 학생의 모국어로 편집하게 하기 등을 들 수 있다.
4. 교사는 읽기 수준 및 내용의 복잡성 수준이 다양한 자료를 제공하여, 모든 학생이 적절하게 도전적인 학습 자료를 이용할 수 있도록 한다.
5. 교사는 소집단 수업을 이용하여 사전 평가에서 식품군의 개념을 습득할 필

요가 있다고 평가된 학생들을 위해서 개념 획득 활동과 범주화 활동을 한다.

6. 전체 토론과 학생 토론 집단을 활용할 때, 교사는 반드시 영속적 이해를 학생들의 다양한 경험, 문화, 흥미, 관점과 연결시킨다.
7. 교사는 생각하고—짝과 이야기하고—공유하기(Think-Pair-Share)와 무작위로 발표하게 하기를 비롯한 다양한 활동을 활용하여 모든 학생이 학급 전체의 이해에 기여할 수 있는 기회와 기대를 갖게 한다. 특정 학생들에게 적합하다고 생각될 경우, 교사는 그들에게 후속 질문에 대한 힌트를 주거나 다른 학생이 말한 아이디어에 덧붙여 말해 보도록 하는 것과 같은 전략을 통해서 그들의 반응에 비계를 설정해 준다.
8. 교사는 때때로 필요할 때 다양한 숙제를 주어서 학생이 시간을 효율적으로 사용하게 한다.
9. 초청 강사가 왔을 때, 교사는 수업 시간에 오랫동안 앉아있지 못하는 학생에게 강의 내용을 비디오로 녹화하는 역할을 부여한다.
10. 교사는 학생들에게 식품 성분 분석표를 어떻게 읽고 해석하는지 간략하게 시범 보인다. 그 다음, 관련 과제를 시작하기 전에 식품 성분 분석표를 해석하는 연습을 원하는 학생들을 위해서 소규모 워크숍을 제공한다.
11. 교사는 형성 평가 혹은 지속적 평가 자료에 근거하여 소집단 수업을 하면서 어떤 학생들에게는 그들이 가진 오개념을 없애 주고 다른 학생들에게는 기능을 어떻게 적용하는지를 보여 주며 또 다른 학생들에게는 단원의 수준을 넘어서서 확장하는 기회를 준다.
12. 형성적인 또는 지속적인 평가를 해 본 결과, 어떤 학생이 특정 기능을 숙달한 것으로 나타나면 교사는 그 학생에게 적절하고 흥미로우면서도 도전적인 대안적 과제를 수행하게 한다.
13. 교사는 학생에게 목표를 달성하는 데 있어서 자신이 제공한 방식과 다른

대안을 제안해 보라고 한다.

14. 교사는 학생을 비공식적으로 관찰하는 동안, 말로 '사전 주의(heads up)' 하는 전략을 이용해 그들이 과제를 수행할 때 문제가 생길 수 있는 지점을 환기시키고 주의를 집중하게 한다.
15. 교사는 학생의 작업이 어떻게 진행되고 있는지, 그들이 어떤 지점에서 혼동하거나 '곤경에 빠졌는지', 시간을 어떻게 사용하고 있는지 그리고 어떻게 그들을 보다 효과적으로 도와줄 수 있는지 이해하기 위해서 정기적인 '교사 발화'[1]를 하나의 평가 전략으로 활용한다.
16. 교사는 기능이나 소재를 학습하는 데 어려움을 경험하는 학생들을 위해서, 또는 사고와 학습 결과물을 진일보시켜야 하는 뛰어난 학생들을 위해서 소규모 워크숍을 주기적으로 제공한다(때때로 특정 학생들을 워크숍에 참석하도록 초대한다).
17. 교사는 학생에게 가능한 경우 혼자 작업하거나 짝을 정해서 활동할 수 있는 선택권을 주어 그들이 자신에게 가장 편하고 효과적인 방식으로 활동하게 한다.
18. 교사는 공통의 핵심 내용 목표와 개인적인 목표에 초점을 두면서, 내용 기준에 기반한 채점 기준을 활용한다. 채점 기준은 다양한 학생에게 도전적이면서, 학생 각자의 성장에 중요한 특정 과제 요소에 주의를 기울이도록 설계해야 한다. 이 단계에서 교사는 학생에게 채점 기준을 소개하고, 그것에 친숙해지도록 하며, 학생이 만들어내야 할 결과물이나 과제를 시작할 때 요구되는 것이 무엇인지 이해하도록 한다.

1) 역자 주. 수업 중 교사가 일상적으로 던지는 말. 예컨대 '잘하고 있니?' '잘 따라오고 있니?' '내가 무슨 말을 하고 있는지 알겠니?'와 같이 간단한 질문이 포함된다.

19. 교사는 필요하다면 활동을 수준별로 제시하여 모든 학생이 같은 내용 목표를 향해서 활동하게 하되, 난이도를 달리하여 학생 각자가 자신에게 적합한 수준의 도전을 할 수 있도록 한다.
20. 교사는 필요하다면 학생에게 학습을 탐구하고 표현하는 다양한 방식을 제공한다.

학생의 성공을 결정하기

1. 교사는 문제를 읽기 힘들어하는 학생을 위해서 퀴즈를 소리 내어 읽어 준다. 답을 쓰는 데 시간이 많이 걸리는 학생에게는 퀴즈를 두 부분으로 나누거나 혹은 이틀에 걸쳐서 풀게 한다.
2. 교사는 한국어가 유창하지 않은 학생에게 그들의 모국어와 한국어를 연결해 주는 수단을 이용하게 한다. 그러한 전략으로는 두 언어를 모두 사용할 수 있는 학생과 같은 조에 편성하기, 이중 언어 사전을 사용하게 하기, 학생의 모국어로 해당 주제를 다루는 인터넷 자료를 활용하게 하기, 한국어로 쓰기 전에 모국어로 생각을 정리하는 기회 갖게 하기, 글을 쓰기 전에 한국어로 대화해 본 후 그것을 학생의 모국어로 수정하게 하기 등이 포함될 수 있다.
3. 교사는 읽기 수준 및 내용의 복잡성 수준이 다양한 읽기 자료를 제공하여, 모든 학생이 자신의 필요에 비추어 적절하게 도전적인 자료를 이용할 수 있게 한다.
4. 교사는 학생에게 자신이 부여한 평가 목표를 초과 달성하기 위한 대안적인 방법을 제안하도록 한다.
5. 교사는 학생이 학습한 결과를 다양하게 표현할 수 있는 대안을 제공한다.
6. 교사는 학습 결과물을 산출하고 과제를 수행하기 위하여 정기적으로 성인의 안내와 지도가 필요한 학생들을 하나 혹은 그 이상의 소집단을 구성하

여 지도한다.

7. 교사는 학생들에게 혼자 활동하거나 짝과 함께 활동할 수 있는 선택권을 부여하여 그들이 자신에게 가장 편안하고 효과적인 방식으로 활동할 수 있게 한다.
8. 교사는 공통의 목표뿐 아니라 학생의 개별화된 목표 역시 채점 기준의 평가 요소와 준거에 반영하여 다양한 학생들이 자신에게 도전적이면서, 동시에 자신의 발전에 중요한 측면에 주의를 기울이게 한다.
9. 학생은 친구에게 상담을 요청할 수 있고, '상담자' 는 채점 기준에 상세하게 명시된 활동 결과물의 핵심 요구에 따라 제작된 평가(critique) 안내서를 보며 상담을 진행한다.
10. 교사는 학생의 학습 산출물 및 평가 과제를 안내할 수 있는 계획 템플릿이나 조직자를 다양하게 제공하여 학생들이 선택할 수 있도록 한다.
11. 교사는 학생의 활동이 어떻게 진전되고 있는지, 혼동하고 있거나 '막혀버린' 곳이 어디인지, 시간을 어떻게 쓰고 있는지, 학생을 보다 효과적으로 지도할 수 있게 해주는 요인이 무엇인지 파악하는 방법으로 '교사 발화' 를 활용한다.

여기에서 우리가 말하고자 하는 것은 교사가 하나의 단원에서 앞서의 모든 제안을 다 받아들여 수업을 조정해야 한다는 것이 아니다. 단원에서 기대하는 학습 결과에 모든 학생이 도달할 가능성을 최대화시키려는 목적 하에, 다양한 학생들의 요구에 반응하면서 우수한 교육과정 계획을 개선할 수 있는 다양한 방법에 대해 교사들에게 보여 주고자 한 것이다. 이제는 여기에서 제안한 맞춤형 수업의 일반적 접근 방법과 또 다른 접근을 이용하여 영양에 대한 단원의 구체적인 한 부분을 어떻게 다양화시킬 수 있는지 보여 주고자 한다.

과제에 대한 구체적인 조정의 예

교사는 학생의 준비도를 다루기 위해서 일반적인 접근을 취하는 것 이외에도 어떤 학생이 다양화된 활동으로부터 혜택을 받고 있는지, 어떻게 그 활동이 특정 학생에게 혜택을 줄 수 있게 수정할 수 있는지 파악하기 위해 과제를 주거나 평가하는 것을 고려할 수 있다. 다음은 영양 단원에서 사용된 한 평가 과제와 그 과제를 교사가 학생의 준비도, 흥미, 학습 유형을 고려하여 다른 형태로 개발한 것을 요약한 것이다. 또한, 단원의 사전 평가와 형성 평가에서 드러난 요구도 반영하였다. 이 예는 교사가 원래 계획한 평가를 할 때 단원의 핵심 목표를 벗어나지 않으면서 어떻게 학생의 다양한 준비 수준과 흥미, 광범위한 학습 유형 선호도를 고려하여 수정할 수 있는지를 보여 준다. 다시 말하지만, 교사가 이 모든 방법을 사용해야만 한다는 것이 아니라, 잘 구조화된 과제라고 하더라도 특정 학생에게 더 효과적일 수 있도록 다양화시키는 방식을 보여 주고자 하는 것이다.

활동 원형(다양화하지 않은 활동)

지금까지 우리는 영양에 관해서 배웠습니다. 2학년 선생님께서 2학년 학생들에게 건강하게 식사하는 것에 대해서 가르쳐 달라고 요청하셨습니다. 따라서 여러분의 과제는 2학년 후배들에게 건강한 생활을 하기 위해서는 영양이 중요하다는 것을 전달하는 그림이 들어간 안내 책자를 제작하는 것입니다. 오려서 붙일 수 있는 음식 사진과 독창적인 그림을 사용하여 건강한 식사와 그렇지 않은 식사의 차이점을 보여 주세요. 또한 불량한 식사의 결과로 생길 수 있는 건강상의 문제를 적어도 두 개 이상 보여 주는 그림을 포함하기 바랍니다. 여러분의 안내 책자는 건강한 식사에 대한 정확한 정보를 담고 있어야 하고, 불량한 식사의 결과로 생길 수 있는 건강의 문제를 두 가지 이상 보여 주어야 하며, 2학년 후배들이 이해하기에 쉬워야 합니다.

다양화된 활동

학생의 준비도를 고려함

읽고 쓰는 데에 어려움을 느낄 뿐 아니라 영양의 기본 원리와 영양에 대해 사람들이 내리는 결정이 가져올 결과를 잘 이해하지 못하는 학생은 활동을 원형 그대로 완성하게 될 것이다.

영양의 기본 원리와 결과에 대한 기초적인 이해를 하고 있는 학생에게는 건강한 중학생이 되는 데 관심이 있는 초등학생을 위해 유사한 안내 책자를 제작하게 한다. 또한 안내 책자에는 초등학생을 위한 적어도 6가지의 핵심적인 영양 지침을 제시하게 한다. 그러한 지침을 따르면 초등학생이 더 건강한 중학생이 될 확률이 반드시 높아져야 한다. 오려서 붙일 수 있는 자료와 그림을 사용하기보다는 학생들이 좋은 건강을 위한 핵심 지침을 표현하는 아이콘을 직접 만들고 각각의 아이콘이 드러내는 의미에 보다 주의를 기울이게 한다.

좋은 영양의 원리와 관련된 용어에 대해 지식과 이해가 매우 높고, 읽기 능력이 우수한 학생에게는 소아과를 방문하는 10세에서 16세 사이의 어린 학생과 부모가 사용할 수 있는 안내 책자를 제작하게 한다. 안내 책자에는 영양과 관련된 의사 결정을 내리는 데 필요한 정확하고도 중요한 정보와 지침을 제공하여야 하고, 지루하지 않도록 소재에 관심을 가지고 기억될 수 있는 방식으로 제작해야 한다.

영양에 대해서 매우 높은 관심을 가지고 있으며 매우 잘 알고 있는 우수한 학생에게는 건강 센터에서 사용할 수 있는 전문 안내 책자를 설계하게 한다. 센터에 오는 청소년과 학부모는 이미 가정에서부터 영양에 많은 관심을 가지고 있으며 자신들이 내리는 결정에 대해서 보다 면밀히 검토하고자 하는 사람들이다. 따라서 학생이 제작하는 안내 책자는 정확해야 하고 시선을 끌 수 있어야 하며, 이미 많은 지식을 갖고 있는 청중을 대상으로 한 것이어야 한다.

학생의 흥미를 반영함

학생은 자신이 관심을 가지고 있는 역할이나 집단을 위해 특정 영양 정보를 안내 책자에 포함시킬 수 있는 선택권을 갖는다. 예를 들어, 육상 선수, 미식축구 선수, 청소년, 알레르기나 천식이 있는 사람, 모델, 비행기 조종사를 위한 구체적인 영양 지침은 학생으로 하여금 일반적인 영양 정보뿐만 아니라 특별한 요구를 볼 수 있게 하고, 어떻게 영양 정보가 다양한 개인이나 집단에게 적용되는지를 알 수 있게 한다. 그러한 활동을 도와주기 위해서 교사는 관심이 비슷한 학생들로 집단을 구성하여 안내 책자를 완성하게 함으로써 아이디어를 공유하게 한다.

학생은 한국 이외의 다른 문화나 다른 지역에 있는 학교의 학생들을 위해서 혹은 특별히 관심이 있는 곳의 학생들을 위해서 대안적인 과제(예컨대, 멕시코 혹은 이라크에서의 좋은 영양)를 선택하여 수행할 수 있다.

학생의 학습 선호도를 고려함

학생은 자신이 가지고 있는 지식, 이해, 기능을 드러낼 수 있는 여러 방법을 선택할 수 있다. 예를 들어, 하나의 안내 책자만 만들도록 하기보다는 스토리보드에 일련의 공공 서비스를 알리기 위한 주석 달기, 특정 연령의 학생을 위하여 잡지에 3단 칼럼 포함시키기, 웹 사이트에 에세이 올리기 혹은 학교 식당의 영양사와 공유해야 할 의견서 쓰기 등 여러 형태로 과제를 수행할 수 있도록 한다.

학생은 궁극적으로는 결과물을 혼자 완성해야 하지만, 자신이 만들어낼 결과물의 디자인은 혼자서 또는 팀의 일원으로서 함께할 수 있는 선택권이 있다.

이 모든 가능한 수정은—그리고 여기에 기술하지 않은 다른 많은 대안은—두 가지 주요한 목적이 있다. (1) 중요한 교육과정 결과를 성취하는 데 있어서 모든 수준과 범위의 학생들이 확실히 최대한의 성장을 하게 한다. (2) 학생의 이해에 대한 유연하고도 타당한 증거를 제공한다. 이처럼 중요한 아이디어와 기능을 성공적으로 학습하게 하는 것 이외에 또 다른 이점도 있다. 자기 효능감, 지식의 힘에 대한 이해, 학습자로서의 자신의 능력에 대한 인식, 학습자 공동체에 소속되어 있고 그에 기여할 수 있다는 이해 등의 이점이 그것이다. 우수한 교육과정은 효과적인 교실의 핵심이다. 그리고 학생이 성공할 수 있는 방식으로 그들 개인을 교육과정과 연결시켜 주는 것 역시 효과적인 교실의 핵심이라고 할 수 있다. 백워드 설계는 전자를 도모하고 맞춤형 수업은 후자에 관심이 있다. 학교가 그들에게 맡겨진 모든 학생을 효과적으로 돕기 위해서는 이 두 가지 요소 모두가 작동해야 하고, 동시에 작용해야 한다.

이해중심 교육과정/맞춤형 수업 교실을 보여 주는 지표

교사가 이해중심 교육과정과 맞춤형 수업의 원칙 및 실제를 교실에 적용하였을 때 우리는 무엇을 볼 수 있어야 하는가? 여기서는 일련의 관찰 가능한 지표들을 4개의 범주로 조직하여 제시한다. '학습 환경' '교육과정' '교사' '학생' 이 그것이다(McTighe & Seif, 2002에서 수정 발췌한 것임). 이 목록은 실현하기 어려운 것처럼 보일 수 있다. 하지만 이것이 모두 항상 교실에서 나타나야 한다고 기대할 필요는 없다. 그럼에도 우리는 이해중심 교육과정과 맞춤형 수업의 핵심 아이디어를 이해하고 받아들이는 교사라면 아마도 자연스럽게 그리고 지속적으로 그 둘을 자신의 교실에 통합시킬 것이라고 믿는다. 또한, 시간이 지나면서 점점 더 많은 지표가 교실의 규범으로 자리잡을 수 있을 것이다.

학습 환경

- 개별 학생 모두를 존중하고 존엄성을 인정하는 방식으로 대한다.
- 개별 학생 모두가 교실에서 자신은 안전하고 가치 있는 인간이라는 느낌을 갖는다.
- 개별 학생 모두가 집단 활동에 의미 있는 기여를 한다.
- 개별 과제와 조별 과제를 균형 있게 강조한다.
- 학생들은 협력하면서 함께 공부한다.
- 개별 학생은 같은 반 학생들과의 차이점과 유사점에 따라 유연하게 조에 편성된다.
- 학생들은 서로 다른 다양한 관점을 탐색하고, 학습에 대한 다양한 접근을 존중한다.
- 빅 아이디어와 핵심질문은 학생의 활동, 교실 활동, 교실의 규준과 문화의 중심에 놓인다.
- 개별 학생 모두가 빅 아이디어를 학습하고 핵심질문에 답할 수 있다는 높은 수준의 기대가 존재한다.
- 모든 학생은 학생 존중적인 학습을 한다. 즉, 과제와 평가는 교육과정에서 가장 중요한 것에 초점이 맞추어져 있고, 과제는 고차원적 사고를 필요로 하도록 구조화되어 있으며, 모든 학생에게 같은 수준의 도전과 흥미를 부여한다.
- 빅 아이디어, 핵심질문, 준거/채점 기준이 게시되어 있다.
- 학생들이 활동 샘플과 모형을 볼 수 있도록 한다.

교육과정

- 단원과 강좌는 일관된 설계의 결과임을 보여 준다. 내용 기준, 빅 아이디어, 그리고 핵심질문이 평가 및 학습 활동과 분명하게 연결된다.
- 아이디어를 수용하고 탐색하는 데는 여러 가지 방법이 있다.
- 학생이 적용과 설명을 통해서 자신의 이해를 드러낼 수 있는 '실제적(authentic)' 수행 과제에 기반을 두고 평가한다.
- 학생의 활동 결과물 혹은 수행에 대한 교사 · 동료 · 자기 평가는 개별 학생의 필요와 목표를 반영할 뿐 아니라 전체에 공통적으로 적용되는 명료한 준거와 수행 기준을 포함한다.
- 단원 혹은 강좌는 학생이 자신의 이해를 재검토하고 다시 생각해 볼 수 있도록 심화하여 설계한다.
- 교사와 학생은 다양한 자료를 사용한다. 교과서는 여러 자료 중의 하나에 불과해야 하며 참고 자료는 다양한 문화적 배경, 읽기 수준, 관심 그리고 학습에 대한 접근을 반영한 것이어야 한다.

교사

- 교사는 단원이나 강좌를 시작할 때 학생에게 빅 아이디어와 핵심질문, 수행에 요구되는 것 그리고 평가 준거에 대해서 알려 주고, 단원 전반에 걸쳐서 그 요소에 대해 지속적으로 상기시킨다.
- 교사는 단원의 빅 아이디어와 핵심질문을 학생이 가지고 있는 배경 지식, 관심, 열망과 서로 관련지을 수 있게 도와준다.
- 교사는 학생이 빅 아이디어와 핵심질문을 검토하고 탐구하는 동안 그들의

관심을 불러일으키고 유지시킨다. 이 접근은 교실 내 학생들의 다양한 관심을 인정하고 고무시키는 것을 포함한다.

- 교사는 학급 전체가 성취해야 할 중요한 내용 목표 이외에도 학생이 개별적으로 성취해야 할 학습 목표를 설정하고 달성할 수 있도록 돕는다.
- 교사는 학생 개개인이 교과에 대한 이해를 심화시킬 수 있도록 다양한 수업 전략을 사용하고 학생들과 다양한 방식으로 상호작용한다.
- 교사는 사전 평가와 형성 평가에서 얻은 정보를 사용하여 학생이 어떠한 기능을 필요로 하는지를 결정하고, 그들이 이해했는지를 확인하고, 그들의 오개념을 파악하고, 그들의 향상을 위한 피드백을 제공하며, 수업을 수정한다.
- 교사는 언제나 학생들의 준비도, 흥미, 학습 방식에서의 차이에 반응한다.
- 교사는 학생들에게 단순히 '말로 알려주기' 보다는 그들의 적극적인 의미 구성을 돕는다. 또한 개별 학생이 각기 다른 방식으로 그리고 각기 다른 속도로 의미를 구성한다는 것을 이해한다.
- 교사는 학업에서의 성공을 가능하게 하는 학생의 읽기, 쓰기, 어휘, 계획하기 및 다른 중요한 기능의 성장을 위해서 그들의 다양한 필요를 지원하는 여러 전략을 활용한다.
- 교사는 발문, 심층 질문, 피드백을 활용하여 학생이 자신의 '생각을 풀어내고(unpack)', 반성하고, 다시 생각해 보게 한다.
- 교사는 이해를 증진시키기 위해서 다양한 자료(단지 교과서만이 아닌)를 사용한다.
- 교사는 학부모와 학생에게 학생의 성취와 진보, 학습 습관에 대해서 의미 있는 피드백을 제공한다.

학생

- 학생은 단원 혹은 강좌의 목표(빅 아이디어와 핵심질문) 및 수행의 필수 요건을 기술할 수 있다.
- 학생은 자신이 무엇을 왜 하고 있는지(즉, 오늘 수업 시간에 하는 것이 전체 목표와 어떻게 관련되는지)를 설명할 수 있다.
- 학생은 자신의 학급이 어떻게 기능하며, 학급의 다양한 요소가 학생 개개인의 성공과 학급 전체의 성공을 어떻게 지원하는지를 설명할 수 있다.
- 학생은 학급이 효과적으로 운영될 수 있도록 적극적으로 기여하고, 교사와 함께 학급 경영에 대한 책임을 공유한다.
- 학생은 교육과정의 특성 및 자신의 특정 학습 목표에 적합한 수업을 할 때, 단원의 시작부터 학습에 흥미를 가지며 단원 전반에 걸쳐서 학습에 몰입한다.
- 학생은 자신의 활동을 평가할 수 있는 개인별 준거와 공통 준거 모두를 서술할 수 있다.
- 학생은 빅 아이디어를 학습할 수 있게 하고 핵심질문에 답할 수 있게 하는 활동에 참여한다.
- 모든 학생은 적절한 질문을 생성하고 관심과 관점을 공유하는 기회를 가진다.
- 학생은 자신의 활동과 답을 설명할 수 있고 정당화한다.
- 학생은 설정된 준거와 평가 기준에 근거하여 자기 평가 및 상호 평가를 한다.
- 학생은 자신의 활동을 안내하고 수정하기 위해서 준거/채점 기준을 사용한다.
- 학생은 정기적으로 자신의 성취, 진보 그리고 학습 습관에 대하여 반성하고 목표를 설정한다.

결 론

이해중심 교육과정은 잘 고안된 설계 과정이다. 그것은 심층적 내용 지식, '평가자처럼 사고하는' 능력, 학습 활동과 평가에서의 실제성(authenticity)에 대한 관심, 학생의 사고에 대한 명백한 관심, 촉진적인 수업과 직접 교수법의 혼용, 피드백과 결과에 근거하여 계획을 비판적으로 검토하고 조정하는 태도를 요구한다. 맞춤형 수업 역시 복잡한 과정이다. 맞춤형 수업은 학생의 강점과 약점에 대한 지속적인 관심을 요구한다. 이때, 매년 달라지는 강점과 약점뿐만 아니라 학년 내내 새롭게 나타나는 강점과 약점에도 계속 관심을 가져야 한다. 맞춤형 수업은 유연한 교수-학습 절차를 개발하게 하여 다양한 학습 능력을 가진 학생들이 풍부하면서도 도전적인 학문적 내용과 과정을 성공적으로 학습하게 하고, 여러 학습 조건에 있는 학생들에게 지원적이면서 도전적인 학습 환경을 만들어 준다.

교사가 이 두 가지 틀을 통합하는 것은 분명히 도전적인 과제다. 그러나 이해중심 교육과정과 맞춤형 수업은 둘 다 내용, 최선의 학생 중심 계획, 교수, 평가를 나타낸다. 또한 두 가지 접근 방식 모두 교사에게 자신이 살아온 교육적 안전지대로부터 기꺼이 나오도록 하고, 자신의 레퍼토리를 확장하는 초기의 불안감을 무릅쓰게 하며, 지속적으로 자신의 행동에 따른 결과를 반성하게 하고, 더 나은 것을 위해서 수정하게 한다. 우리는 그러한 노력을 통해 학생의 참여도가 높아지고, 더욱 효과적인 교실을 만들 수 있다고 믿는다. 결국 그것은 역동적이고 만족스러운 수업을 가능하게 만든다.

제 10 장

이해중심 교육과정과 맞춤형 수업의 통합을 실천하기

이 책 속의 아이디어를 어떤 방법으로 실천할 수 있는가?

미국의 전직 대통령 허버트 후버는 한때 "행동하지 않고 말로만 하는 것은 이상의 실현을 막는다."라고 하였다. 그의 아이디어는 이 책에도 적용된다. 우리는 이 책의 이전 장들에서 이해중심 교육과정과 맞춤형 수업을 연결 짓는 이론적 근거를 제시하였고, 교육과정, 수업, 평가, 성적 처리 및 보고와 관련된 원리와 실제를 살펴보았다. 또한 어떻게 하면 이해중심 교육과정에 기초하여 개발된 단원이 학생의 다양한 요구에 보다 더 잘 반응할 수 있는지를 기술하였다. 이제 우리는 실천적인 문제에 직면하게 된다. 어떻게 하면 이 책에 있는 아이디어를 적용할 수 있을 것인가? 이해중심 교육과정과 맞춤형 수업을 보다 효과적으로 연결하기 위해서 무엇을 해야 하는가? 중요한 교육 내용에 대한 반응적 수업을 강화하기 위해서 우리는 어떤 행동을 해야 하는가?

이 두 가지 틀의 아이디어를 통합하는 단 하나의 '최선의' 방법은 없다. 그러나 많은 가능성과 경로는 존재한다. 우리는 여러분이 효과적인 행동 방안을 계획할 때 백워드 설계 과정을 사용할 것을 제안한다. 다음은 일반적으로 고려해야 할 사항과 구체적인 행동 방침에 관한 내용이다.

1단계

여러분이 개인 교사이건, 학년 부장 교사이건, 학교 행정가이건, 학교구의 교직원이건 간에 이해중심 교육과정과 맞춤형 수업을 연결하기 위해서는 **기대하는 학습 결과**(desired results)를 고려하는 것에서부터 시작하기를 권한다. 학생에게 기대하는 학습 결과는 다음과 같은 성과를 포함할 수 있다.

- 모든 학생은 내용 기준에 포함된 '빅 아이디어' 를 심층적으로 이해한다.
- 모든 개별 학생은 학교에서 더 많은 흥미를 가지고 더 많이 참여한다.
- 모든 개별 학생은 각자에게 의미 있는 과제에 대하여 더 질 높은 결과물을 만들어 낸다.
- 모든 다양한 학생은 발달적 성취를 나타낸다.

학생의 성과(outcomes)에 더하여, 기대하는 학습 결과는 교실, 학교, 교육청에서 실현하고자 하는 '진보(advances)' 를 포함한다. 예를 들면, 여러분은 빅 아이디어를 탐구할 때 핵심질문을 통해서 수업의 초점을 분명하게 맞추기를 원할 수 있다. 혹은 학습 내용을 학생의 흥미와 연결 짓기를 원할 수도 있으며 교실에서 수업 관리 및 학급 경영 일과를 보다 유연하게 실행하기를 원할 수도 있다. 아마도 여러분은 학생이 습득한 오개념 혹은 기능 격차를 파악하기 위해서 진단평가가 필요하다는 것을 인식할 것이다. 또한, 보다 많은 학생을 보다 더 큰 성공으로 이끌어 주는 방식으로 수업 계획을 수정하기 위해 '지속적인 평가' 를 수단으로 활용해야 함을 인식할 것이다. 이제는 8장에서 제시한 생각을 구체화하여 교육청의 성적 처리 정책과 성적표를 다시 설계할 때가 되었다.

학생과 교사를 위하여 기대하는 학습 결과를 고려할 때에는, (광의의 의미로서) '데이터' 를 참고하기를 제안한다. 예를 들어, 표준화 검사의 평가 결과는 어떠한 변화를 요구하는가? 학생의 흥미와 학습 선호도에 대한 조사 결과는 무엇을 함의하는가? 학생의 인구학적 변화는 우리가 노력한 실천에 어떠한 방식으로 영향을 미치는가? 학생 활동 분석 결과는 학생의 어떠한 특정 요구를 드러내는가? 학생의 출석 및 행동 자료 분석 결과는 학교가 다양한 집단의 학생을 위해서 어떻게 운영되고 있는지를 보여 주는가? 그러한 '데이터' 는 목표에 대한 정보를 제공하고 우리가 중요한 학습 결과를 얻을 수 있는 방향으로 나아갈 수 있도록 안내한다.

2단계

이제는 구체적인 학습 결과(학생의 학업 성과와 전문가적인 수행 둘 다)를 염두에 두면서 '평가자처럼 사고하기' 의 단계에 대해 이야기하려고 한다. 다음과 같이 자문해 보자. 이해중심 교육과정과 맞춤형 수업의 요소가 성공적으로 연결되었다는 것을 어떻게 알 수 있는가? 목표를 향한 진보의 증거로 우리는 무엇을 찾아야 하고 그것을 어디에서 찾아야 하는가? 어떤 '데이터' 가 우리가 목표한 진보를 이루었다는 것에 대해 믿을만한 증거를 제공하는가? 우리의 현재 상태를 어떻게 평가할 것인가? 전 과정에 걸쳐서 우리는 어떤 기준점을 검토할 것인가? 이해중심 교육과정과 맞춤형 수업의 통합을 증명할 수 있는 관찰 가능한 지표는 무엇인가? 분명한 평가 계획을 세우면 목표를 명료화할 수 있고, 행동할 수 있으며, 계획한 것에 대해 어떤 수정이 필요한지를 알 수 있다.

3단계

명료한 목표와 함께 평가의 증거를 생각했다면, 이제는 우리가 어떻게 '그곳에 도달' 할 것인가에 대해서 구체적으로 생각해야 한다. 여기에서는 교실 · 학교 · 교육청 수준에서 이해중심 교육과정과 맞춤형 수업을 통합하기 위한 구체적인 아이디어를 제시한다. 여러분이 이러한 가능성을 고려할 때에는 '생각은 크게 하고 작은 것부터 시작하라' 는 격언에 따를 것을 제안한다. 오늘날 교사들이 마치 여러 개의 공을 이리저리 던지면서 저글링을 하는 듯 행동하는 것을 보면, 변화의 과정을 시작할 때 신중을 기할 필요가 있음을 알 수 있다. '혁신의 과부하' 를 피하기 위해서는 시작할 때 소수의 보완적인(complementary) 행동을 확인하는 것이 유익할 것이다. 일단 몇몇 변화가 어려움 없이 실행되면, 다른 변화는 추가적으로 추진할 수 있기 때문이다. 더 나아가, 학생이 다양하므로 교사도 다양하다. 따라서 교사가 이해중심 교육과정과 맞춤형 수업의 요소를 계획하고 실행하는 데 필요한 지식 및 기능을 습득하고, 성장할 수 있는 다양한 경로를 제공하며, 성공을 담보할 수 있는 지원 체제를 제공하는 것 역시 중요하다.

개별 교사 수준

이 장의 초반에 제시한 관찰 가능한 지표를 다시 한 번 살펴보기 바란다. 그리고 편안하게 실행할 수 있다고 생각되는 것을 한두 개 선택하라. 아이디어를 실행하고 그것으로 인한 효과에 주의를 기울이면서 구체적인 계획을 세워 보라. '학생이 학습에 더 많이 참여하는가?' 나 '더 높은 동기를 보이는가?' 보다 '학생이 높은 수준의 결과물을 생성하는가?' '더 많은 것을 학습하는가?' '심층적으로 이해하는가?' '어떤 학생이 기대하는 목표를 향해 지속적으로 나아가는가?' '어떤 학생이 그러하지 못하는가?' 등의 계획을 세우는 것이 그러한 예가 될 수 있다.

어떤 혁신이든지 여러분이 이제까지 해왔던 레퍼토리를 확장하려고 시도하다 보면 장애물에 쉽게 직면한다. 새로운 수업 실천과 학급 경영 절차를 시작하면서 겪을 수 있는 학습의 어려움에 대비하도록 하라. 특히 새로이 시도한 것이 마음처럼 잘 되지 않을 때에는 고무줄에 탄성이 있듯이 자연스럽게 자신이 편하게 하던 원래의 방식으로 돌아가고 싶을 것이다. 그러한 현실을 잘 아는 한 경험 많은 교사는 새로운 전략을 수업 과정에 시도할 때마다 '삼 세 번' 원칙을 따랐다고 한다. 대부분의 교실 변화는 첫 번째 시도에서 일어나지 않기 때문에 그 교사는 해당 전략이 학생에게 유익하다 또는 유익하지 않다라는 결론을 내리기 전에, 적어도 세 번은 그 아이디어를 시도하기로 자신과 약속하였다. 그렇게 해서 그 교사는 결함을 수정할 수 있었고, 새로운 전략을 비교적 편안하게 사용할 수 있었다. 여러분도 그처럼 해 보기를 바란다.

가능하다면 함께할 수 있는 교사를 한두 명 찾아보라. 협력해서 계획하고, 문제를 해결하며, 서로 지도하고, 성공을 함께 축하하면 보다 쉽게 변화가 일어날 수 있다. 서로 다른 교사는 각기 다른 관점과 기술을 가지고 그 과정에 참여하며 각자의 강점을 통해 기여할 수 있으므로, 결국 공동 작업의 성과를 높일 수 있다. 특히 특수교사(특수교육 교사, 영재교육 교사, 외국어로서의 한국어 교육 교사, 독서 교사, 사서 교사)와의 협력은 다양한 학습 필요를 가진 학생을 위한 최선의 실천을 결정하는 데 더욱 도움이 된다.

여러분이 어떻게 진행하든지, 항상 인내하면서 마음속에 기대하는 학습 결과를 생각하라. 이는 그럴만한 가치가 있으며, 여러분이 현상을 유지하기보다 전문성을 지속적으로 향상시킬 수 있도록 도와준다.

학교 및 지역 교육청 수준

다음은 교사가 학교 및 지역 교육청 수준에서 이해중심 교육과정과 맞춤형 수업의 통합을 도모하기 위해 취할 수 있는 일련의 구체적인 행동이다. 하지만 이 목록이 모두를 포함하는 것은 아니며, 제시된 순서대로 따라야 하는 것도 아니다. 모든 교육 문화는 고유성을 갖기 때문에 적용되는 맥락에 맞추어서 행동해야 한다. 그럼에도 다음에서 제시하는 아이디어는 교실 · 학교 · 지역 교육청 수준에서 성공적으로 수행할 수 있는 행동을 나타낸다.

- 이 책을 읽고 공부하는 학습 모임 만들기. 보다 깊이 있게 탐구하기 위해서는 *Understanding by Design* (Wiggins & McTighe, 2005), *How to Differentiate Instruction in Mixed-Ability Classrooms* (Tomlinson, 1999), *The Differentiated Classroom: Responding to the Needs of All Learners* (Tomlinson, 1999)을 추천한다. 또한 학교 혹은 지역 교육청 내에서 개별 학생 및 소집단의 흥미와 필요에 적합하게 하기 위해서는 *Fulfilling the Promise of the Differentiated Classroom: Strategies and Tools for Responsive Teaching* (Tomlinson, 2003)을 추천한다.
- 이해중심 교육과정과 맞춤형 수업에 대한 다음의 비디오(모두 Association for Supervision and Curriculum Development에서 구매 가능)를 보고 토론한다.
  Differentiating Instruction
  At Work in the Differentiated Classroom
  A Visit to a Differentiated Classroom
  Instructional Strategies for the Differentiated Classroom
  The Common Sense of Differentiation

What is Understanding?

Using Backward Design

- 지역 · 권역 · 국가 수준에서 관장하는 이해중심 교육과정과 맞춤형 수업 워크숍이나 학회에 교사와 행정가로 이루어진 팀을 참석하게 한다.
- 교육청이나 학교 수준에서 이해중심 교육과정, 맞춤형 수업 혹은 이 둘의 통합에 대한 입문 워크숍을 지원한다(예, 자율 연수일).
- 교사 회의나 팀 회의에서 이해중심 교육과정과 맞춤형 수업에 관한 핵심질문을 탐구한다. 다음과 같은 핵심질문으로부터 시작할 수 있다.
  - 획일화(standardization)하지 않으면서 어떻게 기준에 기초한 교육을 실현할 수 있는가?
  - 어떠한 내용이 이해할 가치가 있는가?
  - 교실 환경은 학습에서 어떠한 역할을 하는가?
  - 우리가 가르친 것을 학생이 **정말로** 이해했다는 것을 어떻게 알 수 있는가?
  - 학생의 성공을 최대화할 수 있는 수업을 하기 위해서 어떻게 사전 평가와 형성 평가 자료를 활용할 수 있는가?
  - 기준에 기초한 시대(standards-based era)에 학생의 학습 동기를 어떤 방식으로 유발할 수 있을까?
  - 학생의 학교 경험을 형성하는 데 '문화'가 어떠한 역할을 하는가?
  - 어떻게 하면 '모의고사'를 여러 번 치지 않으면서도 성취도를 높일 수 있는가?

- 이해중심 교육과정과 맞춤형 수업을 활용하는 지역의 학교나 교육청에 '스

카우트' 팀을 보내어 방문하게 한다. 그들은 돌아와서 학교나 교육청에 이 두 틀의 잠재적 유용성이 무엇인가에 대하여 보고한다.

- 학교/교육청에서 이해중심 교육과정/맞춤형 수업의 통합 노력을 선도할 수 있는 교사와 행정가 집단의 요원을 파악한다.
- 다음의 출판물을 개관하고 행동 계획을 수립할 수 있는 학교나 교육청의 계획 팀을 파악한다. *Leadership for Differentiating Schools and Classrooms* (Tomlinson & Allan, 2000)과 *Differentiated Instruction Stage 2: An ASCD Professional Development Planner* (Association for Supervision and Curriculum Development, 2003).
- 핵심 선도 집단이 맞춤형 수업이 적용된 이해중심 교육과정 단원을 설계하고 공유할 수 있는 시간 및 또 다른 보상을 제공한다.
- 맞춤형 수업 전문가 팀(예, 특수교사, 학력 부진 학교 교사, 영재교육 교사, 외국어로서의 한국어 교육 교사)을 만든다. 이들은 정기적으로 만나서 각자의 전문성에 기초한 아이디어를 공유하고, 다양한 학생의 요구를 점진적으로 쉽게 이해하며, 맞춤형 수업을 하는 일반 교실을 정기적으로 방문한다.
- 이해중심 교육과정과 맞춤형 수업의 통합에 대한 하나의 구체적인 아이디어를 공유할 수 있는 집중 회의를 실시한다(예, 한 달에 한 번씩).
- 이해중심 교육과정과 맞춤형 수업의 통합을 탐구하는 데 관심이 있는 팀이나 학교에 장려 수당을 제공한다.
- 학년별 혹은 교과목별 팀으로 내용 기준 풀기(unpacking) 활동(예, 이해와 핵심질문을 파악하기)을 함께 수행한다.
- 학년별 혹은 교과목별 팀으로 맞춤형 수업의 대안과 공통의 채점 기준 그리고 핵심 수행 과제를 개발한다.
- 학년별 혹은 교과목별 팀이 개별 학생 또는 소집단 학생들에게 집중할 수

있는 실행 지침 또는 유연한 학급 경영 절차에 대하여 논의한다.

- 맞춤형 수업을 필요로 하는 목표 영역이 무엇인지 확인하기 위해서 분산된 (disaggregated) 성취 자료를 분석한다.
- 현재의 성취 자료를 분석하여 학생이 가지고 있는 오개념 영역을 확인하고, 이를 수정할 수 있는 계획을 세운다.
- 학교/교육청 수준의 이해중심 교육과정 지도를 만든다(이해, 핵심질문, 핵심 수행 과제 포함).
- 이해중심 교육과정의 수준 높은 적용과 맞춤형 수업의 우수한 실행을 나타내는 핵심 지표 목록을 개발한다.
- 교육청 내(또는 이웃한 교육청과 함께)에서 교육과정 설계/맞춤형 수업에 대해 3~5일에 걸친 여름 워크숍을 지원한다.
- 이해중심 교육과정과 맞춤형 수업을 위한 교육과정 개발 및 인력 확보를 위해 3~5년차 행동 계획을 수립하고 실천한다.
- 이해중심 교육과정과 맞춤형 수업을 중심으로 한 신규 교사 채용 프로그램을 개발하고 실행한다.
- 학년별 또는 교과별로 일하면서 핵심적인 수행 과제에 대한 학생의 수행을 검토하고 평가한다. 또한 학교 혹은 교육청 전체가 사용할 수 있는 공통의 채점 기준을 선택한다.
- 학업 성취에서 문제가 나타난 영역을 중심으로 현장 연구/수업 연구 팀을 만들고 이를 실행한다.
- 학습의 진보와 학습 습관 영역을 포함하는, 기준(standards)에 기초한 채점과 보고 체계를 개발한다.
- 교사/행정가 평가를 이해중심 교육과정과 맞춤형 수업에 기초한 평가로 변경한다.

- 이해중심 교육과정과 맞춤형 수업을 지원하는 주 · 연방 · 재단의 기금을 받을 수 있는 방법을 찾는다.

앞으로 질 높은 교육과정과 학생 개개인을 위한 수업이 실현될 가능성은 많지만 어려움 또한 많다. 그럼에도 결국에는 교육의 영역에서 주로 그러하듯이, 과거가 미래를 위한 준비로 충분하지 않았음을 이해하는 교사의 식견과 지속적인 노력을 통해 진보가 일어날 것이다. 이는 마치 최고의 항공사로 선정된 항공사가 "우리는 방금 우리나라 최고의 항공사로 선정되었다. 하지만 앞으로 더욱 잘해 나갈 것을 약속한다."라고 말하는 것과 같다. 우리는 교사가 교육이라는 여행을 할 때 이해중심 교육과정과 맞춤형 수업의 통합이 훌륭한 안내자의 역할을 할 수 있을 것이라고 믿는다.

부록

부 록

우리는 교사로서 연구에 기초한 실천 사례를 찾아보아야 한다. 다른 전문직과 마찬가지로 우리의 전문 분야는 실천을 연구하고, 이론을 개발하며, 이론과 실제를 체계적으로 탐구하는 순환적 과정을 거쳐서 강화된다.

이 부록에서는 이해를 위한 수업과 반응적 수업을 지지하는 이론과 연구물, 전문가의 조언을 개관하고자 한다.

이해중심 교육과정을 지지하는 이론과 연구

이해중심 교육과정은 다음의 두 가지 연구 동향에 기초하여 제안되었다. 하나는 인지 심리학의 이론적 연구고, 다른 하나는 학생의 성취도에 대한 연구 결과다.

인지 심리 연구

우선, 학습과 인지의 영역에서 오랫동안 수행된 연구 결과를 광범위하게 살펴볼 것이다. 이 연구 결과는 *How People Learn: Brain, Mind, Experience, and School*(National Research Council, 2000)에 종합적이면서 이해하기 쉬운 방식으로 잘 요약되어 있다. 이 책은 학습 과정에 대해 새로운 개념을 제시하고, 주요 교과의 기능과 이해를 가장 효과적으로 획득할 수 있는 방법을 설명한다.

이해중심 교육과정과 관련된 주요 연구 결과는 다음과 같다.

- 효과적인 학습에 대한 관점이 '열심히 암기하고 연습하는 것' 으로부터 '이해와 지식의 적용' 으로 바뀌었다.
- 널리 적용할 수 있는 일반화된 원리에 의해 학습을 안내해야 한다. 단순 암기의 수준에서 습득한 지식은 거의 전이되지 않는다. 전이는 학생이 새로운 맥락에 놓인 문제에 적용할 수 있는 개념과 원리를 알고 이해할 때 가장 잘 일어난다. 즉, 이해를 위한 학습이 교과서나 강의에서 얻는 정보의 단순 암기보다 더욱 잘 전이된다는 것이다.
- 전문가는 문제를 이해하려고 한다. 이때 빅 아이디어나 핵심 개념의 관점에서 사고한다. 반면에 초보자의 지식은 빅 아이디어를 중심으로 조직되어 있지 않은 경우가 많다. 초보자는 문제에 접근할 때 정확한 공식을 찾거나 자신의 일상적인 직관에 따라 답을 찾는다.
- 전문적 지식(expertise)에 대한 연구에 따르면, 학생에게 어떤 특정 영역에서 많은 소재를 피상적으로 다루게 하는 것은 이후의 학습과 수행을 준비하는 역량을 개발하는 데 거의 도움을 주지 못한다. 지식의 폭만 강조하는 교육과정은 깊이 있는 학습을 위한 시간을 충분히 갖지 못하게 하여 지식을 효과적으로 조직하는 것을 방해한다. 그러므로 '1마일의 폭과 1인치의 깊이' 를 가진 교육과정은 지식을 연결하기보다는 파편화할 위험이 높다.
- 피드백은 학습에서 매우 중요하지만, 많은 교실에서 피드백 기회를 매우 제한적으로 제공한다. 비록 학생이 시험과 작문에 따른 점수를 받지만, 그것은 학습의 맨 마지막에 일어나는 총괄 평가일뿐 점수 그 자체는 진보에 필

요한 구체적이고 시의적절한 정보를 제공하지 않는다. 그보다 더 필요한 것은 학생에게 자신의 사고와 이해의 질을 높이고 수정하는 기회를 제공하는 형성 평가다.

- 많은 평가에서 단지 명제적(사실적) 지식만을 측정할 뿐 학생이 그 지식을 언제 어디에서 왜 사용하는지는 결코 묻지 않는다. 따라서 학습의 목적이 이해에 있다고 할 때, 평가와 피드백 역시 절차나 사실의 단순한 기억이 아닌 이해에 초점을 맞추어야 한다.
- 전문적인 교사는 자신의 학문 영역의 구조를 안다. 그 지식은 인지적 지침(road map)이 되어 학생에게 과제를 주는 것, 학생의 진보도를 측정하기 위해 평가를 사용하는 것, 교실에서 학생과 질문을 주고받는 것 등을 안내한다.

그러한 연구 결과는 이해중심 교육과정에서 구체적인 교수와 평가의 실천을 위한 개념적 기반을 제공한다.

학생 성취에 대한 연구

다음에서는 세 개의 학업 성취에 관한 연구 결과를 요약한다. 비록 교과목과 학년은 다르지만, 이 연구 결과는 한결같이 이해중심 교육과정의 이론과 실제를 지지한다.

Newmann, Bryk와 Nagoka(2001)는 24개의 재구조화된 초 · 중 · 고등학교를 조사하여 수학 및 사회과 영역에서의 실제 교수법(authentic pedagogy)과 평가 방법의 효과를 연구하였다. 실제 교수법과 평가는 고등 사고 기능, 깊이 있는 지식, 교실 상황을 넘어서는 실생활과의 관련성을 포함하는 일련의 준거에 의해 평가되었다.

실제 교수법 및 평가가 높은 수준으로 이루어진 교실과 낮은 수준으로 이루어진 교실에서 공부한 학생을 비교한 결과는 매우 놀랍다. 실제 교수법이 높은 수준에서 이루어진 교실에서 공부한 학생은 학업 성취도가 상위권이건 하위권이건 간에 모두 도움을 받았다. 또 다른 중요한 결과는 보통 하위권에 있던 학생을 실제 교수법 전략을 통해 가르치고 평가했을 때 상위권과 하위권 학생 간의 격차가 크게 감소했다는 것이다. 그러한 결과는 실제적 수행 평가와, 깊이 있는 지식 및 이해에 초점을 맞추고 적극적이고 반성적인 교수-학습을 강조하는 이해중심 교육과정을 지지한다.

이를 지지하는 또 다른 연구는 시카고의 공립학교를 대상으로 실시한 두 개의 최근 연구로, 학생의 학업 성취에 영향을 미치는 요인을 연구한 것이다. 이 연구는 시카고 학교 연구 컨소시엄을 통해 이루어졌다. 첫 번째 연구는 Smith, Lee와 Newmann(2001)이 초등학교에서 형태가 다른 교수와 학습의 관계에 초점을 맞춘 것이다. 여기서는 2학년에서 8학년 사이에 있는 초등학생 10만 명 이상의 시험 점수 결과와 384개의 시카고 초등학교에 근무하는 교사 5천 명 이상의 설문 응답을 조사하였다. 연구 결과, 교사가 사용하는 교수적 접근의 성격은 학생이 읽기와 수학 영역에서 얼마나 많이 학습하는가에 영향을 준다는 경험적 증거를 제공하는 것으로 나타났다. 좀 더 구체적으로 보면, 이 연구는 두 교과 모두에서 상호적(interactive) 교수법이 학습과 많은 관련이 있다는 명확하고 일관된 증거를 제시한 것이다. 이 연구의 목적을 위해서 Smith와 동료들(2001)은 상호적 교수법을 다음과 같이 특징지었다.

> 교사의 역할은 주로 안내자거나 코치다. 이러한 형태의 교수법을 사용하는 교사는 학생이 질문하고 문제 해결을 위한 전략을 개발하며 서로 의사소통하는 환경을 조성한다. 그들은 학생에게 종종 자신의 답을 설명하고 어떻게 그러한 결론에 도달했는지를 토론할 것을 기대한다. 이러한 교사는 대체로 토론, 프로젝트, 설명과 확

장된 글쓰기를 요구하는 시험을 통해서 학생들의 지식의 숙달을 평가한다. 또한 학생들의 수행의 질을 평가할 때 지식의 숙달 뿐 아니라 어떻게 그러한 답을 구하게 되었는지의 과정 역시 중요하게 고려한다.

상호적 교수를 강조하는 교실에서는 학생이 친구 혹은 교사와 함께 이야기하거나 주장을 펼치면서 아이디어 및 답에 대해서 토론한다. 이때 학생은 주어진 주제에 대해서 새롭고 심도 있는 이해를 개발하기 위해 자료를 적용하고 해석한다. 그러한 과제는 완성하는 데 며칠씩 걸리기도 한다. 또한 상호적 교수를 강조하는 교사는 종종 학생에게 배워야 할 단원 내에서 스스로 공부하고자 하는 질문이나 주제를 직접 선정하도록 격려한다(12쪽).

학생의 학업 성취를 높이는 것으로 알려진 교수 형태는 이해중심 교육과정에서 학생의 이해를 개발하고 평가하기 위해 옹호하는 방법과 일맥상통한다. 관련 연구에서 Newmann, Bryk와 Nagaoka(2001)는 교실에서 사용하는 과제에서의 수행과 표준화된 검사에서의 수행의 관계를 조사하였다. 그들은 임의로 표집한 실험 집단과 통제 집단에서 3학년, 6학년, 8학년 학생들이 작문 및 수학 시간에 사용한 과제를 3년에 걸쳐 수집하고 분석하였다. 그에 더하여, 다양한 과제에 대한 학생의 산출물을 평가하였으며 마지막으로 교실 과제의 성격, 학생의 활동 결과물의 질, 표준화 검사 점수 간의 상관관계를 분석하였다. 그들은 교실 과제를 얼마나 '실제적인' 지적 활동을 요구하는지의 정도에 따라 다음과 같이 평가하였다.

실제적인 지적 작업은 단순히 사실과 절차를 사용하고 대입하는 것이 아니라 지식과 기능을 독창적으로 적용하는 것이다. 그것은 또한 학문적 탐구(disciplined inquiry)를 특정한 문제의 세부 사항에 활용하게 하며, 그 결과로 학교에서의 성공을 넘어서는 가치와 의미를 지닌 발표 혹은 활동 결과물을 만들어 내도록 한다. 우리는 실제적인 지적 작업의 차별적 특성을 '지식의 구성 또는 학문적 탐구의 활용을 통하여 학교를 넘어서는 가치를 지닌 담론과 활동의 결과물 혹은 수행을 만들어 내는 것' 으로 요약한다(14-15쪽).

이 연구의 결론은 다음과 같다.

보다 도전적인 지적 작업을 요청하는 과제를 받은 학생은 Iowa Tests of Basic Skills(ITBS) 시험의 읽기와 수학 영역에서 평균보다 높은 점수를 받았고, Illinois Goals Assessment Program 시험의 읽기 · 수학 · 작문 영역에서도 높은 수행을 보였다. 예상한 것과 다르게, 우리는 시카고의 매우 열악한 몇몇 학교 교실에서 높은 수준의 과제가 사용되고 있음을 발견하였다. 그리고 그 학급들에 있는 모든 학생이 그러한 수업으로부터 이득을 받는다는 것을 발견하였다. 그래서 우리는 실제적인 지적 작업을 더 많이 요청하는 과제가 사실 학생의 전통적인 시험 점수를 향상시킨다는 결론을 내리게 되었다(29쪽).[1)]

이해중심 교육과정에 친숙한 교사라면 비슷한 점을 즉시 알아차렸을 것이다. 학생의 학업 성취를 높이는 것으로 알려진 교수 방법은 이해중심 교육과정 모델의 기본적인 교수 요소다. 앞서의 연구자들이 정의한 '실제적' 지적 작업이라는 개념에서처럼, 이해중심 교육과정에 근거한 교수적 접근은 학생으로 하여금 학문적 탐구를 통해 의미를 구성하도록 요청한다. 그리고 이해에 대한 평가는 학생에게 자신이 학습한 것을 '실제적' 맥락 속에서 적용하도록 하고 자신의 수행을 설명하거나 정당화하게 한다.

1) 저자 주. 연구 보고서 전문은 웹 사이트 http://www.consortium-chicago.org/publications/piv001.html에서 볼 수 있다.

1995년에 시행된 'Third International Mathematics and Science Study (TIMSS)'는 42개 국가에서 3개 학년(4 · 8 · 12학년) 학생의 수학과 과학 성취도를 평가했는데, 그것은 당시까지 치러진 비슷한 평가 중에서 가장 광범위하고 규모가 크며 엄격한 평가였다. 비록 TIMSS의 평가 결과—다른 선진국 학생이 미국의 학생을 앞지른다는 것—는 잘 알려져 있지만, 덜 알려져 있는 TIMSS의 수업에 관한 연구가 설명력 있는 통찰을 제공한다. 연구자들은 미국, 일본, 독일의 교실에서 이루어진 수업을 비디오 녹음, 설문, 시험 결과를 이용하여 철저히 분석하였고, (학생의) 수행을 최적화하는 데 있어서 이해를 위한 수업이 가져다주는 이점에 대해 놀라운 결과를 제시하였다.[2] 예를 들어, TIMSS 시험과 수업에 관한 연구 자료에 따르면, 일본은 수학 시간에 더 적은 수의 주제를 가르치지만 학생의 학업 성취도는 더 높은 것으로 나타났다. 일본의 교사는 수업의 주요한 목적이 다수의 분절적 기능을 '훑는(cover) 데 있지 않고' 학생의 개념적 이해를 개발하는 데 있다고 보았다. 그들은 피상적인 폭보다는 깊이를 강조한다. 즉, 일본의 교사가 분절적인 주제와 교과서의 쪽 수 측면에서는 미국이나 독일보다 덜 다룬다고 할 수 있지만, 규칙과 원리를 도출하고 설명하는 문제-기반 학습을 강조함으로써 학생이 더욱 심층적인 이해로 나아가게 하는 것으로 나타났다(Stigler & Hiebert, 1999). 이러한 접근은 이해중심 교육과정에서 기술하는 교육과정을 '드러내기(uncovering)'와 같은 것이다. 요약하면, 높은 시험 성적을 보이는 국가에서는 넓은 범위의 학습과 단순 기억 학습이 아닌, 이해를 도모하는 교수 및 학습 전략을 사용한다는 것이다.

이해중심 교육과정의 이론적이고도 실제적인 이점을 인식한 수많은 학교, 교육청, 지역 서비스 기관, 대학, 그 밖의 여러 교육 기관이 각자의 작업에 이해중

2) 저자 주. 중요한 연구에 대한 부가적인 정보는 TIMSS 웹 사이트 http://nces.ed.gov/timss에서 볼 수 있다.

심 교육과정을 사용한다.

- Intel의 〈Teach for the Future Program〉은 국가 수준의 교사 연수 프로그램에 이해중심 교육과정을 포함하였다.
- John F. Kennedy Center의 〈Performing Arts CETA(Changing Education Through the Arts) Program〉은 예술을 융합하는 간학문적 단원을 개발하기 위해 여러 학교와 여러 교육청의 교육과정 프로젝트를 조정한다. 프로젝트의 결과물은 이해중심 교육과정에 바탕을 두고 있으며 이해중심 교육과정 웹사이트(http://www.ubdexchange.org)에서 공유할 수 있다.
- 워싱턴 주에서는 주 소재 Bill and Melinda Gates 기금으로부터 후원을 받아서 교육과정과 평가의 설계를 주도하는 수석 교사에게 이해중심 교육과정에 대한 연수를 실시하였다. 지난 3년 동안 전체 주에서 3천 명 이상의 교사가 이 체계적인 연수에 참여하였다.
- 〈International Baccalaureate Program〉에서는 세계적으로 사용하는 교육과정인 〈Primary Years Program(PYP)〉 템플릿을 재설계하기 위해서 이해중심 교육과정을 사용하였다.
- Peace Corps는 이해중심 교육과정을 국제적인 교육과정 개발(예를 들면, Worldwide Schools) 및 Peace Corps 자원봉사자를 위한 일반 연수의 틀로 채택하였다.
- National Science 기금이 후원하는 중학교 과학과 수학 교육과정 프로젝트는 설계의 형식으로 이해중심 교육과정을 선택하였다.
- California State Leadership Academy(CSLA)는 이해중심 교육과정을 전체 주의 종합적인 리더십 훈련 교육과정을 개정하는 틀로 사용하였다.
- 공공 방송 협회는 Annenberg 기금과 협력하여 여덟 권짜리 비디오테이프

시리즈를 만들었는데, 그중 〈The Arts in Every Classroom의 program〉 5인 〈Designing Multi-Arts Curriculum〉과 program 6인 〈The Role of Assessment in Curriculum Design〉은 예술 교과의 교육과정과 평가를 위해 이해중심 교육과정이 어떻게 사용되는지를 보여 준다.

• Texas Social Studies Center는 이해중심 교육과정을 주 전체에 전파할 모델로서, 기준에 기초한 단원을 개발할 때 사용할 틀로 채택하였다. 이에 대한 정보는 http://www.tea.state.tx.us/ssc/ubd.html.에서 볼 수 있다.

맞춤형 수업을 지지하는 이론과 연구

이 절에서는 맞춤형 수업에 대한 이론과 연구 기반을 검토한다. 이해중심 교육과정과 맞춤형 수업은 인지 심리학과 인간 발달이라는 공통의 토대에 근거한다. 따라서 둘 간의 상보적인 실천을 제안한다.

일련의 이론과 연구는 학생의 필요에 반응하는 수업을 지지하는 상식적이고 실증적인 이유에서 더 나아가, 맞춤형 수업의 근거와 학습 효과를 분명하게 설명해 준다. 그것은 다음과 같이 요약할 수 있다(반응적 수업을 할 때 직면하는 어려움과 이론 및 연구에 대한 보다 자세한 내용은 Tomlinson과 그 동료들(2004)의 저서를 참고하라).

학생은 준비도, 관심, 학습 유형 측면에서 각기 다르다. 비록 세 가지 요인이 겹치고 교차하지만, 각각을 따로 검토하는 것이 명료화하는 데 도움이 된다. 학습 요소의 경우는 각 요소의 중요성과 각 요소 내에서 학생들이 보이는 차이에 반응하는 것이 가져다주는 효과에 대한 이론과 연구를 검토할 것이다.

준비도

준비도는 학생의 특정 지식, 이해, 기능의 숙련도 및 접근 가능성과 관련이 있으며, 학생의 학생으로서의 성장에 영향을 미친다. 맞춤형 수업을 지지하는 이론적 논리는 다음과 같다.

- 학생은 반드시 적절한 난이도와 노력을 요구하는 학습을 해야 한다.
- 과제가 학생에게 너무 어려우면 그들은 좌절하며, 효과적으로 혹은 효율적으로 학습할 수 없게 된다.
- 과제가 학생에게 너무 쉬우면 그들은 싫증을 내고, 높은 점수를 받는다고 하더라도 학습은 일어나지 않는다.
- 학습이 일어나기 위해서는 과제가 각 학생에게 적절히 도전적이어야 한다.
- 학습은 과제가 학생에게 다소 어려우며 그러한 어려움을 극복하도록 돕는 비계가 제공될 때 일어난다.
- 학습을 진행하기 위해서는 특정 학생이 도달하기에 다소 어려운 수준의 과제를 적절한 비계와 함께 지속적으로 제공해야 한다.
- 학습 동기는 과제가 지속적으로 너무 어렵거나 너무 쉬울 때 감소된다 (Csikszentmihalyi, Rathunde, & Whalen, 1993; Howard, 1994; Jensen, 1998; National Research Council, 2000; Vygotsky, 1962, 1978).

또한, 여러 해에 걸쳐 수행된 준비도에 관한 많은 연구에서는 과제가 학생의 준비도와 부합할 때의 이점을 계속 제안해 왔다.

- 학생은 교사가 자신의 기능 수준을 진단하고 적절한 과제로 처방할 때 더욱 효과적으로 학습한다(Fisher et al., 1980).

- 학생은 과제의 구조가 자신의 발달 수준과 맞을 때 효과적으로 학습한다(Hunt, 1971).
- 모든 개별 학생이 높은 성공률을 보이는 교실에서는 학생들이 자기 자신과 자신이 공부하는 과목에 대해 더 긍정적으로 느끼고 더 많이 학습하는 것으로 나타났다(Fisher et al., 1980).
- 맞춤형 수업을 의도하고 또한 그것이 필수적인 복합 학년 교실의 학생은 단일 학년 교실의 학생보다 사용된 측정치의 75%에서 더 잘하는 것으로 나타났다(Miller, 1990). 또 다른 연구에서는 단일 학년 교실과 비교했을 때 복합 학년 교실 학생의 학습 습관, 사회적 관계, 협력, 학교에 대한 태도가 더 나은 것으로 나타났다. 그들은 또한 성취도 검사에서도 단일 학년 교실 학생과 비슷하거나 더 잘하는 것으로 나타났다(Gayfer, 1991).
- 57개의 무학년제 교실에 관한 연구에서는 학업 성취도 면에서 분석 대상 학교의 58%에 해당하는 학교에서 무학년제 교실 학생들이 더 나은 결과를 보였고, 33%는 학년제 교실과 비슷한 수준을 나타냈으며, 단지 9%에서 학년제 교실의 학생이 더 나은 결과를 보였다. 정신 건강의 측면에서도 무학년제 교실의 결과가 더 긍정적인 것으로 나타났다. 더 나아가서 무학년제 교실 상황에 더 오래 재학한 학생일수록 그 효과는 더욱 긍정적인 것으로 나타났다(Anderson & Pavan, 1993).

청소년에 관한 5년에 걸친 종단 연구에서는 과제가 쉬울 때 학습 활동의 참여도와 집중도가 낮아지는 것으로 나타났다. 또한 학생의 기능이 과제가 요구하는 도전을 해내기에 불충분할 때 성취도가 낮았을 뿐만 아니라 자존감 역시 줄어든 것으로 나타났다. 연구자들은 학생의 재능을 효과적으로 개발하는 교사가 학생의 기능 수준에 맞는 과제를 만든다는 결론을 내렸다(Csikszentmihalyi et al., 1993).

흥미

흥미는 어떤 주제나 학습 영역에 대한 선호도 및 호기심과 관련이 있으며 학생의 학습 동기에 영향을 미친다. 학생의 흥미에 반응하는 맞춤형 수업의 이론적 근거는 다음과 같다.

- 개인의 흥미가 유발되면 학습은 보다 가치있는 일이 되며 학생은 자주적인 학생이 되는 경향이 있다(Bruner, 1961).
- 학생이 흥미를 발견하고 추구하도록 도와줌으로써 우리는 그들의 학습 참여, 생산성, 개별적인 재능을 극대화할 수 있다(Amabile, 1983; Collins & Amabile, 1999).
- 학생은 자신이 '몰입(flow)' 하고 있다는 것을 느끼면 더 열심히 공부하고, 더 오랜 시간 과제에 몰두하며, 과제를 완수하는 데 필요한 기능을 개발하기를 원하게 된다(Csikszentmihalyi, 1990).

교실에서 학생의 흥미에 집중하는 것의 중요성을 함의하는 연구 결과 중에는 다음과 같은 것이 있다.

- 무엇을 공부할 것인지, 어떠한 질문에 관한 답을 추구할 것인지, 어떤 연구 주제를 공부할 것인지를 선택할 자유를 주는 것은 창의적 성취의 기본 원리다(Collins & Amabile, 1999).
- 교사가 학생에게 자유롭게 아이디어를 교환하고 흥미를 공유하는 환경 속에서 학습하는 즐거움을 나누도록 하면 그들의 동기를 오랜 시간 지속시킬 수 있다(Hennessey & Zbikowski, 1993).
- 학생의 흥미는 점차 복잡해지는 과제를 추구하고자 하는 동기를 지속시키는

데 핵심적 역할을 한다. 그리고 학생은 수행한 과제에 대한 만족도가 컸을 때, 중간에 잠시 흥미가 떨어져도 그 과제에 계속 참여한다(Csikszentmihalyi, 1990).

- 학생은 자신이 공부하는 것에 관심이 있을 때, 장 · 단기적으로 학습에 긍정적인 영향을 미친다(Hebert, 1993; Renninger, 1990).

학습 유형

학습 유형은 학생이 선호하는 학습 방식 혹은 학생 자신이 학습할 필요가 있는 것을 가장 잘 처리하는 방법을 의미한다. 그것은 사람의 성별, 문화, 학습 유형, 지능 선호도에 의해 형성되며 그러한 요인은 종종 서로 겹친다. 학습 유형은 학습의 효율성에 영향을 미친다. 이론가들은 학생의 학습 유형에 반응하여 맞춤형 수업을 하는 이론적인 근거로서 다음과 같은 원리를 제안한다.

- 환경적 · 감정적 · 사회적 · 물리적 특성을 포함하는 다양한 교실 특성은 학생의 학습에 관한 태도뿐 아니라 학습 자체에도 영향을 미친다(Dunn, 1996).
- 학생 각자의 신경 패턴, 즉 주의 통제, 기억 · 언어 · 공간 배치 · 운동 · 고등 사고 · 사회적 사고 체제 등은 학생이 어떻게 학습하는가에 영향을 미친다. 학생의 필요를 충족시켜 주지 못하는 교실은 그들을 학습에서 뒤처지게 할 가능성이 높다(Levine, 2002).
- 지능은 다양한 영역에서 나타난다. 비록 지능의 발현이 고정적이지 않고 유동적이기는 하지만, 수업할 때는 학생이 선호하는 지능 영역을 발현하게 하는 것이 유용하다(Gardner, 1983; Sternberg, 1985).
- 학생의 성별은 그들이 학급을 비롯하여 세계를 바라보는 방식 및 세계와 상호작용하는 방식에 영향을 줄 수 있다. 특정 성을 일반화하는 것이 **적절하**

지는 않지만, 여학생이 선호하는 특정 학습 패턴과 남학생이 선호하는 특정 학습 패턴이 있을 수 있다(Gilligan, 1982; Gurian, 2001; Tannen, 1990).

- 한 사람의 문화는 그 사람의 견해, 관점, 참조의 틀, 의사소통 양식, 정체성, 인지 양식을 형성한다. 어떤 문화든 그 안에도 차이가 존재하므로 하나의 문화로 일반화하는 것이 적절하지는 않지만, 한 학급에서 특정 문화만을 선호하는 방식으로 수업이 이루어지면 그 외의 다른 문화권에서 온 학생의 학습에 부정적인 영향을 미칠 수 있다(Banks, 1993, 1994; Delpit, 1995; Lasley & Matczynski, 1997). 어떤 교실에서는 특정한 사회 계층의 학생이 다른 계층의 학생에 비해서 더 많은 혜택을 받을 수 있다(Garcia, 1995). 따라서 교사는 다양한 배경을 가진 학생들이 안정감을 느끼면서 효과적으로 학습할 수 있도록 학습 자료, 학습 과정, 학습 절차를 다양화하는 것이 중요하다(Educational Research Service, 2003).

교실에서 학생의 학습 유형을 다루는 것이 중요함을 시사하는 연구 결과는 다음과 같다.

- 학습 유형을 고려하는 교실의 효과에 대한 연구를 메타 분석한 결과, 다양한 문화 집단에서 온 학생의 학업 성취와 태도에 유의미한 향상이 있었다(Sullivan, 1993).
- Dunn과 Griggs(1995)는 학습 유형을 고려한 수업이 초·중·고등학생, 정서장애와 학습장애를 가진 학생뿐 아니라 원주민, 라틴 아메리카·아프리카·아시아·유럽계 미국인 모두에게 긍정적인 학습 효과를 준다고 보고하였다.
- 교실에서 학생의 문화적 차이가 무시되거나 잘못 이해될 때, 많은 소수 민

족 학생의 학업 성취도가 저하되기 쉽다(Delpit, 1995).

- 초 · 중 · 고등학교 학생의 경우, 자신이 선호하는 학습 패턴(즉, 분석적, 창의적, 실제적)에 맞추어 교실 수업이 이루어졌을 때 통제 집단의 학생보다 훨씬 높은 학업 성취도를 보였다. 또한 학생 자신이 원하는 방식으로 학습한 다음에 전통적인 방식으로 시험을 봤을 때에도 동일한 결과가 나타났다(Grigorenko & Sternberg, 1997; Sternberg, 1997; Sternberg, Torff, & Grigorenko, 1998).

맞춤형 수업 모형을 하나의 전체로 바라보기

다음의 연구물을 비롯하여 교실에서 맞춤형 수업 모형을 적용했을 때의 효과를 알아보는 연구가 점차 증가하고 있다.

- 여러 학교의 교실을 연구한 결과, 경제적으로 낮은 사회계층의 저학년 학생을 '지능 선호(intelligence preference)' 에 따라서 가르쳤을 때 학업 성취와 학교에 대한 태도가 향상되었다(Tomlinson, Callahan, & Lelli, 1997).
- 맞춤형 수업을 처치한 다섯 개의 중학교 학생을 실험 집단으로 한 연구에서, 그들의 학업 성취는 통제 집단과 평가 처치 집단에 비해 크지는 않았지만 통계적으로 유의미한 차이를 보였다(Brighton, Hertberg, Callahan, Tomlinson, & Moon, 2005).
- 고부담 표준화 검사에서 항상 성적이 부진했던 초등학생들을 그들의 필요와 특성에 따라 수업했을 때, 유의미하고 효과적인 성취 결과를 나타냈다(Brimijoin, 2002).
- 교사가 4년 이상 맞춤형 수업의 원리를 연구하고 적용한 한 초등학교의 전교 생을 같은 교육청 내 다른 학교 학생들과 비교하였을 때, 실험 집단의 학생들이 지속적으로 긍정적인 성취도 향상을 보였다(Tomlinson, 2005).

- 교사가 3년 이상 맞춤형 수업의 원리를 연구하고 적용한 한 고등학교 학생들 역시 성취도에서 향상을 보였다(Tomlinson, 2005).

맞춤형 수업과 그것이 학생에게 주는 이점에 대한 연구는 고무적이다. 그러나 맞춤형 수업의 어떤 요소가 특정 학생에게 이익을 주는지 그리고 어떠한 정도로 어떤 상황에서 그러한 이득이 일어나는지 또는 일어나지 않는지를 살펴보는 연구가 보다 많이 필요하다. 또한 교사가 학생의 차이에 관심을 기울이게 하는 혹은 그렇게 하지 못하게 하는 요인에 대한 연구도 있어야 할 것이다. 모든 개별 교사와 개별 학교는 특정 교수 모형을 적용할 수 있어야 할 뿐만 아니라, 그 실행이 학생들에게 미치는 결과를 연구할 수 있는 능력과 책임을 지녀야 한다.

맞춤형 수업에 대한 요구

연구물과 오늘날 교실의 현실에 기초하여, 학생의 차이를 염두에 두고 가르쳐야 한다는 주장이 여러 교육 실천의 장에서 제기되고 있다.

- National Association for the Education of Young Children(NAEYC)은 아동을 그들의 발달적 필요와 수준에 따라 가르치는 것은 학교의 책임이라는 것을 상기시키면서, 개인의 필요와 발달을 무시하고 학생에게 학교 체제에 적응하라고 하는 것은 잘못된 것이라고 말한다(LaParo, Pianta, & Cox, 2000).
- *Turning Points 2000*(Jackson & Davis, 2000)은 청소년을 가르치는 교사에게 교실은 다양한 필요와 성취 수준, 흥미, 학습 접근을 가진 학생으로 구성해야 하고, 수업은 학생의 다양성을 무시하는 방식이 아니라 다양성의 이점을 활용하는 방식으로 다양화해야 한다고 조언한다.
- 고등학교 교사를 대상으로 연구한 학자들은 고등학교 교실에서 다양한 학

생이 성공할 수 있는 일련의 기회를 제공해야 하고, 그들의 배경, 재능, 관심, 그들의 과거 수행에 나타난 요구에 따라 수업을 조정할 필요가 있다고 조언한다(Darling-Hammond, Ancess, & Ort, 2002).

- 성공적인 읽기 수업을 관찰해 보면, 모범적인 교사는 각본이 이미 짜여져 모든 학생에게 동일하게 적용되는 수업 자료를 사용하지 않는다. 그러한 교사는 학생을 가르치는 것이지 프로그램을 가르치는 것이 아니다. 그들은 개별 학생을 내용 영역의 읽기와 쓰기에 참여하게 하는 데 중점을 둔다(Allington, 2003).
- National Board for Professional Teaching Standards(1989)는 전문적인 교수를 정의하면서, 첫 번째 명제로 훌륭한 교사란 학생의 개인차를 인정하고 그에 따라 실천을 조정하는 사람이라고 진술한다.
- Earl(2003)은 평가와 수업의 관계 및 학습을 촉진하는 평가 활용법을 탐구하면서 다음과 같이 진술하였다.

> 맞춤형 수업이란 학생 개개인에게 각기 다른 프로그램을 제공한다는 것을 의미하는 것이 아니다. 그리고 차이를 줄이기 위해서 능력 집단을 편성하라는 뜻도 아니다. 그것은 우리가 학습에 대해서 알고 있는 것과 개별 학생에 대해서 알고 있는 것을 수업 개선에 활용함으로써 모든 학생이 자신의 학습에서 최적의 효과를 볼 수 있는 방식으로 공부하게 해 주는 것을 의미한다. 그리고 평가는 그것을 하는 데 필요한 정보를 제공한다(82쪽).

Earl은 또한 교사가 특정 학생이 학습하는 데 필요한 요구가 무엇인지를 확인하였다면, 맞춤형 수업은 더 이상 해도 되고 안 해도 되는 선택 사항이 아니라 당연히 해야 하는 일이라는 점을 상기시켜 준다. 그러한 생각은 이해중심 교육과정과 맞춤형 수업이 공통적으로 의도하는 것과 일관된다. 즉, 우리가 마음속에 분명한 목적을 가지고 있어야 하고, 모든 개별 학생이 목적을 향해서 어디까지 진보하고 있는지를 파악하기 위해서 평가를 해야 하며, 평가 자료를 활용하여 학생이 자신에게 맞는 방식으로 학업 성취를 할 수 있도록 도와주어야 한다는 것이다. Earl은 이를 위해서 전문가적 책임이 필요하다고 말한다.

Sarason(1990)은 자신이 연구했던 학생이 제시한 의견을 회고하면서, 교사들에게 다음의 내용을 상기시킨다. 즉, 학생은 교사가 개별 학생의 필요를 고려하지 않고 모든 학생을 같은 시간 내에 같은 내용과 같은 방식으로 학습하도록 가르치는 하나의 전달 체제(one-size-fits-all)를 사용하는 데에 배신감을 느낀다는 것이다. 그는 학생들이 교사에게 교수-학습에 대한 서로 다른 접근을 요청하고 있다고 말한다.

참고문헌

Adler, M. J. (1982). *The Paideia proposal: An educational manifesto.* New York: Macmillan.

Allington, R. (2003). The schools we have, the schools we need. Retrieved September 11, 2003, from http://cela.albany.edu/schools/rtinvite.html.

Amabile, T. (1983). *The social psychology of creativity.* New York: Springer.

Anderson, R., & Pavan B. (1993). *Nongradedness: Helping it to happen.* Lancaster, PA: Technomic.

Association for Supervision and Curriculum Development. (2003). *Differentiated instruction stage 2: An ASCD professional development planner.* Alexandria, VA: Author.

Banks, J. (1993). *Multicultural education: Theory and practice* (2nd ed.). Boston: Allyn & Bacon.

Banks, J. (1994). *Multiethnic education: Theory and practice* (3rd ed.). Boston: Allyn & Bacon.

Black, P., & William, D. (1998). Inside the black box: Raising standards for classroom assessment. *Phi Delta Kappan, 80*(2), 139-148.

Bloom, B. S. (Ed.). (1956). *Taxonomy of educational objectives: The classification of educational goals: Handbook I. Cognitive domain.* New York: Longmans, Green.

Bransford, J., Brown, A. L., Cocking, R. R., & National Research Council (U.S.),

Committee on Developments in the Science of Learning. (1999). *How people learn: Brain, mind, experience and school.* Washington, DC: National Academy Press.

Brighton, C., Hertberg, H., Callahan, C., Tomlinson, C., & Moon, T. (2005). *The feasibility of high-end learning in academically diverse middle schools.* Storrs, CT: National Research Center on the Gifted and Talented.

Brimjoin, K. (2002). *Expertise in differentiation: A preservice and inservice teacher make their way.* Unpublished doctoral dissertation, University of Virginia, Charlottesville, VA.

Bruner, J. (1961). The act of discovery. *Harvard Educational Review, 31,* 21-32.

Collins, M., & Amabile, T. (1999). Motivation and creativity. In R. J. Sternberg (Ed.), *Handbook of creativity* (pp. 297-312). New York: Cambridge University Press.

Costa, A., & Kalick, B. (2000). *Discovering and exploring habits of mind.* Alexandria, VA: Association for Supervision and Curriculum Development.

Costa, A., & Kallick, B. (2000). *Activating and engaging habits of mind.* Alexandira, VA: Association for Supervision and Curriculum Development.

Covey, S. (1989). *Seven habits of highly effective people: Restoring the characteristic.* New York: Simon & Schuster.

Csikszentmihalyi, M. (1990). *Flow: The psychology of optimal experience.* New York: Harper & Row.

Csikszentmihalyi, M., Rathunde, K. R., & Whalen, S. (1993). *Talented teenagers: The roots of successes and failure.* New York: Cambridge University Press.

Darling-Hammond, L., Ancess J., & Ort, S. W. (2002). Reinventing high school: Outcomes of the Coalition Campus Schools Project. *American Educational Research Journal, 39*(3), 639-673.

Day, H. I., Berlyne, D. E., Hunt D. E., & Ontario Institute for Studies in Education, Department of Applied Psychology. (1971). *Intrinsic motivation: A new direction in education.* Toronto: Holt.

Delpit, L. (1995). *Other people's children: Cultural conflict in the classroom.* New York: New Press.

Dunn, R. (1996). *How to implement and supervise a learning styles program.* Alexandria, VA: Association for Supervision and Curriculum Development.

Dunn, R., & Griggs, S. (1995). *Multiculturalism and learning style: Teaching and counseling adolescents.* Westport, CT: Praeger.

Earl, L. M. (2003). *Assessment as learning: Using classroom assessment to maximize student learning.* Thousand Oaks, CA: Corwin.

Educational Research Service. (2003). *What we know about culture and learning.* Arlington, VA: Author.

Erickson, L. (1998). *Concept-based curriculum instruction.* Thousand Oaks, CA: Corwin.

Fisher, C., Berliner, D., Filby, N., Marliave, R., Cahen, L., & Dishaw, M. (1980). Teaching academic learning time, and student achievement: An overview. In C. Denham & A. Lieberman (Eds.), *Time to learn* (pp. 7-32). Washington, DC: National Institutes of Education.

Flavell, J. (1985). *Cognitive development.* Englewood Cliffs, NJ: Prentice Hall.

Garcia, G. (1995). Equity challenges in authentically assessing students from diverse backgrounds. *Educational Forum, 59*(1), 64-73.

Gardner, H. (1983). *Frames of mind: The theory of multiple intelligences.* New York: Basic Books.

Gayfer, M. (1991). *The multigrade classroom: Myth and reality, a Canadian study.* Toronto: Canadian Education Association.

Gilligan, C. (1982). *In a different voice: Psychological theory and women's development.* Cambridge, MA: Harvard University Press.

Grigorenko, E., & Steinberg, R. (1997). Styles of thinking, abilities, and academic performance. *Exceptional Children, 63,* 295-312.

Gurian, M. (2001). *Boys and girls learn differently: A guide for teachers and parents.* San Francisco: Jossey-Bass.

Guskey, T. (2000). Grading policies that work against standards... and how to fix them. *NASSP Bulletin, 84*(620), 28.

Guskey, T., & Bailey, J. (2001). *Developing grading and reporting systems for student learning.* Thousand Oaks, CA: Corwin.

Hébert, T. (1993). Reflections at graduations: The long-term impact of elementary school experiences in creative productivity. *Roeper Review, 16*(1), 22-28.

Hendrie, C. (2002). Errors on tests in Nevada and Georgia cost publisher Harcourt. *Education Week, 22*(1), 24.

Hennessey, B., & Zbikowski, S. (1993). Immunizing children against the negative effects of reward: A further examination of intrinsic motivation training techniques. *Creativity Research Journal, 6,* 297-308.

Howard, P. (1994). *An owner's manual for the brain.* Austin, TX: Leorian.

Hunt, D. E. (1971). *Matching models in education* [Monograph No. 10]. Ontario, Canada: Institute for Studies in Education.

Jackson, A., & Davis, G. (2000). *Turning points 2000: Education adolescents in the 21st century.* New York: Teachers College Press.

Jensen, E. (1998). *Teaching with the brain in mind.* Alexandria, VA: Association for Supervision and Curriculum Development.

Kameenui, E. J., Carnine D, W., Dixon R. C., Simmons, D. C., & Coyne, M. D. (2002). *Effective teaching strategies that accommodate diverse learners* (2nd ed.). Upper Saddle River, NJ: Merrill/Prentice Hall.

Kean, M. (1994). *Criteria for a good assessment system.* Proceedings of the 1994 National Association of Test Directors Annual Symposium, presented at the National Council on Measurement in Education Annual Conference, New Orleans, LA.

Knapp, M. S., Shields, P., & Turnbull, B. J. (1992). *Academic challenge for children of poverty: The summary report.* Arlington, VA: Educational Research Service.

LaParo, K., Pianta R., & Cox, M. (2000). Teachers' reported transition practices for children transitioning into kindergarten and first grade. *Exceptional Children, 67*(1), 7-20.

Lasley, T., & Matczynski, T. (1997). *Strategies for teaching in a diverse society: Instructional models.* Belmont, CA: Wadsworth.

Levine, M. (2002). *A mind at a time.* New York: Simon & Schuster.

Martin, M., Mullis, I., Gregory, K., Hoyle, C., & Shen, C. (2000). *Effective schools in science and mathematics: IEA's third international math and science study*. Boston: International Study Center, Lynch School of Education, Boston College.

Marzano, R. (1992). *A different kind of classroom: Teaching with dimensions of learning*. Alexandria, VA: Association for Supervision and Curriculum Development.

Marzano, R., & Kendall, J. (1998). *Content knowledge*. Aurora, CO: Mid-continent Regional Educational Laboratory.

McTighe, J., & Seif, E. (2002). *Observable indicators of teaching and understanding*. Available online: http://www.ubdexchange.org.

McTighe, J., & Wiggins, G. (2004). *The Understanding by Design professional development workbook*. Alexandria, VA: Association for Supervision and Curriculum Development.

Miller, B. (1990). A review of the quantitative research on multigrade instruction. *Research in Rural Education, 7,* 3-12.

National Board for Professional Teaching standards. (1989). *What teachers should know and be able to do*. Available online: http://www.nbpts.org/about/coreprops.cfm#introfcp (accessed December 28, 2004).

Newmann, F., Bryk, A., & Nagaoka, J. (2001). *Authentic intellectual work and standardized tests: Conflict or coexistence*. Chicago: Consortium on Chicago School Research.

Nickerson, R. (1989). New directions in educational assessment (Interview on assessment issues with Lori Shepard). *Phi Delta Kappan, 70*(9), 680-697.

O' Connor, K. (2002). *How to grade for learning: Linking grades to standards*. Arlington Heights, IL: Skylight.

Reeves, D. (2002). *Making standards work*. Englewood, CA: Center for Performance Assessment.

Renninger, K. (1990). Children' s play interests, representations and activity. In R. Fivush & Hudson, J. (Eds.), *Knowing and remembering in young children* (Emory Cognition Series, Vol. 3, pp. 127-165). New York: Cambridge University Press.

Sarason, S. (1990). *The predictable failure of educational reform: Can we change before it's too late?* San Francisco: Jossey-Bass.

Smith, J., Lee, V., & Newmann, F. (2001). *Instruction and achievement in Chicago elementary schools*. Chicago: Consortium on Chicago School Research.

Sternberg, R. (1985). *Beyond IQ: A triarchic theory of human intelligence*. New York: Cambridge University Press.

Sternberg, R. (1997). What does it mean to be smart? *Educational Leadership, 55*(7), 20-24.

Sternberg, R., Torff, B., & Grigorenko, E. (1998). Teaching triarchically improves student achievement. *Journal of Educational Psychology, 90*, 374-385.

Stigler, J. W., & Hiebert, J. (1999). *The teaching gap: Best ideas from the world's teachers for improving education in the classroom*. New York: Free Press.

Sullivan, M. (1993). *A meta-analysis of experimental research studies based on the Dunn and Dunn learning styles model and its relationship to academic achievement and performance*. Unpublished doctoral dissertation, St. John's University, Jamaica, NY.

Taba, H., & Elkins, D. (1966). *Teaching strategies for the culturally disadvantaged*. Chicago: Rand McNally.

Tannen, D. (1990). *You just don't understand: Women and men in conversation*. New York: Ballantine.

Tomlinson, C. (1999). *The differentiated classroom: Responding to the needs of all learners*. Alexandria, VA: Association for Supervision and Curriculum Development.

Tomlinson, C. (2001). *How to differentiate in mixed-ability classrooms* (2nd ed.). Alexandria,VA: Association for Supervision and Curriculum Development.

Tomlinson, C. (2003). *Fulfilling the promise of the differentiated classroom: Strategies and tools for responsive teaching*. Alexandria, VA: Association for Supervision and Curriculum Development.

Tomlinson, C. (2005, November 18). Differentiated instruction as a way to achieve equity and excellence in today's schools. Presentation at Canadian Teachers' Federation Conference on Building Exclusive Schools, Ottawa, Ontario.

Tomlinson, C., & Allan, S. D. (2000). *Leadership for differentiating schools and classrooms*. Alexandria, VA: Association for Supervision and Curriculum

Development.

Tomlinson, C., Brighton, C., Hertberg, H., Callahan, C., Moon, T., Brimjoin, K., Conover, L., & Reynolds, T. (2004). Differentiating instruction in response to student readiness, interest, and learning profile in academically diverse classrooms: A review of literature. *Journal for the Education of the Gifted, 27,* 119-145.

Tomlinson, C., Callahan, C., & Lelli, K. (1997). Challenging Expectations: Case studies of high potential, culturally diverse young children. *Gifted Children Quarterly, 41*(2), 5-17.

Tyler, R. (1949). *Basic principles of curriculum and instruction.* Chicago: University of Chicago Press.

Vygotsky, L. (1962). *Thought and language.* Cambridge, MA: The MIT Press.

Vygotsky, L. (1978). *Mind in society: The development of higher psychological processes.* Cambridge, MA: Harvard University Press.

White, K. (1999). Test company apologizes for N.Y.C. summer school mix-up. *Education Week, 19*(3), 8.

Wiggins, G. (1998). *Educative assessment: Designing assessments to inform and improve student performance.* San Francisco: Jossey-Bass.

Wiggins, G., & McTighe, J. (1998). *Understanding by Design.* Alexandria, VA: Association for Supervision and Curriculum Development.

Wiggins, G., & McTighe, J. (2005). *Understanding by Design* (2nd). Alexandria, VA: Association for Supervision and Curriculum Development.

찾아보기

〈인명〉

〈내용〉

Carol Ann Tomlinson은 학교 현장과 학계에서 경력을 쌓았다. 그녀는 21년 동안 초 · 중 · 고등학교에서 교편을 잡았다. 그리고 중학교에서 이질적으로 구성된 다양한 배경을 가진 학생들을 효과적으로 가르치기 위한 문학 프로그램을 개발하는 데 중요한 역할을 하였다. 프로그램의 사전 계획과 지원은 버지니아 주에 의해 이루어졌으며, 다양한 배경을 가진 많은 학생이 긍정적인 성과를 나타냈다. 공립학교 교사로 재직하는 동안 지역 교육청에서 학습 부진 학생 및 영재 학생을 위한 프로그램의 코디네이터로 활동하였다. 또한 근무했던 중학교에서 뛰어난 교사로 인정받아 Jaycees 젊은 우수 교육자상, Soroptimist 우수 교육자상, 버지니아 주지사가 수여하는 뛰어난 학교 교육자상을 받았으며, Optimist Club Achievement in Education 상과 1974년 버지니아 교사상도 받았다.

Tomlinson과 그녀의 동료들은 버지니아 대학교에서 교육 리더십, 교육 기초, 교육 정책 분야의 전공 교수로 근무하고 있으며, 지난 십 년 동안 다양한 맥락에서 실행되고 있는 맞춤형 수업에 대해서 연구하고 있다. 그녀의 주요 연구 주제는 예비 교사가 학생의 차이에 대응하는 능력, 학교에서 맞춤형 수업을 실행할 때 일어나는 변화 과정의 성격, 초 · 중 · 고등학교에서 맞춤형 수업을 실시했을 때 학생 성취에 미치는 영향, 경제적으로 열악한 환경이나 문화적으로 소수 민족 출신 학생이 성공하는 학급의 교사 특성 등이다. 그녀의 연구와 글은 버지니아 교육 연구 협회, 미국 교육 연구 협회, 국가영재협회에서 수상하였다. 버지니아 대학교에서 학부 및 대학원 학생을 대상으로 교육과정과 맞춤형 수업에 대해서 강의하고 있으며, 대학 부설 학문적 다양성 연구소의 부소장직을 맡고 있다. Tomlinson은 2004년에 버지니아 대학교에서 우수 교수상을 수상하였다.

Tomlinson의 논문은 여러 유명 연구지에 실렸다. 그중에는 *Educational Leadership, Journal for Staff Development, Education Week, Theory and Practice, National Association for Secondary School Principals Bulletin, School Administrator, Phi Delta Kappan, Middle School Journal, Research in Middle Level Education, Evaluation Practice, Exceptional and Gifted Child Quarterly* 등이 있다. 그녀는 맞춤형 수업과 교육과정에 대한 10권의 단행본을 단독 혹은 공동 집필했다. ASCD에서는 『다양한 능력의 학습자들을 위한 맞춤형 수업을 어떻게 할 것인가(*How to Differentiate Instruction in Mixed Ability Classrooms*)』, 『맞춤형 수업을 하는 교실: 모든 학습자의 필요에 반응하기(*The Differentiated Classroom: Responding to the Needs of All Learners*)』, 『맞춤형 수업을 하는 교실의 약속 실현하기: 반응적 교수의 전략과 도구(*Fulfilling the Promise of the Differentiated Classroom: Strategies and Tools for Responsive Teaching*)』(Susan Allan과 공저), 『학교와 교실을 학생

에게 맞추기 위한 리더십(*Leadership for Differentiating Schools and Classrooms*)』(Caroline Cunningham Eidson과 공저), 『맞춤형 수업의 실제: 5-9학년 학생을 위한 맞춤형 교육과정 자료집(*Differentiation in Practice: A Resource Guide for Differentiating Curriculum, Grades 5-9*)』(Cindy Strickland와 공저), 『맞춤형 수업의 실제: 9-12학년 학생을 위한 맞춤형 교육과정 자료집(*Differentiation in Practice: A Resource Guide for Differentiating Curriculum, Grades 9-12*)』을 출판했다.

Tomlinson은 꾸준히 많은 학교 및 지역 교육청과 함께 작업하고 있으며, 다양한 학업 배경을 가진 학생들이 성공하는 더 반응적인 학교 및 교육 환경을 구축하고자 하는 국내 및 국제 교육 콘퍼런스에서 발표를 하고 있다. 그녀의 주소는 Curry School of Education, The University of Virginia, P.O. Box 400277, Charlottesville, VA 22904이며, 전자 메일은 cat3y@virginia.edu다.

Jay McTighe는 풍부하고 다양한 교육 경력과 경험을 지니고 있다. 그는 현재 형성적(formative) 수행 평가의 개발과 전파를 위해 각 주의 여러 대표가 함께 작업하는 단체인 메릴랜드 평가 협회(Maryland Assessment Consortium)의 소장이다. 이전에 McTighe는 메릴랜드 주 교육부의 학교 개선 프로젝트에 참여해 왔다. 그는 사고 전략과 관련하여 중요한 연구들을 수행해 왔으며, 주차원에서 학생들의 사고의 질을 향상시키는 수업 전략, 교육과정 모형, 평가 절차를 개발하는 일을 해왔다. 또한 McTighe는 수업에 관한 멀티미디어 데이터베이스인 Instructional Framework 프로젝트의 연구 책임자였다. McTighe는 주차원의 프로젝트뿐만 아니라 메릴랜드 주의 Prince George County 소재 교육청에서도 일하였다. 그는 담임교사, 자료 전문가, 프로그램 코디네이터로 활동하였다. 또한 St. Mary's College에서 열렸던 메릴랜드 주 영재 하계 센터 프로그램의 책임자였다. McTighe의 논문은 *Educational Leadership*(ASCD), *Developing Minds*(ASCD), *Thinking Skills: Concepts and Techniques*(National Education Association), *The Developer*(National Staff Development Council)와 같은 우수한 학회지에 수차례 게재되었다. 그는 평가에 관해 세 권의 저서를 공동으로 출판하였다. *Assessing Learning in the Classroom*(NEA), *Assessing Outcomes: Performance Assessment Using the Dimensions of Learning Model*(ASCD) 그리고 *Scoring Rubrics in the Classroom*(Corwin Press)가 그것이다. 또한 그는 Grant Wiggins와 함께 *Understanding by Design Professional Development Workbook*(ASCD), *Understanding by Design Handbook*(ASCD), 그 외에 ASCD에서 출간된 이해중심 교육과정과 관련된 중요한 자료들을 공동 집필하였다.

McTighe는 교사 훈련과 국가 · 주 · 지역 교육청 콘퍼런스 및 워크숍의 연사로서 많은 경험을 갖고 있다. 그는 *Performance Assessment in the Classroom*(교육 비디오 저널), *Developing Performance Assessments*(ASCD), *Understanding by Design* 관련 비디오(테이프 1-3)(ASCD) 등 다수의 비디오테이프 프로그램 개발에도 참여했다.

McTighe는 윌리엄앤메리 대학교에서 학부를 마쳤으며, 메릴랜드 주립대학교에서 석사 학위를, 존스홉킨스 대학교에서 박사 학위를 받았다. 그는 워싱턴 주 소재 교육 리더십 기관을 통해서 교육 정책 연구 프로그램(The Educational Policy Fellowship Program)에 참여하기도 하였다. McTighe는 국가 · 주 · 지역 평가 정책 및 실제의 개혁을 연구하는 교육학 및 시민운동 모임인 국가 평가 포럼(the National Assessment Forum)의 회원으로 활동하고 있다. 그는 또한 ASCD 출판 위원회에서 3년의 임기를 마쳤으며, 1994~1995년까지 위원장을 맡았다.

McTighe의 주소는 6581 River Run, Columbia, MD21044-6066이다. 전화번호는 (410) 531-1610이며, 전자우편은 jmctigh@aik,com, 홈페이지는 http://jaymctighe.com이다.

김경자

이화여자대학교 문리대학 학사(영어영문학 전공)
미국 남가주 대학교 대학원 교육과정과 수업 석사(교육과정 전공)
미국 남가주 대학교 대학원 교육과정과 수업 박사(교육과정 전공)
전 한국초등교육학회장(2002. 11.~2004. 10.)
　한국교육과정학회장(2006. 7.~2008. 6.)
　한국교육학회부회장(2009. 2.~2011. 1.)
현 이화여자대학교 사범대학 초등교육과 교수

주요 연구 분야: 교육과정 설계 및 개발, 교육과정 실행, 이해중심 교육과정, 통합교육과정

온정덕

이화여자대학교 사범대학 학사(초등교육 전공, 교육학 부전공)
이화여자대학교 일반대학원 초등교육학 석사(초등교육과정 전공)
미국 아이오와 대학교 대학원 초등교육학 박사(초등교육과정 전공)
전 서울 반포초등학교, 서울 명지초등학교 교사(1999. 8.~2002. 2.)
　미국 제임스매디슨 대학교 사범대학 초등교육과 조교수(2007. 8.~2011. 12.)
현 경인교육대학교 교육학과 조교수

주요 연구 분야: 초등교육과정 설계, 이해중심 교육과정, 통합교육과정, 초등교사교육

장수빈

이화여자대학교 사범대학 학사(초등교육 및 교육학 전공, 영어영문학 부전공)
이화여자대학교 일반대학원 초등교육학 석사(초등교육과정 전공)
전 서울 풍납초등학교 교사(2009. 9.~2012. 8.)
현 미국 미시간 대학교 대학원 교육과정학 박사 과정(교육과정 설계/정책 전공)

주요 연구 분야: 교육과정 설계, 교육과정 정책, 초등교육과정, 맞춤형 수업

맞춤형 수업과 이해중심 교육과정의 통합

Integrating Differentiated Instruction & Understanding by Design: Connecting Content and Kids

2012년 12월 24일 1판 1쇄 발행
2023년 6월 20일 1판 8쇄 발행

지은이 • Carol Ann Tomlinson · Jay McTighe
옮긴이 • 김경자 · 온정덕 · 장수빈

펴낸이 • 김 진 환
펴낸곳 • (주) 학지사
04031 서울특별시 마포구 양화로 15길 20 마인드월드빌딩 5층
대표전화 • 02) 330-5114 팩스 • 02) 324-2345
등록번호 • 제313-2006-000265호
홈페이지 • http://www.hakjisa.co.kr
페이스북 • https://www.facebook.com/hakjisabook

ISBN 978-89-6330-889-0 93370

정가 16,000원

역자와의 협약으로 인지는 생략합니다.
파본은 구입처에서 교환하여 드립니다.